【春秋】曾子【战国】孔伋【著】
刘乔周【主编】

大学中庸全集

经世致用的修养绝学

家藏御書房

最透彻、最实用、最好读的国学典藏。融汇古今名家批注、传承千年文化精华的国学经典

古吴轩出版社

【前言】
《大学》《中庸》

◎关于“四书五经”

中国古代儒家有“四书五经”，四书指《论语》《孟子》《大学》和《中庸》，五经指《诗经》《尚书》《礼记》《周易》和《春秋》，简称为《诗》《书》《礼》《易》《春秋》，为封建科举中选拔人才的命题书和教科书。我们只要谈到中国传统文化，“四书五经”便是绕不开的。“四书五经”是中国传统文化的重要组成部分，是儒家思想的核心载体，更是中国历史文化古籍中的宝典。它翔实地记载了中华民族思想文化发展史上最活跃时期的政治、军事、外交、文化等各方面的史实资料及影响中国几千年文化的孔孟哲学思想。历代科举选仕，试卷命题无他，必出自“四书五经”，足见其对为官从政之道、为人处世之道的重要程度。时至今日，“四书五经”所载内容及哲学思想仍对我们具有积极的意义和极强的参考价值。而本书所收之《大学》《中庸》，则是“四书五经”里相当重要的两部经典。

◎暮云诗意图

◎曾参其人

曾子（前505—前434），姓曾，名参，字子舆，春秋末年鲁国人。十六岁拜师于孔子门下，勤奋好学，颇得其真传。其关于儒家学说的主张，直接来源于孔子，继授予孔子之孙孔伋，再经孔伋传授给孟子。因之，曾参上承孔子之道，下启思孟学派，对孔子的儒学学派思想既有继承，又有发展，更有建树。他修身齐家治国平天下的政治观，省身慎独的修养观，以孝为本、孝道为先的孝道观影响中国两千多年，至今仍具有重大的社会意义和实用价值。堪与孔子、孟子、颜子（颜回）、子思比肩。

曾子性静行稳，待人谦恭，以孝著称。其主张主要有"慎终"，即慎重地为父母发丧；"追远"，即虔诚地追念祖先；"民德归厚"，即要注重人民的道德修养等。

曾子的著述主要有《大学》《孝经》等儒家经典，为后世儒家尊为"宗圣"。于唐开元二十七年（739）被追封为"郕伯"，宋大中祥符二年（1009）被加封为"郕侯"，元至顺初年被加封为"郕国宗圣公"，明嘉靖九年改称"宗圣"。

◎孔伋

◎关于《大学》

《大学》本是《礼记》中之一篇，传为孔子弟子曾参（前505—前434）所作。在唐代以前并没有被人注意，在南宋前从未单独刊印。唐代韩愈、李翱维护道统而推崇《大学》与《中庸》；北宋程颐、程颢百般褒奖宣扬，甚至称"《大学》，孔氏之遗书而初学入德之门也"；到了南宋，理学集大成者朱熹继承二程思想，把《大学》从《礼记》中抽出来，与《论语》《孟子》《中庸》并列；到朱熹撰《四书章句集注》时，便成了《四书》之一。按朱熹和宋代另一位著名学者程颐的看法，《大学》是孔子及其门徒留下来的遗书，是儒家学派的入门读物。所以，朱熹把它列为"四书"之首。

◎孔伋其人

子思，名孔伋，孔子孙，孔鲤子。生于东周敬王三十七年（前483），卒于周威烈王二十四年（前402），享年八十二岁。春秋战国时期著名思想家，受教于孔子高足曾参，其学说上承孔子中庸之学，下启孟子心性之论，故而有人将他与孟子并称为"思孟学派"，是儒家学说的发展与孔孟"道统"传承

◎ 隔岸望山图

的脉络里不能绕过的人物之一，并且在宋代理学的发展史上有重要的地位。北宋时期，徽宗追封其为“沂水侯”，元朝至顺元年文宗追封其为“述圣公”。

《汉书·艺文志》有“子思二十三篇”。子思所作二十三篇均亡佚，仅《中庸》一篇，因收入《礼记》而传世。司马迁在《史记·孔子世家》里又说，子思尝困于宋，“作《中庸》”，但《中庸》是否确系子思所作，或者是否确系子思一人所作，也还是受到了一定的质疑。或以为其中有“载华岳而不重，振河海而不泄”以及“今天下车同轨，书同文，行同伦”等句子是为秦汉人所为。后人假托子思之名所作，或者后人在前人基础上有所增补也有可能。所以，《中庸》的作者确系何人，还有待考证。

◎《中庸》其书

《中庸》作为儒家经典之一，奠定了儒家学说，特别是宋朝以后占重要地位的理学的理论基础。《中庸》本不单独成书，原为《礼记》中之一篇，是“孔门传授心法”之书。南宋学者朱熹将《中庸》与《大学》从《礼记》中拿出来单独成书，并与《论语》《孟子》合称“四书”，之后各朝皆以“四书”作为科举考试出题范围，更加凸显了“四书”独特的地位，甚至宋朝以后“四书”的地位已凌驾于“五经”之上，因而，《大学》与《中庸》也便成为重之又重的儒家经典。

《中庸》的中心思想，即后世一直被儒家奉以为圭臬的道德标准，更是孔子认为的最高的道德标准——中庸。何为中庸？大体有三：执中守正，即恪守中道，坚持原则，不偏不倚，无过无不及；折中致和，即执两用中，和而不同；因时制宜，即与时俱进，通权达变，随机应变。

中庸之道的主题思想是教育人们自觉地进行自我修养、自我监督、自我教育、自我完善，以成为至仁、至善、至诚、至道、至德、至圣、合外内之道的人。而集中体现这一主题思想的，则在第一章。

第一章开篇即言“天命之谓性，率性之谓道，修道之谓教”，揭示了中庸之道的核心是自我修行，自我完善。

复言“道也者，不可须臾离也，可离非道也。是故君子戒慎乎其所不睹，恐惧乎其所不闻。莫见乎远，莫显乎微。故君子慎其独也”，说明人的自我修养贯穿于一个人的一生之中，须臾不得离开，这就需要有一种强大的自制力。这种自制力的精神内核就是慎独，意即即使自己一人独处，也能谨慎地进行自我反省、自我约束。

再言“喜怒哀乐之未发，谓之中；发而皆中节，谓之和”，指出了自我教育、自我约束、自我监督的目标。最后以“致中和，天地位焉，万物育焉”歌颂了自我约束、自我反省的无量功德。

中庸之道的理论基础是天人合一，即“与天地参”。即合一于至诚、至善，达到“致中和，天地位焉，万物育焉”“唯天下至诚，为能尽其性；能尽其性，则能尽人之性；能尽人之性，则能尽物之性；能尽物之性，则可以赞天地之化育；可以赞天地之化育，则可以与天地参矣”的境界。这才是《中庸》天人合一的真实含义。因而《中庸》始于“天命之谓性，率性之谓道，修道之谓教”而终于“‘上天之载，无声无臭。’至矣”。这就是圣人所要达到的最高境界，这才是真正意义上的天人合一。

《中庸》在汉代已有单行本及其解说问世，而流传最广、影响最大的首推南宋朱熹的《四书集注》，甚至一度成为科举取试指定出题范围。

◎孔子、孟子、曾子

◎关于本书

本书分导读、原典、注释、译文、古注、今论、阅典笔记等七大部分，把古人与今人对中庸这一理论体系与《大学》的理解进行了系统梳理与详细解读，尽可能不固守成见，不拘于一家之言，以便读者执此一本而管窥古儒之学。由于编者水平有限，失当之处，敬请指正。

《大学中庸全集》阅读指南

- 全面完整、权威的国学大全集。
- 彩色插图及全文双色印刷，既保持经典本色，又保证轻松阅读。
- 装帧独特别致，雅俗共赏。

译 文

- 权威、准确、客观的白话译文，使您通晓古籍智慧，畅通无阻。

古 注

- 精选古代名家批注，看古代大师讲解古文典籍。

今 论

- 精选当今名家解读，一书在手，博览众家风采。

阅典笔记

- 将古人的思想与今人的智慧相结合，启发对经典的领悟。

触类旁通

- 通典：针对国学原文内容与精神，精选相关案例。
- 评价：在每个案例后附有短评，方便您深入理解、活学活用。

精美古画

- 精美的古典绘画作品，与原典相得益彰。

译文

商汤王刻在洗澡盆上的箴言说“如果能够一天新，就应保持天天新，新了还要更新。”《康诰》说：“激励人弃旧图新。”《诗经》说：“周朝虽然是旧的国家，但却禀受了新的天命。”所以，品德高尚的人无处不追求完善。

古注

朱熹注：

“盘，沐浴之盘也。铭，名其器以自警之辞也。苟，诚也。汤以人之洗濯其心以去恶，如沐浴其身以去垢。故铭其盘，言诚能一日有以涤其旧染之污而自新，则当因其已新者，而日日新之，又日新之，不可略有间断也。

今论

南怀瑾《原本大学微言》：

“曾子引证上古史上革命的帝王们，如商汤、周武王功成名就之后，衷心‘诚意’，不自欺的坦白反省，足为后世效法的榜样。”

南怀瑾《原本大学微言》：

阅典笔记

本节的核心内容，是召唤人们自省和革新的精神。文章引用商汤王的座右铭“苟日新，日日新，又日新”，揭示出一位明君坚持不懈地追求德行修养的进步的高尚精神。

触类旁通

◎ 通典

变法维新的谭嗣同

谭嗣同（1865—1898）字复生，号壮飞，湖南浏阳人，戊戌六君子之一，少时博览群书，并致力于自然科学的探讨，厌恶科举，喜好今文经学。后为新疆巡抚刘锦堂幕僚，曾往来于直隶、甘肃、新疆、陕西、河南、

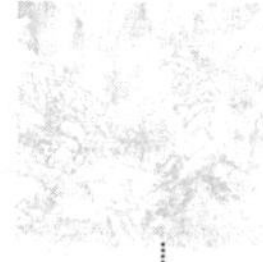

经世致用的修养绝学

- 编排灵活，内容丰富，旁征博引的阅读延伸，具有很强的阅读趣味。
- 囊括古人注解和现代名家对国学精辟理解的经典。
- 实用的分析解读，帮您将国学智慧迅速转化为世事洞明的人生指南。

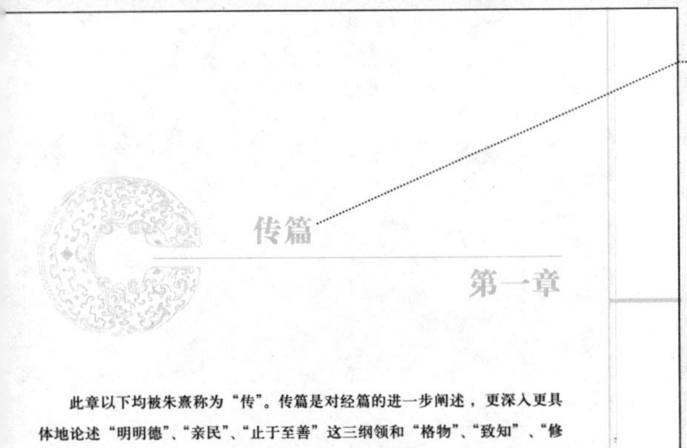

传篇

第一章

此章以下均被朱熹称为“传”。传篇是对经篇的进一步阐述，更深入更具体地论述“明明德”、“亲民”、“止于至善”这三纲领和“格物”、“致知”、“修身”、“齐家”、“治国”、“平天下”这八条目的内涵。

本章朱本称为“传之首章，释明明德。”旧本此段文字在“此以没世不忘”句下，程颐、朱熹等移至于此，和“明明德”正好相对应，很有道理。这就是朱熹所说的“杂引经传”来说明“明明德”。

原典

《康诰(gào)》[①]曰:“克[②]明德。”《大甲》[③]曰:“顾諟(shì)天之明命[④]。”《帝典》[⑤]曰:“克明峻德[⑥]。”皆[⑦]自明也。

注释

①康诰:《尚书·周书》中的一篇。《尚书》是上古历史文献和追述古代事迹的一些文章的汇编，是“五经”之一，称为“书经”。全书分为《虞书》、《夏书》、《商书》、《周书》四部分。

②克：能够。

③大甲：即《太甲》，《尚书·商书》中的一篇。

④顾：思念。諟：是，此。明命：光明的禀性。

⑤帝典：即《尧典》，《尚书·虞书》中的一篇。

题解

- 出现在每篇开头，点明每篇主旨，使您通晓文章大意。

原典

- 遴选精编的完整版本，再现古书原汁原味风貌。

注音

- 将生僻字单独标注音标。
- 将古今读音相异的字单独标注音标。

注释

- 极具启发性，学习古文不可或缺的细致注释。

中庸　一〇一

目录

大学

大学之道，在明明德，在亲民，在止于至善。

经篇

《大学》是中国古代典籍名篇之一，原为《礼记》中的一篇，南宋理学集大成者朱熹重新编排《大学》，将其分为经一章和传十章，此章即为经一章。

朱熹总结《大学》是“外有以及其规模之大，而内有以尽其节目之详者也”。所谓“规模”，就是“明明德”“新民”“止于至善”这三纲领；所谓“节目”，就是“格物”“致知”“诚意”“正心”“修身”“齐家”“治国”“平天下”这八条目。《大学》的纲领引领全文，条目是细化的内容。其主旨是唤起人类社会注重光明正大的德行，弃恶从善，达到完美境界。其方法就是：从自己开始，格物穷理，正心诚意，修身齐家，最终达到治国平天下的目标。

1.1

原典

大学之道①，在明明德②，在亲民③，在止于至善。知止④而后有定，定而后能静，静而后能安，安而后能虑，虑而后能得⑤。物有本末，事有终始。知所先后，则近道矣。

注释

①大学之道：大学的宗旨。“大学”一词在古代有两种含义：一是“博学”的意思，二是相对于小学而言的“大人之学”。古人八岁入小学，学习“洒扫应对进退、礼乐射御书数”等文化基础知识和礼节；十五岁入大学，学习伦理、政治、哲学等“穷理正心，修己治人”的学问。“道”的本义是道路，引申为

规律、原则。

②明明德：前一个“明”作动词，有使动的意味，即“使彰明”，也就是发扬、弘扬的意思；后一个“明”作形容词，明德也就是光明正大的品德。

③亲民：根据后面的传文，“亲”应为“新”，即革新、弃旧图新。亲民，也就是新民，使人弃旧图新、去恶从善。

④知止：知道目标所在。

⑤得：收获。

译文

大学的宗旨在于弘扬光明正大的品德，在于使人弃旧图新，在于使人达到最完善的境界。知道应达到的境界才能够志向坚定，志向坚定才能够镇静不躁，镇静不躁才能够心安理得，心安理得才能够思虑周详，思虑周详才能够有所收获。每样东西都有根本有枝末，每件事情都有开始有终结。明白了这本末始终的道理，就接近事物发展的规律了。

古注

朱熹注：

“子程子曰：‘大学，孔氏之遗书，而初学入德之门也。’于今可见古人为学次第者，独赖此篇之存，而论孟次之。学者必由是而学焉，则庶乎其不差矣。

“程子曰：‘亲，当作新。’大学者，大人之学也。明，明之也。明德者，人之所得乎天，而虚灵不昧，以具众理而应万事者也。但为气禀所拘，人欲所蔽，则有时而昏；然其本体之明，则有未尝息者。故学者当因其所发而遂明之，以复其初也。新者，革其旧之谓也，言既自明其明德，又当推以及人，使之亦有以去其旧染之污也。止者，必至于是而不迁之意。至善，则事理当然之极也。言明明德、新民，皆当至于至善之地而不迁。盖必其有以尽夫天理之极，而无一毫人欲之私也。此三者，大学之纲领也。

“后，与后同，后放此。止者，所当止之地，即至善之所在也。知之，则志有定向。静，谓心不妄动。安，谓所处而安。虑，谓处事精详。得，谓得其所止。

“明德为本，新民为末。知止为始，能得为终。本始所先，末终所后。此结上文两节之意。”

今论

南怀瑾《原本大学微言》：

“南宋以后所印刷流传的《大学》，都是朱熹根据他的师承二程（即程颢、程颐），将原本重新改编，并加上了心得作注解的《大学》章句。……《大学》原为孔子的学生，曾子（参）所写的一篇学习心得论文，是古代中原文化、文学的代表作……要真正认识和理解《大学》，应注重返本还原，恢复曾子原著的《大学》论文。”

南怀瑾《原本大学微言》：

“……《大学》一书的纲目，应该说有四纲、七证、八目。……在‘明明德’‘亲民’‘止于至善’之上，有一个最重要的前提‘道’字，也可说是大学之道的‘大道’。……‘大道’或‘道’为三纲领之上的首纲。……‘七证’是跟在四纲以后提出的七个求证大道与明德的学问程序。……‘知’‘止’‘定’‘静’‘安’‘虑’‘得’。……所谓‘格物’‘致知’‘诚意’‘正心’‘修身’‘齐家’‘治国’‘平天下’的‘八目’，才是‘亲民’的实际学问和修养。”

阅典笔记

《大学》经一章的首节内容，精辟地阐述了“大学之道”的深刻内涵。“大学”所指的大人之学，并非一个成人要想生存于世而需掌握的具体技能，而是做人之学。“大学之道，在明明德”，德，乃做人的根本，也就是告诉我们做人之学的宗旨，就在于通晓做人的本分，彰显光明正大的道德。

道是根本，明德是从道这个根

本出发的心理和身体力行的行为。明德体现的是个人修养的极致水平，但它并非神话，人们要想通达，唯一途径就是要坚持循序渐进的修养心性之功夫。

人类社会身处的环境复杂多变，这对塑造平和纯洁的心性是巨大的挑战。所以，要提升个人的修养，使自己达到明德的境界，我们首先应该明白自己的心思和情绪，降伏自己因纷繁复杂的外界而扰乱的心智，回归平静；而后，我们才能确定自己内心的定向，找到人生的定位。有了定位和方向，我们便可使自己沉静，心神安定而又专注，这样便可以仔细而清晰地进行思考，从而达到了明德立己的高尚境界。

“亲民”也是从这个根本出发的致用目的，它是指让每个经过修为的人，把他们的光明德行投向社会，让他们亲自走入人群社会，亲近人民而为之服务。这便完成了明德立己以后，外用到立人的目的，是对如何完成社会责任的最好诠释。这样，整个人类社会就都达到了“至善”的和谐境界了。

触类旁通

◎ 通典

曹操断发

曹操字孟德，三国时期的一代枭雄。曹操虽然生性多疑，野心很大，但其带兵治军却有自己的一套，并且在军队中留下了美名。一次麦熟时节，曹操率领大军打仗，沿途的老百姓因为害怕士兵，都躲到村外，没有一个敢回家收割小麦的。曹操得知后，立即派人挨家挨户告诉老百姓和各处看守边境的官吏：现在正是麦熟的时候，士兵如有践踏麦田的，立即斩首示众。曹操的官兵在经过麦田时，都下马用手扶着麦秆，小心而过，没有一个敢践踏麦子的。老百姓看见了无不称颂。可这时飞起的一只鸟惊吓了曹操的马，马一下子踏坏了一大片麦子。曹操要求惩治自己践踏麦田的罪行，官员们说不敢给丞相治罪，曹操说：“我亲口说的话都不遵守，还会有谁心甘情愿地遵守呢？一个不守信用的人，怎么能统领成千上万的士兵呢？”随即拔剑要自刎，众人连忙拦住。后来曹操传令三军：丞相践踏麦田，本该斩首示众。因为肩负重任，所以割掉自己的头发替罪。

◎ 评价

曹操断发守军纪，这种在要求别人做到之前，自己率先做到的守信方式，在约束了军队的同时，也彰明了自己高尚的道德，是对“大学”根本宗旨的实行，成为了千百年来的美谈。

◎ 通典

范式守信

范式字巨卿，山阳金张（今山东金山县）人。年轻时在太学求学，与汝南张劭（字元伯）是同窗好友，两人同时离开太学返回家乡，范式对张劭说，“两年后我将到府上拜见你的父母，看看你的孩子”，并约好了日期。当约好的日期快到的时候，张劭把这件事告诉他母亲，请他母亲准备酒菜招待范式。母亲问：“你们分别已经两年了，相隔千里，你就那么确信他会来吗？”张劭回答：“范式是一个讲信用的人，他一定不会违约的。”母亲说：“如果真的是这样，那我就为你酿酒。”到了约好的那日，范式果然回来了。大家一起饮酒，尽欢而别。

◎ 评价

如范式者，小大之信，均认真履行，才为至信之人。

1.2

原典

古之欲明明德于天下者，先治其国；欲治其国者，先齐其家[①]；欲齐其家者，先修其身[②]；欲修其身者，先正其心；欲正其心者，先诚其意；欲诚其意者，先致其知[③]；致知在格物[④]。物格而后知至，知至而后意诚，意诚而后心正，心正而后身修，身修而后家齐，家齐而后国治，国治而后天下平。

注释

①齐其家：治理好自己的家庭和家族。

②修其身：修养自己的品性。

③致其知：使自己获得知识。

④格物：认识、研究万事万物的道理。

译文

古代那些要想在天下弘扬光明正大品德的人，先要治理好自己的国家；要想治理好自己的国家，先要管理好自己的家庭和家族；要想管理好自己的家庭和家族，先要修养自身的品性；要想修养自身的品性，先要端正自己的心思；要想端正自己的心思，先要使自己的意念真诚；要想使自己的意念真诚，先要使自己获得知识；获得知识的途径在于认识、研究万事万物。对万事万物认识、研究后才能获得知识，获得知识后意念才能真诚，意念真诚后心思才能端正，心思端正后才能修养品性，品性修养后才能管理好家庭和家族，管理好家庭和家族后才能治理好国家，治理好国家后天下才能太平。

古注

朱熹注：

"治，平声，后放此。明明德于天下者，使天下之人皆有以明其明德也。心者，身之所主也。诚，实也。意者，心之所发也。实其心之所发，欲其一于善而无自欺也。致，推极也。知，犹识也。推极吾之知识，欲其所知无不尽也。格，至也。物，犹事也。穷至事物之理，欲其极处无不到也。此八者，大学之条目也。

"治，去声，后放此。物格者，物理之极处无不到也。知至者，吾心之所知无不尽也。知既尽，则意可得而实矣，意既实，则心可得而正矣。修身以上，明明德之事也。齐家以下，新民之事也。物格知至，则知所止矣。意诚以下，则皆得所止之序也。"

今论

南怀瑾《原本大学微言》：

“……便可知道‘致知格物’的指标，统统是为了‘诚意、正心、修身’而点题。这也是《大学》之所以为成人之学的要点……‘致知格物’而到‘诚意、正心、修身’的要点，是在‘穷理，尽性，以至于命’。‘将以顺性命之理’的‘格物’，以达到‘修身’为明德外用最重要的根本。这才正是孔子所说的，‘其身正，不令而从。其身不正，虽令不行’的要旨。因为明白了性命的真理，就可了解到我们这个人身，也正是外物。那个‘能知’之性，‘明德’之体的根元之‘道’，才是‘心物一元’的真谛……‘致知格物’的原则就是《易经·系传》所说的，‘知周乎万物，而道济天下，故不过’。这就是说，将知性的学养，提升到不只知人的理性，而且周遍知识万事，物的理性。学养到达这个境界，能尽知人的理性，能尽知物的理性，然后才能真正做到‘诚意、正心、修身’，可以担任以道济天下，而使天下平治了！”

阅典笔记

本节提出了《大学》核心思想中的八条目:“格物”“致知”“诚意”“正心”“修身”“齐家”“治国”“平天下”。用层层递进的说理方式,先果后因,再先因后果,对称行文，阐明了要想达到明明德的至高境界，每一个人都需要一步一步地完成从提高自身修养到齐家治国的事业。从最基础的穷其所知开始，清醒地认知自己，了解世界万物，从而获得知识和能力；又在获得知识和能力之上，努力地修身、正心，严格地重视个人道德品性的磨炼，从而具备管理“小家”的能力和资格，最终实现治理国家、平定天下的宏伟事业。古人云“一屋不扫何以扫天下”，八条目的提出，倡导厚积薄发，教育人们重视个人约束、品性修为，重视夯实基础，从认识万物、挖掘知性根本做起，脚踏实地地做人做事，方能成就远大的目标，最终达到理想境界。

触类旁通

◎ 通典

用黑白豆检验修身

赵叔平，北宋人，自幼学习刻苦，天圣年间（1023—1032）一举考中进士。他一生注意品德修养，乐善好施，受到世人好评。

赵叔平认为，人生一世应该多做善事，不做恶事。无论做善事还是做恶事，都受思想支配。因此，他特别注重正心克己，不断清除私心杂念，使善心永远战胜恶意。

为了检验自己的善恶之心，赵叔平曾找来三个器物，用一个器物装黑豆，一个器物装白豆，中间的器物空着。头脑中若有一善念萌生，他就取一个白豆放入中间的空容器中；若有一点私念或恶意，就取一个黑豆投入中间的空容器中。到了晚间，再把空容器中的白豆和黑豆倒出来数一数，以检验一天中的善念和私心杂念各有多少。

第一天过去了，结果是黑豆多而白豆少。他知道自己克己修养功夫还差得远。第二天，赵叔平又数了数空容器中的白豆和黑豆，仍然是黑豆多而白豆少，但和第一天相比，黑豆少了一个，白豆多了一个。第三天，仍然是黑豆多白豆少，但和第二天相比，黑豆又少了一个，白豆又增加了一个。过了一段时间，白豆和黑豆一样多了。又过了一段时间，白豆多而黑豆少了。直到有一天，空容器中只有白豆而无黑豆了。赵叔平的心中只有善意而无私心杂念了。

◎ 评价

赵叔平严于克己，通过自己的决心和毅力，将脑中的恶意和杂念一个一个地铲除干净，一心向善，体现了严格的修身理念，是严格律己的模范。

◎ 通典

正心能够治国

杨云翼（1170—1228），字之美，祖籍赞皇檀山村。杨云翼生于官宦之家，自幼天资颖悟，刚学会说话就能“画地作字，日诵数千言”。金章宗明昌五年，杨云翼得中状元，授官承务郎，应奉翰林文字。此后官至礼部尚书兼侍读。

杨云翼天性重雅，自律极严。他交友重义气，为朋友死生祸福在所不辞。对国家之事，他知无不言，且极具远见。杨云翼博学多才，对立法、医药、经学均有研究，著作除文集外，尚有《续通鉴》《周礼辨》等。他是金朝杰出的人物之一，与赵秉文被金史誉为“金士巨擘”。

杨云翼为官期间，金朝已由盛转衰，内外交患。外与西夏对峙，由攻转守，受到侵吞的威胁；东部边界蒙古族虎视眈眈，时时存在被进攻掳掠的危险。由于南宋时和时战，内部吏治腐败，权臣专擅，矛盾重重，党争纷纷；国内横征暴敛，国力亏损，民不聊生，灾乱迭起。面对如此艰险的时局，他忧虑在心，勉励支撑，直言劝谏，不避权势，遂以刚正不阿享誉内外。同代人赞其“宏衍博大”，“中朝第一”。

泰和年间（1201—1208），金兵频繁用兵南方。杨云翼对于这种穷兵黩武、不顾国家大局的祸国之举，极力反对。他从天时、地利、人和及历史发展的轨迹等方面进行对比，分析利害得失，坦诚直言：“国家之虑，不在于未得淮南之前，而在于既得淮南之后……”后来，金兵南下大败，几至全军覆没，宣宗愧言无面目见云翼。

杨云翼为官清正，办案理事依据律令，不受上司甚至皇帝干扰、阻挠。一次，河朔边境的百姓因被蒙古骑兵追杀，被迫泅渡黄河进入南宋。后来这些百姓回到金国后，朝廷欲依法处决，杨云翼极力谏止，他说：“法所重私渡者，在于防止奸细混入，今平民百姓为兵所迫，奔入于河，只为逃生。如果使民不死于敌，而死于法，那么以后就只有屈从敌人了。”这番话使宣宗幡然醒悟，百姓得以生还。

哀宗即位后，杨云翼升任礼部尚书兼侍读。在讲授《尚书》时，杨云翼对皇上说：“帝王的学问不必拘泥于章句之意，只要把握治理国家的要点和关键就行了。例如任贤去邪，如果处理得不好，天下就会大乱。有的人虽然说的话不顺你的心，却是深含哲理的忠言；有的人说的话，虽然听起来很舒服，却损害了你的志气。诸如此类，关键在于使自己的心正、意诚，那么，问题就自然迎刃而解了。”

杨云翼患有风湿病，遇到风雨

阴湿天气就疼痛难忍。皇上很关心他的病情，并亲自询问治好这种病的药方。杨云翼于是借医寓理，回答皇上说："只是先把心治好而已，心中没有病，邪气自然平息。治理国家也是同样的道理，如果君王先把自己的心放正，行为正派，那么正气就树立起来了，朝廷百官就没有人敢作奸犯科，天下百姓自然也就安居乐业了。"皇上一听杨云翼所言，豁然明白。

杨云翼不仅政绩卓著，练达吏事，直言敢谏，且文名大盛，与文人名士交往甚广，经常推荐贤才，鼓励后进，堪称正心侍君礼国之典范。

◎ 评价

杨云翼的生平事迹和世人对他的评价，让我们看到了他"格物""致知""修身""齐家""治国"的生命轨迹。他自幼博览群书，学识渊博，修养高洁，努力地"格物致知"从而达到"修身"。长大后他忧国忧民，为官清廉，富有责任感和使命感，为国家的稳定兴盛和百姓的安居乐业付出了毕生精力。

1.3

原典

自天子以至于庶人①，壹是②皆以修身为本。其本乱，而末治者否矣③。其所厚者薄，而其所薄者厚④，未之有也⑤。

注释

①庶人：指平民百姓。

②壹是：都是。

③本：根本。末：相对于本而言，指枝末、枝节。

④其所厚者薄：当重视的不重视。薄者厚：不该重视的反加以重视。

⑤未之有也：即"未有之也"，没有这样的道理。

译文

上自国家元首，下至平民百姓，人人都要以修养品性为根本。若这个根本被扰乱了，家庭、家族、国家、天下要治理好是不可能的。不分轻重缓急，本末倒置却想做好事情，这也同样是不可能的。

古注

朱熹注：

“壹是，一切也。正心以上，皆所以修身也。齐家以下，则举此而措之耳。

“本，谓身也。所厚，谓家也。此两节结上文两节之意。

“上经一章，盖孔子之言，而曾子述之。凡二百五字。其传十章，则曾子之意而门人记之也。旧本颇有错简，今因程子所定，而更考经文，别为序次如左。凡千五百四十六字。凡传文，杂引经传，若无统纪，然文理接续，血脉贯通，深浅始终，至为精密。熟读详味，久当见之，今不尽释也。”

今论

南怀瑾《原本大学微言》：

“……‘修身、齐家’讲起，我们必须要明白，它的重点，就在自我的‘修身’。……身不修、家不齐而奢言治国、平天下，不是不可以，只是‘偏中偏’，很少能够做到‘偏中正’。”

阅典笔记

本节讲的是修身养性的重要性和普遍性。上到君主，下到百姓，无论身份为何，也不管社会地位如何，都要谨记为人处事之内修根本。如果不以修身养性为根本，就会本末倒置，就像南辕北辙和涸泽而渔的做法一样，不可能获得成功。人之初，性本善。但是由于个人身处的社会背景不同，环境也有所不同，造就了人不同的人生轨迹和社会地位，使人们掌握不同的生存技能。但是，处事之道体现的还是人的修养，成事败事，究其本因，还是这一根本是否坚实。

触类旁通

◎ 通典

修身是唯一的根本

公孙龙，相传字子秉，赵国（今邯郸）人，战国时期哲学家。公孙龙曾与赵惠文王论偃兵。

有一次，赵惠文王问公孙龙说："我致力于消除兵患，已经几十年了，可是还没有成功，战争消除不了吗？"公孙龙说："消除兵患的根本在于兼爱天下的心思。兼爱天下不可能用虚名做到，一定要有实际。现在蔺、离、石归属于秦国，你就穿上了丧服，束着头发；向东攻打齐国得到了城邑，你就设宴庆祝。秦国得到土地你就穿上丧服，齐国失去土地你就加餐庆祝，这不是兼爱之心啊！这就是不能成功消除战争的原因。试想，假设有一个人傲慢无礼、不懂得修身却想受到尊重，结党营私却想有好声名，号令繁又多却想求得安静，残暴贪婪却想享有太平，即使是以贤明而闻名的黄帝尚且感到为难，更何况是一般的君主呢？"

◎ 评价

公孙龙在解答赵惠文王施政疑虑的过程中，将赵惠文王修身不到位的表现列举出来，强调了君主治国的根本，在于修养为君王的品性，培养兼爱天下的仁道之德。

◎ 通典

怎样才能治理好国家

魏惠王问孟子怎样才能治理好国家。

孟子说："只要不去剥夺农民耕种的时间，粮食就吃不完；不拿过密的渔网去捕鱼，水产就吃不完；砍伐木材有定时，木材就用不尽。这样老百姓就感到满足了。"他还说："在五亩大的住宅旁种上桑树，上了五十岁的人就可以穿上丝棉袄。鸡和猪狗一类家畜不要耽误繁殖饲养的时间，上了七十岁的人就可以经常吃到肉。一家一户所种百亩的田地能及时耕种，数口的家庭就不会闹饥荒。认真地办好教育，孝顺父母，尊敬长辈，老人就不用再为自己的生活奔劳。这样就能得到人民的拥戴。"

魏惠王又谈到自己继位以来，被秦国和齐国多次打败，这是奇耻大辱，"要怎样才能报仇雪恨呢？"

孟子说："地方百里而可以王。王如施仁政于民，省刑法，薄税敛，深耕易耨，壮者以暇日修其孝悌忠信，入以事其父兄，出以事其长上，可使制梃以挞秦楚之坚甲利兵矣。"总之，孟子劝魏惠王"施仁政，行王道"。

◎ 评价

孟子告诉魏惠王，治国的根本在于得民心者得天下。而得民心的关键就在于施以仁爱去治理国家。用现在的话说，就是要实行科学发展的理念，顺应自然，施行仁政，使国泰民安。这样，天下归心，团结一致，才是抵制外患的唯一渠道。

◎ 通典

“程门立雪”的故事

杨时从小就聪明伶俐，四岁入小学，七岁就能写诗，八岁就能作赋，人称神童。他十五岁时攻读经史，熙宁九年登进士榜。他一生立志著书立说，曾在许多地方讲学，备受欢迎。居家时，他长期在含云寺和龟山书院，潜心攻读，写作教学。

有一年，杨时赴任浏阳县令途中，不辞劳苦，绕道洛阳，拜师程颐，以求学问上进一步深造。有一天，杨时与他的学友游酢，因对某问题有不同看法，为了求得一个正确答案，他俩一起去老师家请教。

时值隆冬，天寒地冻，浓云密布，天降大雪。他们行至半途，寒风肆无忌惮地灌进他们的领口。他们把衣服裹得紧紧的，匆匆赶路。来到程颐家时，适逢老师坐在炉旁打坐养神。杨时二人不敢惊动老师，就恭恭敬敬地侍立在门外，等候老师醒来。

这时，远山如玉簇，树林如银妆，房屋也披上了洁白的素装。杨时的一只脚冻僵了，冷得发抖，但依然恭敬侍立。过了良久，程颐一觉醒来，从窗口发现侍立在风雪中的杨时，只见他通身披雪，脚下的积雪已一尺多厚了，赶忙起身迎他俩进屋。

后来，杨时学得程门理学的真谛，东南学者推杨时为“程学正宗”，世称“龟山先生”。此后，“程门立雪”的故事就成为尊师重道的千古美谈。

◎ 评价

能尊师如杨时者，令人佩服。

传篇

第一章

此章以下均被朱熹称为“传”。传篇是对经篇的进一步阐述，更深入、更具体地论述“明明德”“亲民”“止于至善”这三纲领和“格物”“致知”“修身”“齐家”“治国”“平天下”这八条内涵。

本章朱本称为“传之首章，释明明德”。旧本此段文字在“此以没世不忘”句下，程颐、朱熹等移至于此，和“明明德”正好相对应，很有道理。这就是朱熹所说的“杂引经传”来说明“明明德”。

原典

《康诰(gào)》①曰:“克②明德。”《大甲》③曰:“顾諟(shì)天之明命④。”《帝典》⑤曰:“克明峻德⑥。”皆⑦自明也。

注释

①康诰:《尚书·周书》中的一篇。《尚书》是上古历史文献和追述古代事迹的一些文章的汇编,是“五经”之一,称为《书经》。全书分为《虞书》《夏书》《商书》《周书》四部分。

②克:能够。

③大甲:即《太甲》,《尚书·商书》中的一篇。

④顾:思念。諟:是,此。明命:光明的禀性。

⑤帝典:即《尧典》,《尚书·虞书》中的一篇。

⑥克明峻德：《尧典》原句为“克明俊德”。俊：与“峻”相通，意为大、崇高等。

⑦皆：都，指前面所引的几句话。

译文

《康诰》说：“能够弘扬光明的品德。”《太甲》说：“念念不忘这上天赋予的光明禀性。”《尧典》说：“能够弘扬崇高的品德。”这些都是说要自己弘扬光明正大的品德。

古注

朱熹注：

“康诰，周书。克，能也。

“大，读作泰。諟，古是字。大甲，商书。顾，谓常目在之也。諟，犹此也，或曰审也。天之明命，即天之所以与我，而我之所以为德者也。常目在之，则无时不明矣。

“峻，书作俊。帝典，尧典，虞书。峻，大也。

“结所引书，皆言自明己德之意。

“上传之首章。释明明德。此通下三章至‘止于信’，旧本误在‘没世不忘’之下。”

今论

南怀瑾《原本大学微言》：

“曾子引用了《尚书》中三篇有关历史积累经验的三句话，是为了说明：怎样修学，才能达到‘诚意’‘毋自欺’的学养。

阅典笔记

本节向我们阐释了“明明德”的深意，就是从自知之明做起，修养自己美好的品德，将人与生俱来的美好光明的品质发扬光大，从而建立道德的和谐境界。我国的传统文化，奉正大光明之品德为天命，也就是将其视为一种出世为人应秉承的终极目标。从古至今，以“德”字作为判定一个人优劣的标准，一直具有非常合理的意义。这是经过漫漫历史长河的考验，从而形成的社会共识，是我国传统文化中的精华之处。

“克明德”和“顾諟天之明命”都讲述了“自明”的意思，就是教人们发挥主观能动性，积极学习，加强自我修养。有句话说得好，“德为才之帅，才为德之辅”。当今社会是一个充满竞争的社会，掌握生存的技能和本领被人们视为显性的“硬件”。但是，身处复杂的社会，道德修养这一“软实力”才是决定一个人成败的重中之重。试看那些高科技犯罪的案例中，比如黑客，他们都是具有高级计算机知识的人，但他们的道德堡垒过于脆弱，被利益的诱惑击垮，结果成为了社会的危害。正所谓“有才无德是小人”。如果我们不注重道德修养这个软实力，即使拥有再高的才学，也对社会无用，甚至危害社会。

触类旁通

◎ 通典

为政要推行仁义

王蕴，字叔仁，东晋孝武帝定皇后的父亲，晋阳人。曾任佐著作郎、尚书吏部郎、吴兴太守、光禄大夫等职。

王蕴性情平和，任人大度，不压制出身寒微的贫民处士，只以才德为选任的标准。当时简文帝为会稽王，王蕴辅政。王蕴对于治内的情况十分熟悉，经常推荐有德才的人，使其得以举用。他所举荐的人，都能够充分发挥所长，因此，那些得不到进用的人也没有怨言。

王蕴任吴兴太守的时候，政绩卓著，民众感念其为政之德。一次，境内发生灾荒，百姓缺粮，生活无着。于是，王蕴下令打开粮仓，赈济灾民。主簿劝阻说这样做是违犯朝廷规定的，要承担擅权的责任。他坚决请求王蕴按照规定程序，先列出报表上报，在得到朝廷批准后再行实施。

王蕴说："现在百姓急难，嗷嗷待哺。民以食为天，人是要吃饭的，路上逃荒的人中已经有不少人被饿死。如果按部就班地履行程序，先列出报表，再逐级上报请示，等到朝廷批准后再予以救济，那时，将有多少人早已魂归西天了！专任擅权的罪过，太守一个人承担，而饥荒流离却威胁着全城百姓的生存。我想只要所作所为合乎仁义，能够救助百姓，渡过灾难，即使被追究责任而撤职，也是坦然的，心里也没有什么值得遗憾的。"

于是，王蕴下令即刻开仓救民，很多吴兴百姓为此而保住了性命。

朝廷以违反条规法律为理由，免去了王蕴的职务。这种不公平的责处，激起了平民百姓的义愤，很多百姓都为王蕴抱不平。皇上只得又颁布诏令，只给予王蕴降职处分，改任他为晋阳太守。

◎ 评价

王蕴一心只以民生疾苦为重，不以个人的官位为意，这样的官不论是在什么样的历史条件下，都会得到百姓的拥戴，都会被百姓记在心里，流芳后世。想民之所想，急民之所急，体现了王蕴仁义的修养素质，这也是一名称职的人民公仆必须履行的义务，是人民的期盼。不顾个人利益得失，只为顾全大局的思想觉悟，体现了王蕴大公无私的高尚品德。

◎ 通典

怀橘奉母

陆绩（187—219），字公纪。三国时期吴国吴县人。其自幼聪慧伶俐，人称神童。博学多识，以孝行著称。曾作浑天图，注《易》释《玄》。有《周易注》十五卷，《太玄注》十卷。

陆绩经鲁肃推荐，任郁林太守。在任期间，陆绩正直无私，为政清廉，深得百姓拥戴。他任期届满返还家乡时，因为家资微薄，船轻不稳，难以远航，只得将岸边的一块巨石装载上船以助航行。陆绩返归故里后，就将巨石置于家门口，后来被人们称为“郁林石”“廉石”。这块巨石现保存在苏州文庙内。

陆绩的父亲在东汉灵帝时官居郡守。陆绩六岁时，跟随父亲去九江拜访世家大族袁术。袁术拿出橘子招待他，陆绩感到味道鲜美，想到应该让母亲也尝尝新鲜的柑橘，于是就拿了几个揣在怀里。拜访结束，起身告辞，陆绩向袁术行礼时，怀中的柑橘掉在地上。

袁术取笑说："陆少爷是我家贵客，为什么把橘子藏在怀中呢？"

陆绩从容回答说："世伯大人赠予我的橘子，我只吃掉一个，因为味道特别甜美，我想带回家，请母亲品尝。"袁术和在座的人听了都很感动，也都非常惊讶，觉得陆绩小小年纪，心地纯孝，不是一般人所能及的。

袁术感叹道："陆郎有如此品德，将来必定是国家的栋梁！"

从此，"陆绩怀橘"被传为美谈，后被元代郭居敬编入《二十四孝》，广为流传，影响深远。

◎ 评价

孝悌美德，是做人最根本的品德，但又不是每个人都能自觉地重视和实行的。小事之处见精义，陆绩之所以可以成为百姓拥戴的清官，与他孝悌的美德有直接关系。从小就懂得自觉地履行孝义，心意真诚，长此以往，就会对人民产生仁爱之心，从而做好百姓的父母官。他的正直品性和廉洁为官之行为让我们领悟了"顾諟天之明命"。

◎ 通典

小事见品节

春秋时，宋国有个人得到一块玉石，将它献给掌管工程的大臣子罕，子罕不肯接受。献玉石的人说："我曾经把这块玉石拿给玉工鉴定过，他认为这是一块宝玉，因此我才敢献给您。"子罕说："我把不贪图财物的这种操守当做是宝物，你把玉石作为宝物。如果你把宝玉送给了我，我们两人都丧失了宝物，还不如我们都保有各自的宝物。"故事中，子罕恪守"不贪为宝"的信条，巧妙拒玉，寓意深刻，给人教育和启迪。

《淮南子 · 道应训》记载了公仪休拒鱼的故事：战国时期鲁国国相公仪休爱吃鱼，有人投其所好送鱼给他，公仪休不收。问其原因，他说："正因为喜欢吃鱼，所以不能接受。现在我作为国相，能够用自己的俸禄买鱼吃。如果现在收了鱼而丢了官，谁又会送给我鱼呢？所以我不能接受。”公仪休“好鱼而不贪鱼”，实乃其深知“贪赃、枉法、丢官、受惩罚”之间的内在联系。

宋周紫芝《竹坡诗话》记载：北宋时期有位州官，为人极其廉洁。一天晚上，有人从京城送来一封信。他猜想这一定是朝廷有什么重要指示，马上命令公差点上蜡烛阅读。谁知读了一半，他令公差把官家的蜡烛吹灭，把自己买来的蜡烛点上，继续往下看。公差很纳闷：难道官家买的蜡烛不及他自己出钱买的蜡烛亮吗？后来才知道，那封信有小半是关于他留在京城的家属的情况，他认为这是私事，不能点官家的蜡烛。

◎ 评价

在有些人看来，这些人实在有点“小题大做”。但正是这样的小事，更能从细节上表现出一个人的品质。

传篇

第二章

朱本称此章为“传之二章”。此章旧本在“诚意章”皆自明也下，是以“杂引经传”说明“新民”，就是要焕发君王和民众的道德精神。

原典

汤之《盘铭》[①]曰：“苟日新[②]，日日新，又日新。”《康诰》曰：“作新民[③]。”《诗》[④]曰：“周虽旧邦[⑤]，其命唯新[⑥]。”是故君子无所不用其极[⑦]。

注释

①汤：即成汤，商朝的开国君主。盘铭：刻在器皿上用来警戒自己的箴言。这里的器皿是指商汤的洗澡盆。

②苟：如果。新：这里的本义是指洗澡除去身体上的污垢，使身体焕然一新，引申义则是指精神上的弃旧图新。

③作：振作，激励。新民：即“经”里面说的“亲民”，实应为“新民”。意思是使民新，也就是使人弃旧图新，去恶从善。

④《诗》：此指《诗经·大雅·文王》。

⑤周：周朝。旧邦：旧国。

⑥其命：指周朝所禀受的天命。惟新：革新。惟，语助词，无意义。

⑦是故：所以。君子：品德高尚的人。无所不用其极：这里指道德的高度自我完善，无处不追求完善。

译文

商汤王刻在洗澡盆上的箴言说："如果能够一天新，就应保持天天新，新了还要更新。"《康诰》说："激励人弃旧图新。"《诗经·大雅·文王》说："周朝虽然是旧的国家，却禀受了新的天命。"所以，品德高尚的人无处不追求完善的道德境界。

古注

朱熹注：

"盘，沐浴之盘也。铭，名其器以自警之辞也。苟，诚也。汤以人之洗濯其心以去恶，如沐浴其身以去垢。故铭其盘，言诚能一日有以涤其旧染之污而自新，则当因其已新者，而日日新之，又日新之，不可略有间断也。

"鼓之舞之之谓作，言振起其自新之民也。

"诗大雅文王之篇。言周国虽旧，至于文王，能新其德以及于民，而始受天命也。

"自新新民，皆欲止于至善也。

"上传之二章。释新民。"

今论

南怀瑾《原本大学微言》：

"引用《诗经·大雅》中周人推许周武王的革命成功以后，赞颂文王的功德，其中提到'周虽旧邦，其命维新'。周，原来是殷商末代的诸侯小国。但因殷纣太坏了，不得不起来率领诸侯革命，结果建立了周朝，可是革命是维新的，不会像前朝的纣一样，犯大错误而误国误民。其中插进一句《康诰》，曰'作新民'。都是说，要重新做人做事，决不像过去一样。但朱熹不管原来的用意，为了引用说明古代的圣君贤相们'诚意'不自欺的反思。他只看到有'新'字，便正好拿来注解自己认定师说的'亲民'，应改作'新民'的佐证。这是'毋乃大谬乎！'"

阅典笔记

本节的核心内容，是召唤人们自省和革新的精神。文章引用商汤王的座右铭"苟日新，日日新，又日新"，揭示出一位明君坚持不懈地追求德行修养的高尚精神。正如我们常说："吾日三省吾身。"没有反省，不可能发现自己身上出现的问题，也就不能及时地解决问题。顽疾都是日积月累形成的，所以要先避免出现不可挽回的错误。每日的求新，就是十分宝贵的进步，是培养高尚道德修养的重要习惯。

民众的革新，是民族的希望，是民族生命力的体现。创新和进取，是人类进步的灵魂。回顾历史的发展，人类的每一次创新，不论是自然科学或是社会哲学方面，都必然会引起相应的社会变革，推动社会迈进，将人们从旧的桎梏中解放出来，从一个王国走向另一个王国，这是历史发展的必然过程。

我们应该与时俱进，深刻认识自己，纠正自己，这样就会推动自己走向更高的境界。

触类旁通

◎ 通典

宰相肚里能撑船

相传，宋朝宰相王安石中年丧妻后续娶了年方十八的姣娘。由于王安石身为宰相，分不出身陪伴姣娘。正值妙龄的姣娘便跟府里的年轻仆人偷情。这事传到了王安石那儿，入夜，他在卧室外窃听，果然听见姣娘与仆人调情。他火冒三丈，但忍了下来，心想自己是堂堂宰相，为此动怒实在犯不上，于是转身走了。不料，他没留神撞上了院中的大树，一抬头，见树上有个老鸹窝。他随手抄起一根竹竿，捅了老鸹窝几下，老鸹惊叫而飞，屋里的仆人闻声慌忙跳后窗而逃。中秋节王安石与姣娘于花前赏月，酒过三巡，王安石吟诗一首："日出东来还转东，乌鸦不叫竹竿捅。鲜花搂着棉蚕睡，撇下干姜门外听。"姣娘品出诗意，知道自己跟仆人偷情的事被老爷知道了，羞愧之余，她灵机一动，跪吟了一首诗："日出东来转正南，你说这话够一年。大人莫见小人怪，宰相肚里能撑船。"王安石一想也对，自己年已花甲，姣娘正值妙龄，不能全怪她。于是，过了中秋，王安石赠银千两给姣娘，让她跟那个仆人成亲，一起去他乡生活了。这事传出去后，人们对王安石的宽宏大量深感敬佩。"宰相肚里能撑船"这句话也就成了宽宏大量的代名词。

◎ 评价

妻妾不忠，恐怕是最令男子感到耻辱的一件事情。戴了绿帽子还能设身处地站在女子的立场上为其着想，王安石的度量与德行不得不令人佩服。

触类旁通

◎ 通典

变法维新的谭嗣同

谭嗣同（1865—1898）字复生，号壮飞，湖南浏阳人，戊戌六君子之一。少时博览群书，并致力于自然科学的探讨，厌恶科举，喜好今文经学。后为新疆巡抚刘锦堂幕僚，曾往来于直隶、甘肃、新疆、陕西、河南、湖北、湖南、江西、江苏数省，视察风土，结交名士，有"风景不殊，山河顿异；城郭犹是，人民复非"的感慨。1895 年《马关条约》签订后，他异常不满，便努力提倡新学，呼号变法，并在家乡组织算学社，集同志讲求钻研，同时在南台书院设立史学、掌故、舆地等新式课程，开湖南全省维新风气之先。

谭嗣同认为世界是由物质的原质所构成，其本体是"仁"；后作《仁学》二卷，论述说，世界的存在和发展都是由于"仁"的作用，故称其哲学为"仁学"。他批判了"天不变，道亦不变"的顽固思想，从变异中论证其改革社会制度的政治理想，并且认为封建"名教"是维护专制主义的精神支柱，号召人们冲决君主、伦常、利禄、俗学、天命、佛法等封建网罗。他对秦汉以来封建专制制度的抨击尤为猛烈，认为君主专制是一切罪恶的渊薮，提出"比君之不善，人人得而戮之”。在批判专制制度的同时，他还提出了发展资本主义的政治、经济以及变法等主张。戊戌变法失败后，谭嗣同被杀，时年 33 岁，临行绝命词为“有心杀贼，无力回天。死得其所，快哉快哉！”他生平遗著编入《谭嗣同全集》，留有名句：我自横刀向天笑，去留肝胆两昆仑。

◎ 评价

谭嗣同为改革贡献了毕生的精力，最后英勇就义。他身处的社会，是没落的封建时期，他反思社会问题，反省人们落后的观念，并成为改革的先驱。他用实际行动与顽固的封建制度作斗争，虽然他一人之力无法产生颠覆的力量，但正是有许许多多像他这样的仁人志士，前仆后继地践行着革新社会的理念，才有了民主主义革命，才有了新中国。

◎ 通典

义为本，行为务

耶律有尚，字伯强，辽东丹王十世孙。元代东平人。他天资聪颖，器识超绝，受业于许衡，精通性理之学。历官国子祭酒，迁昭文馆大学士。卒年八十六岁，谥号“文正”。

至元八年（1271），许衡升任集贤殿大学士兼国子祭酒，专门负责教育王公大臣的子弟。他奏请皇上批准，把他的十二名学生任命为斋长，作为伴读，耶律有尚就是其中之一。许衡年老，回归乡里后，朝廷任命耶律有尚和他的同学作为助教，接管学校的全面事务。担任助教很长时间之后，耶律有尚出任监察御史，但他没有上任。紧接着，他又被任命为秘书监丞，出知蓟州。耶律有尚在蓟州任上时，为政宽简，深得民心。裕宗在东宫时，召耶律有尚为詹事院长史。自从耶律有尚离开学校后，学校的事务就再也没有人接管，诸业废弛，处于停学状态。因此，朝廷以为除了耶律有尚，谁也不能继承许衡的职务，于是，就提拔耶律有尚为国子司业。当时学馆未建，没有教学设施，老师、学生全都是租借民房居住。耶律有尚上任后，多次进言呼吁，朝廷才兴建学舍，开始设立国子监，紧接着设立监官，扩大学生人数，学校初具规模，教学走向正规。于是耶律有尚升任国子祭酒。从此，儒风大振。

至元二十七年（1290），因为双亲年老，耶律有尚辞职归奉双亲。

大德改元，耶律有尚又被征召赴任，任集贤大学士，兼国子祭酒，级别相当于中奉大夫。耶律有尚主管国学，其立教以义理为本，省察自己必须诚恳真切，待人接物以恭敬为先，行为必须端正诚笃。耶律有尚视填词作诗为雕虫小技，并认为它会破坏圣人之道，应被完全摒弃。所以，学生们争着学习正道，崇拜孔孟学说，以经术为尊，以实践为急务，最后全都成为德才兼备的人才。

◎ 评价

耶律有尚把自己高尚的道德和修养，融入到了他对国家和人民的责任感和使命感之中，推行教育工作，传授圣人之道，教化民众的道德礼仪。

传篇

第三章

朱本称此章为“传之三章，释止于至善”。旧本“《诗》云邦畿千里”至“与国人交止于信”一段，在“是故君子无所不用其极”后。“《诗》云瞻彼淇澳”至“此以没世不忘也”一段，在“故君子必诚其意”后。这是引经传和孔子话说明“止于至善”。从物各有当止之处，到人各有当止之处，再到圣人当止之处，所有当止之处，都应是至善。具体说来，从三个方面指出相互责任关系：君要仁，要有仁爱之心，而臣相对应的是敬，尊重和严肃；父的品德要求是慈，要有慈爱之心，而儿子对应的是孝，对父母孝顺；民众彼此要讲求信，做到彼此诚信。这些品德都需要学习、自修、振作、发扬、磨砺，通过这些功夫，达到盛德至善的境界，使整个社会和谐有序。

3.1

原典

《诗》[①]云：“邦畿(jī)[②]千里，惟民所止[③]。”《诗》[④]云：“缗(mín)蛮[⑤]黄鸟，止于丘隅[⑥]。”子曰：“于止[⑦]，知其所止，可以[⑧]人而不如鸟乎！”《诗》[⑨]云：“穆穆[⑩]文王，於(wū)缉熙敬止[⑪]！”为人君，止于仁；为人臣，止于敬；为人子，止于孝；为人父，止于慈；与国人交，止于信。

注释

①《诗》：此指《诗经·商颂·玄鸟》。

②邦畿：古代天子都城及其周围的郊区。

③止：有至、到、停止、居住、栖息等多种含义，随上下文而有所区别。在这句里是居住的意思。

④《诗》：此指《诗经·小雅·绵蛮》。

⑤缗蛮：即绵蛮，鸟叫声。

⑥止：栖息。丘隅：山丘的一个角落。

⑦于止：对于居住的地方。

⑧可以：何以，为什么。

⑨《诗》：此指《诗经·大雅·文王》。

⑩穆穆：形容文王仪表深沉端庄，道德深远的样子。

⑪于：叹美词。缉：继续。熙：光明。敬止：语助词，无意义。朱熹解为："言其无敌而安所止也。"

译文

《诗经·商颂·玄鸟》说："天子的都城及其周围，都是老百姓居住的地方。"《诗经·小雅·绵蛮》又说："绵绵蛮蛮叫着的黄鸟，栖息在山丘的一角。"孔子说："连黄鸟都知道它该栖息在什么地方，难道人还可以不如鸟儿吗？"《诗经·大雅·文王》说："深沉端庄、品德高尚的文王啊，为人光明磊落，做事始终庄重谨慎。"做国君的，要做到仁爱；做臣子的，要做到恭敬；做子女的，要做到孝顺；做父亲的，要做到慈爱；与他人交往，要做到讲信用。

古注

朱熹注：

"诗商颂玄鸟之篇。邦畿，王者之都也。止，居也，言物各有所当止之处也。

"缗，诗作绵。诗小雅绵蛮之篇。缗蛮，鸟声。丘隅，岑蔚之处。子曰以下，孔子说诗之辞。言人当知所当止之处也。

"于缉之于，音乌。诗文王之篇。穆穆，深远之意。于，叹美辞。缉，继续也。熙，光明也。敬止，言其无不敬而安所止也。引此而言圣人之止，无非至善。五者乃其目之大者也。学者于此，究其精微之蕴，而又推类以尽其余，则于天下之事，皆有以知其所止而无疑矣。”

今论

南怀瑾《原本大学微言》：

“……‘诚意’与‘知止’的指标是什么……‘为人君，止于仁’……作为领导人的人君，或是公私事业的老板们，自己的‘诚意’，是‘知止’在仁爱一切人的目标上；‘为人臣，止于敬’，作为国家政府的干部，或是公私事业的职员，自己的‘诚意’是‘知止’在敬守职务的公德上；‘为人子，止于孝’，作为人子女的‘诚意’，是‘知止’在孝顺父母；‘为人父，止于慈’，为人父母的‘诚意’，是‘知止’在仁慈教养子女。”

阅典笔记

本节的核心在于教化人们“知其所止”，倡导各得其所。人处于社会的整体之中，应该正确地、安分地坚持自己合适的位置或地位，不要有非分之想，行所当行，止所宜止。人对于自己的行为，应该明白哪些是适宜的，哪些是需要立即停止的，顺义则行，悖德则止，这应该是我们自己可以决定的。

怎样才能知其所止，端庄谦恭的文王给了我们答案：“做国君，做到仁；做臣子，做到敬；做子女，做到孝；做父亲，做到慈；和国人交往，做到信。”我们每一个人，都扮演着不同的社会角色。在工作岗位上，在我们职责范围内，我们就要做到尽职尽责；处事中，我们要做到体恤他人，不要苛求。对待上司尊敬诚笃，对待下属谨慎恭敬。在家庭中，我们对父母应当尽孝尽心，对待自己的儿女应该担任起抚养的责任，用深沉仁慈的心关爱他们。不同的身份、不同的角色转换中，有不同的“所止”，要认识自己，扬长避短。

触类旁通

◎ 通典

好为民兴利，务在富之

召信臣，字翁卿，西汉九江郡寿昌人，是水利专家。其初以明经甲科，任职郎中，后迁南阳太守。他为民兴利，教化大行，深受百姓爱戴，被尊称为“召父”。他迁河南太守，治行第一；终官少府，位列九卿。其为官一生，“好为民兴利，务在富之”。《汉书》将其列为西汉“治民”名臣之一。

召信臣任南阳太守期间，着力开发治理唐白河流域，兴修水利，大力发展农业生产。为了劝说百姓重视农业，安心耕作，召信臣经常深入乡村，出入田间，晚上住在农家，亲自勘察水源。他组织民众开凿沟渠，修筑堤坝，建造水闸，建成水利工程数十处，灌溉面积年年增加，最多时达到三万公顷，使当时南阳地区成为全国富庶地区之一。在所修筑的水利工程中，最著名的是六门堰、钳卢陂、马仁陂等，其中有的一直使用了两千多年。召信臣在大力兴修水利工程的同时，也注重管理，制定了灌溉管理制度，“为民作均水约束，刻石立于田畔，以防纷争”。百姓得到了很大的好处，家家有余粮，年年有结余。出外的百姓也纷纷返回家乡，户口成倍增加。偷盗及纷争的现象一天天减少，社会安定。同时，召信臣倡导节俭办事，使当地民风敦厚，百姓安居乐业。南阳的百姓尊称他为“召父”。

东汉建武七年（31），南阳太守杜诗在召信臣兴建工程的基础上扩建修治，广开农田，大兴灌溉，效益显著，当时的百姓称赞说：“前有召父，后有杜母。”

◎ 评价

召信臣为官，尽忠职守，一心扑在为民兴修水利、发展农业的事业上。他将这个事业作为自己为官的根本使命，以造福民生作为一切公务的根本宗旨。他毕生创造的成绩，体现了他“止于至善”的道德境界。

◎ 通典

为人子，止于孝

黄庭坚（1045—1105），字鲁直，自号山谷道人，晚号涪翁，又称黄豫章，洪州分宁人。北宋诗人、词人、书法家，北宋江西诗派的代表，以其非凡的文学造诣给后人留下了颇丰的文学著作。另外，黄庭坚在“孝顺父母”方面也给后人留下了宝贵的道德遗产。

黄庭坚自幼孝顺父母。对于父母之事，无论大小，他都会认真努力地做好，从来没有推辞拒绝过。

黄庭坚二十三岁时就中了进士，后来做了太史官，公务特别繁忙。虽然家里也有仆人，但他却不辞辛苦，依旧亲自照顾母亲，毫不懈怠。每天忙完公事，他一定会陪在母亲身边，力求事事让母亲满意。

他的母亲特别爱干净。那时候房间里没有卫生间，人们都准备一个应急的马桶，以便夜里方便如厕。黄庭坚为了让母亲身心愉快，避免因为仆人所做的卫生不彻底而导致母亲心生烦恼，他就坚持每天亲自为母亲刷马桶，从不间断。

有人对他的做法颇为不解，问他：“你身为高贵的朝廷命官，家里奴仆成群，何苦要做如此低贱之事？”他回答说：“孝敬父母是我的本分，同我的身份没有任何关系。何况孝敬父母是出自一个人对父母至诚感恩的天性，又如何有高贵与低贱之分呢？”

◎ 评价

黄庭坚奉行自己“为人子，止于孝”的做人原则。他没有因社会角色的关系丢失他作为人子的职责和本性。恪尽孝道，不辞劳苦，善待母亲，此情此德，令人感动。

3.2

原典

《诗》[①]云：“瞻彼淇澳（yù）[②]，菉竹猗猗（yī）[③]。有斐[④]君子，如切如磋[⑤]，如琢如磨[⑥]。瑟兮僩（xiàn）兮[⑦]，赫兮喧兮[⑧]。有斐君子，终不

可谊(xuàn)⑨兮！”如切如磋者，道⑩学也；如琢如磨者，自修也；瑟兮僩兮者，恂(xún)慄(lì)⑪也；赫兮喧兮者，威仪也；有斐君子，终不可谊兮者，道盛德至善，民之不能忘也。

注释

①《诗》：此指《诗经·卫风·淇澳》。

②淇：指淇水，在今河南北部。澳：水边。

③菉：通“绿”。猗猗：美丽茂盛的样子。

④斐：文质彬彬的样子。

⑤如切如磋：如同对骨角进行切割磋光一样。

⑥如琢如磨：如同对玉石进行雕琢打磨一样。

⑦瑟兮僩兮：严谨宽大的样子。瑟，严谨。僩，宽大。

⑧赫兮喧兮：光明煊赫的样子。

⑨谊：《诗经》原文作“谖”，遗忘。

⑩道：说、言的意思。

⑪恂慄：恐惧，戒惧的样子。

译文

《诗经·卫风·淇澳》说：“看那淇水弯弯的岸边，嫩绿的竹子郁郁葱葱。有一位文质彬彬的君子，研究学问如加工骨器，不断切磋；修炼自己如打磨美玉，反复琢磨。他是那样严谨，胸怀宽大，是那样的光明煊赫。这样一个文质彬彬的君子，真是令人难忘啊！”这里所说的“如加工骨器，不断切磋”，是指做学问的态度；这里所说的“如打磨美玉，反复琢磨”，是指自我修炼的精神；说他“严谨、宽大”，是指他内心谨慎而有所戒惧；说他“光明煊赫”，是指他仪表堂堂；说“这样一个文质彬彬的君子，可真是令人难忘啊！”是指由于他品德非常高尚，达到了最完善的境界，所以使人难以忘怀。

古注

朱熹注：

“澳，于六反。菉，诗作绿。猗，协韵音阿。僩，下版反。喧，诗作咺，谊，诗作谖；并况晚反。恂，郑氏读作峻。诗卫风淇澳之篇。淇，水名。澳，隈也。猗猗，美盛貌。兴也。斐，文貌。切以刀锯，琢以椎凿，皆裁物使成形质也。磋以鑢钖，磨以沙石，皆治物使其滑泽也。治骨角者，既切而复磋之。治玉石者，既琢而复磨之。皆言其治之有绪，而益致其精也。瑟，严密之貌。僩，武毅之貌。赫喧，宣着盛大之貌。谊，忘也。道，言也。学，谓讲习讨论之事，自修者，省察克治之功。恂栗，战惧也。威，可畏也。仪，可象也。引诗而释之，以明明明德者之止于至善。道学自修，言其所以得之之由。恂栗、威仪，言其德容表里之盛。卒乃指其实而叹美之也。”

今论

南怀瑾《原本大学微言》：

“‘如切如磋者，道学也。’是指卫武公为求道学的努力，像雕刻一块美玉一样，先要切好粗坯，再来雕琢成形。再加仔细自修，这里还要琢一下，那边还要磨光一点。‘如琢如磨者，自修也。’‘瑟兮僩兮者，恂慄也。’既要精工细作，所以随时害怕自己半途而废，会功败垂成。要有这样小心用功的精神，总算修整完工，摆在那里一看，真是好威风、好庄严的一块瑰宝！因此，才赢得了‘赫兮喧兮者，威仪也’的赞美了！至于说‘有斐君子，终不可谊兮者，道盛德至善，民之不能忘也’。那是说卫武公‘诚意’改过自新，才做到文成功就的君子，学问道业不但成功了，德行也达到至善的程度了，实在没有什么好挑剔的，所以使人们永远忘不了他。这是说明学问之道，有改过自新‘自诚其意’，内外兼修的不易。卫武公少年的时候，杀兄自立。后来改过自修，有文有守，能从谏如流，以礼自防。为宗‘周’出力，打败戎狄，因功封‘公’，又入周朝为相，进德修业，为诸侯所重。年至九十五，德寿可风。但宋儒（程，朱）他们，却把他放在圣贤的规格上，却不是曾子本意了。”

阅典笔记

本节引用《诗经》中的诗句，赞美了君子的外表和操行，令人们更加清楚了，能够做到“知其所止”方能得到百姓的赞美。

随着年龄的增长，阅历的增加，人对修养会有新的更广、更全面的认识。在读古人书籍，与古人对话中，就会强烈感受到，那些思想深邃、学识渊博的人是多么有修养；在阅读人物传记时，会感到那些宠辱不惊、淡泊宁静的人是多么有修养；在与人交往中，又会感到那些平易近人、尊重别人的人是多么有修养。这些人，给我们的心灵带来了很大震撼，启迪了我们智慧的心曲，照亮了思想的明灯。

触类旁通

◎ 通典

过人涵养

苏轼是我国北宋年间极负盛名的大文豪，一生陷于党争之中身不由己。下面是一段关于他的趣事，却告诉我们一个做人的道理。

朝廷保守派复辟后，司马光重拜相位，新法全盘被废。此时，同为保守派的苏轼却主张对新法不能全盘否定，应视良莠区别对待，因此与司马光发生激烈冲突，再度被贬瓜州。苏轼虽然信仰佛教，但又不喜欢和尚。闻得瓜州金山寺内有一法号为佛印的和尚名气极大，苏轼听说后不服气，就决定到山上会一会老和尚！在庙里，苏轼从皇帝讲到文武百官，从治理国家讲到为人之道。和尚静静听着，苏轼见佛印一直一言不发，心想：大家都说他有本事，原来草包一个，来这里是骗几个香火钱的吧！话题慢慢地扯到了佛事上，这时候佛印问道：“在先生眼里老纳应该是一个什么样的人？”苏轼正满肚子鄙视，随口答道：“你在一般人眼里看来是有本事的，但那是因为他们浅薄。实际上你每天故弄玄虚，没有真才实学，是个骗子而已！”佛印微微一笑，默不应声。苏轼看到他这个样子更瞧不起和尚了，洋洋得意地问道："在你眼里我苏大学士又是一个什么人呢？""你是一个很有学问、有修养的人，老纳自愧不如！"佛印答道。回到家后，苏轼洋洋得意地把早上如何如何治和尚的事给小妹讲了一遍，苏小妹听后笑得饭都喷出来了。苏轼懵了，忙问道："小妹为何发笑？""你贬低和尚他不仅没生气反而把你赞扬了一番，你说谁有修养？没有学问哪来的修养？你还自以为自己比别人强？羞死你你都不知道！"苏轼听后恍然大悟，从此与佛印大师成了莫逆之交。

◎ **评价**

此事之真假有待商榷，但佛印和尚的虚怀若谷是值得我们学习的。

◎ **通典**

行乞办学

武训（1838—1896），清道光十八年生，光绪二十二年去世，享年五十七岁。山东堂邑人，原名武七。他早年丧父，家境清贫，以行乞事母，被称为孝丐。后给人当长工，雇主欺武训不识字，赖去三年工钱，又以诈骗罪名，将其毒打解雇。武训愤然不食不语；在乡邻的劝导下，身体渐渐复原，遂决心靠乞讨集资兴办义学，以便让穷人的孩子也能读书识字，免受有钱人的欺压，过上好生活。在行乞过程中，武训以织麻、纺纱以及在街头卖艺等形式，积攒资财，以所积资财在堂邑柳林兴办义学。后来，他又在堂邑、馆陶、高唐、临清等地设立四所义学。学校开学后，每天清晨，武训早早地来到学校门口，恭恭敬敬地跪在地上，请教师认真教学，勉励学生刻苦攻读……寒暑易节，始一返也。他的教学、敬业精神，被时任巡抚张曜知道后奖励了他，并将其业绩禀报朝廷。于是，清政府授以“义学正”名号，赏赐武训穿“黄马褂”。

◎ 评价

武训出身寒微，深受地主的压迫。虽然他没有受过好的教育，但是他具备了自强不息的高尚品质。他的不平凡就在于他反思自己的遭遇，悟出了发展教育而改变命运的重要性，不惧怕现状和条件，一心执着于自己兴办教学的事业中，坚持不懈为之努力，最终成功，可谓以实践诠释了“知之所止”和“止于至善”。

3.3

原典

《诗》[①]云:“於(wū)戏(hū)[②]！前王[③]不忘。”君子贤其贤而亲其亲，小人乐其乐而利其利，此以没世不忘也[④]。

注释

①《诗》：此指《诗经·周颂·烈文》。

②於戏：同“呜呼”，叹词。

③前王：指周文王、周武王。

④此以：因此。没世：去世。

译文

《诗经·周颂·烈文》说：“啊，前代的君王真让人难忘啊！”这是因为君主、贵族们能够以前代的君王为榜样，尊重贤人，亲近亲族，一般平民百姓也都蒙受恩泽，享受安乐，获得利益。所以，虽然前代君王已经去世，但人们还是永远不会忘记他们。

古注

朱熹注：

“於戏，音呜呼。乐，音洛。诗周颂烈文之篇。於戏，叹辞。前王，谓文、武也。君子，谓其后贤后王。小人，谓后民也。此言前王所以新民者止于至善，能使天下后世无一物不得其所，所以既没世而人思慕之，愈久而不忘也。此两节咏叹淫泆，其味深长，当熟玩之。

“上传之三章。释止于至善。此章内自引淇澳诗以下，旧本误在诚意章下。”

今论

南怀瑾《原本大学微言》：

“曾子引用《诗经·周颂·烈文》一篇的第一句话‘於戏！前王不忘’来说明‘外用（王）’的影响何以会使人永远忘不了他‘道盛德至善”的作为。”

阅典笔记

这节借《诗经》中的话，讲了人们对前代英明王者的挂念，并蕴含了前代明主对于后代的影响。历史上有很多流芳千古的君王和为政者，比如汉文帝、唐太宗，范仲淹、欧阳修。他们的共同点就是都具有高尚仁爱的道德。

作为一个人，总想在有生之年有所作为，使自己的名字留在史册中。但是我们必须清楚，无论是谁，无论我们经历了怎样的人生历程，对社会发展产生了怎样的影响，自有公论。为政者只要顺应历史，本着对人民负责，本着对子孙万代负责的态度，替百姓办好事、办实事，自然会在人民心中永存。

触类旁通

◎ 通典

以民为本，无为而治

汉文帝刘恒（前202—前157）与他的儿子景帝执政的时期，被历史学家们称为“文景之治”。当时的社会政治清明，社会稳定，经济发展，“海内殷富”，被称为“治世”。

汉文帝当上皇帝以后，勤政爱民，虚心倾听大臣们的治国建议，尤其对待像周勃这样自恃有功、面露骄色的人，每次退朝时，汉文帝都目送他走下大殿以表示尊重。他知道，皇权本身就象征着一种神圣和威严，皇权加仁德换来的必然是忠诚，皇权加暴虐得到的只能是离心。他用勤政和谦虚的态度施政，仅用一年时间就把朝廷内外梳理得井然有序，受到了人民的爱戴。百姓都称他“真是一位贤德的君王啊！”

汉文帝知道，经济发展是强国富民的根本。他说：“农业是天下之本，是最重要的事情。”他最为成功的治国措施就是发展农业。他为皇室设置了“籍田”，亲自耕种，为百姓做榜样。他实行轻徭薄税，减免农业税，促进了生产的大发展。

汉文帝在执政的二十三年里，始终奉行的是“以民为本，无为而治”的治国方针。其中以民为本是基础，是衡量历朝历代统治者施政水平的试金石。无为而治则是施政手段，就是遵照事物发展的客观规律，顺其自然，实事求是。无为而治不是无所作为地乱干一气，而是设立高屋建瓴的施政目标和为此而进行有效督导。汉文帝恰到好处地运用了这一规律，使国家富强，四邻宾服，人民安居乐业。

后来，司马迁在文帝本纪中高度评价汉文帝说：“德至盛焉，岂不仁哉！”

◎ 分析

汉文帝以仁爱拥有民心，以仁政巩固民心。他吸取了老子“无为而治”的思想，把遵循客观规律、顺应万物之道作为治国方针，使得国家富强，人民安居乐业，不愧为历史上有名的英明君主之一。他的成就，均归功于君主高尚的仁爱美德。

◎ 通典

子罕亲民利国

子罕名乐喜，字子罕，是春秋时期宋国的司空（即相国）。一次，楚国派士尹池出使宋国，子罕在家里宴请他。士尹池来到子罕家，看见子罕南边邻居家的墙突出来挡住了子罕家的道，西边邻居家的积水流进了子罕的院子里，感到很惊讶。因为凭子罕的地位，只要下一个命令，就可以让他们搬家。士尹池问子罕为什么不这样做。子罕说：“南边邻居家是做鞋的工匠，我要让他搬家，他的父亲说：‘我家做鞋已经三代了，现在如果搬家，那些要买鞋的人就不知道我的住处，我就会断了生路，希望相国可怜我。’因为这个缘故，我没让他搬家。西边邻居家院子地势高，我家院子地势低，积水经过我家流走很便利，所以就没有制止。”士尹池听了，对子罕非常敬佩。这虽然只是对待邻居的小事，却能看出子罕身居高位，却处处体恤百姓的难处，替百姓着想。

士尹池回到楚国，楚王正要发兵攻打宋国，士尹池劝阻楚王说：“不能攻打宋国，宋国的君主贤明，国相更是仁慈，他们深受百姓爱戴，百姓都会为他们尽力打仗。楚国要打宋国，大概不会成功，还要被天

下人耻笑。”楚王听从了士尹池的劝告，没有攻打宋国。孔子听说这件事后，赞赏子罕说：“在朝廷上修养自己的品德，却能制胜敌军于千里之外，就是说子罕吧。”

◎ 评价

相国子罕对邻居宽容的小事，体现了他宽以待人、慈善仁爱的节操。这是任何为政者都钦佩的高尚品德。所谓以德服人，他的道德精神超越了国界，也感染了敌国的为政者。

传篇

第四章

朱本称此章为“传之四章，释知本”。旧本在“止于信”下，朱熹移于此。此章征引孔子的话，说明只要我有光明正大的德行，自然民心就会畏服，故狱讼不待听断，自然就没了。看这句话，就知道本末先后次序了。

原典

子曰[①]:“听讼[②],吾犹人也[③],必也使无讼乎！”无情者不得尽其辞[④]。大畏民志[⑤]。此谓知本[⑥]。

注释

①子曰：子指孔子。这段话引自《论语·颜渊》。

②听讼：听诉讼，即审案子。

③犹人：与别人一样。犹，如同。

④情：实。不得尽其辞：不能够花言巧语。

⑤民志：民心，人心。

⑥知本：知道本末次序。

译文

孔子说：“听诉讼审理案子，我也和别人一样，目的在于使诉讼不再发生。”圣人使隐瞒真实情况的人不敢花言巧语，使人心畏服，这就叫做抓住了根本。

古注

朱熹注：

“犹人，不异于人也。情，实也。引夫子之言，而言圣人能使无实之人不敢尽其虚诞之辞。盖我之明德既明，自然有以畏服民之心志，故讼不待听而自无也。观于此言，可以知本末之先后矣。

“上传之四章。释本末。此章旧本误在‘止于信’下。”

今论

南怀瑾《原本大学微言》：

“此谓‘知本’，知个什么本呢？这是指我们的意识所产生的思想形态，在我们心中脑里，随时都有矛盾乱流，形成业力。任何一个人，随时在心中脑里，有理性和情绪上的斗争，随时自己和自己在争讼、打官司。……除了能‘自净其意’以外，‘自讼’是随生命并存，永无停止的。所以道家的庄子，也形容这种‘心、意、识’的自讼状态，叫做‘心兵’，就是说平常的人们，意识心中，随时都在内战。如果心兵不动，自心的天下就太平了。人们假如能够学养到‘自净其意’，不生妄念，心兵永息，更不自讼了，那才真是‘知本’。……曾子自己引用了上古历史故事以后，觉得对于历史上的功罪，也很难下定论。讨论下去，也没有多大意思。所以便引用孔子说过‘听讼’的话，借此作为‘诚意’、‘知止’的总结。”

阅典笔记

本节中曾子引用孔子的话“不让隐瞒事实情况的人花言巧取，占得利益”，来说明这是根本的道理。其实孔子的话，还夹杂了不防民之口的意思：民众有了纠纷和矛盾就让民众讲出来，只有这样才能通达下情，了解民众的心声。俗话说，“得民心者得天下”。人民是历史的创造者。为政者只有顺应历史发展潮流，始终代表最广大人民的根本利益，以人为本，亲民、爱民、造福于民，国家才能长治久安，社会才能安定和谐，人民才能团结和睦。

触类旁通

◎ 通典

八千两银止讼

清朝时，凡是参加祭孔大典的人，一律不得在祭典中东张西望，或转头回身说话，否则就犯了“大不敬”，重则杀头，轻则坐牢，至少是免职永不录用。

有一次，一位督抚率领部属祭孔。部属中同僚有隙，某甲到皇帝面前告某乙在祭典时回头说话，于是皇帝下命令叫督抚查明此事。督抚一接到圣旨，恐慌得不得了，最后从部属中找来了平日最讨厌的讼师向他求教，结果被讼师敲了八千两银子，一千两银子买了一个字，讼师还说白送一个字，答复共九个字：“臣位列前茅，不敢反顾。”这样答复上去，不但没有事，那个原告也不敢继续追究下去了。因为追究下去，你自己如果规规矩矩不转头，又怎么知道被告转了头呢？有罪大家有罪嘛！一件要杀大官们脑袋的大案，就这样由讼师用九个字给轻易地平息下去了。

◎ 评价

讼师提出的平息处罚的方法，体现了他在纷争面前保持客观的高超境界。这个惩罚的设定，从客观角度看是有其极端性质的。他平息事件的做法，防止了让那些别有用心之人的阴谋得逞而伤害无辜的事件，是化干戈为玉帛的仁爱之举。

◎ 通典

魏征直谏

魏征（580—643），字玄河，河北省巨鹿人。他从小丧失父母，家境贫寒，但喜爱读书，有远大志向，对于各种学问能够融会贯通，是唐太宗时期重要的谏官。

唐太宗非常敬重魏征，曾说：“贞观以来，尽心于主，献纳忠谠，安国利人，犯颜正谏，匡政之违，唯见魏征一人。古之名臣，何以如此。”唐太宗还时常对左右说：“人要看到自己的容貌，必须借助明镜；君王要知道自己的过失，必须依靠直言的谏臣。”魏征就是唐太宗身边的“忠谏之臣”。

一次唐太宗兴致大发，带了一群护卫近臣，要到郊外狩猎。出宫门时，迎面遇到了魏征。魏征问明了情况，对唐太宗进言道：“眼下时值仲春，万物萌生，禽兽哺幼，不宜狩猎，还请陛下返宫。”听到此劝谏，唐太宗很扫兴，于是请魏征让开道路，坚持要去。魏征站在大路中央，坚决拦住唐太宗的去路。唐太宗非常生气，气冲冲地下马回宫而去。

回到宫中，唐太宗见到了长孙皇后，义愤填膺地说：“一定要杀掉魏征这个老顽固，才能泄掉我的心头之恨！”长孙皇后轻声问明缘由后，什么也没说，悄悄地回到内室，换上了礼服，然后面容庄重地来到太宗面前，叩首即拜，口中说道：“恭祝陛下！”这一举动让太宗莫名其妙，吃惊地问：“何事如此庄重？”长孙皇后一本正经地回答说：“臣妾听闻，主明才有臣直。今魏征正直，由此可见陛下英明，妾故此恭祝陛下。”唐太宗听后心中一怔，觉得皇后所说有理，于是便压下了心中的怒火。

魏征直谏的事情不止这一件，但是唐太宗不愧为一代贤明君主，在他每次发过火后，都会原谅魏征的犯颜直谏。以至于魏征死后，唐太宗极为伤感地对众臣说：“以铜为鉴，可以正衣冠；以古为鉴，可以知兴替；以人为鉴，可以明得失。今魏征逝，一鉴亡矣。”

◎ 评价

魏征身为人臣，站在护卫君主贤明立世的角度上直言进谏。他不顾伴君如伴虎的危险，执着地履行自己的职责。所谓“良药苦口利于病，忠言逆耳利于行”，这是魏征辅佐君主的风格。因为他知道，只有君主圣明，才能使天下百姓获福。这样的臣子，是心存天下子民的福源。

传篇

第五章

朱熹称此章为“传之五章，释格物致知之义”。因缺失作补传。补传反映了朱熹完整的认识论。朱熹讲的理，包括物理，但主要内涵是仁义礼智四德。“明德”的内涵也是明此四德。这同《大学》本意已有不同。《大学》更强调认识外部事物，而朱熹是要焕发内心固有的道德意识。

原典

（此谓知本[①]。）

所谓致知在格物者，言欲致吾之知，在即物而穷其理也[②]。盖人心之灵莫不有知，而天下之物莫不有理，惟于理有未穷[③]，故其知有不尽也。是以《大学》始教，必使学者即凡天下之物，莫不因其已知之理而益[④]穷之，以求至乎其极。至于用力之久，而一旦豁然贯通焉，则众物之表里精粗无不到，而吾心之全体大用无不明矣。此谓物格。此谓知之至也。

注释

①这一章的原文只有“此谓知本。此谓知之至也。”两句。朱熹认为，“此谓知本”一句是上一章的衍文，“此谓知之至也”一句前面又缺了一段文字。所以，朱熹根据上下文关系补充了一段文字，这里所选的，就是朱熹补充的文字。

②即：接近，接触。穷：穷究，彻底研究。

③未穷：未穷尽，未彻底。

④益：更加。

译文

所说的获得知识的途径在于认识、研究万事万物，是指要想获得知识，就必须接触事物而彻底研究它的原理。人的心灵都是灵动的，都具有认知能力，而天下万事万物都有一定的原理，只不过因为这些原理还没有被彻底认识，所以使人的知识显得很有局限性。因此，《大学》一开始就教学习者接触天下万事万物，用自己已有的知识去进一步探究，以彻底认识万事万物的原理。经过长期用功，总有一天会豁然贯通，到那时，万事万物的里外巨细都被认识得清清楚楚，而自己内心的一切认识能力都得到淋漓尽致的发挥，再也不蔽塞。这就叫万事万物被认识、研究了，这就叫知识达到顶点了。

古注

朱熹注：

“（程子曰：‘衍文也。’）

“上传之五章，盖释格物、致知之义，而今亡矣。此章旧本通下章，误在经文之下。闲尝窃取程子之意以补之。此句之上别有阙文，此特其结语耳。”

今论

南怀瑾《原本大学微言》：

“……由此看来，古今中外的大学问家，我慢我见，是如此的固执己见。比之玩弄权术的人，同样是扭曲别人的‘慧命’，未免罪过。但反而因此能享千古盛名，岂非命运乎！……其实，原本《大学》本来就有它自己的次序，也可以说它本来就有它自己的‘逻辑’系统……不需要朱熹来改正重编，好象曾子对文字写作不懂章法，排列颠倒，必须要等千年以后，出个‘朱大圣人’来修改一番，才使儒家孔门的学问重新增光。这真是中国文化一件怪事，百思不得其解。”

阅典笔记

本章的内容，是朱熹对“格物”“致知”的认识的阐述。格物，就是要穷究事物的原理，凡事弄个明白，探个究竟；致知，就是做个真正的明白人，为人行事绝不糊涂。今天我们的体会，就是通过表象认识深入到本质认识，能够举一反三，触类旁通。《大学》告诉我们，要多接触事物，以亲身的经历体会、感悟知识，经过一段时间的积累，达到认知上的飞跃，从而心智豁然开悟，世界上万事万物的规律也变得清清楚楚了。

世界的运行是有规律的，万物的存在也有其意义。我们可以把世界分成自我和我之外的世界。客观的外界，不以我们的意识为转移，但是世界又不能忽视我们的存在，每一个人的实践和思考，都影响着这个世界。我们对于事物的理解和解答，是特定历史条件下理论与现实妥协的产物，是一种相对的合理。永远没有绝对的求解，没有一劳永逸的答案，随着时代的变化，新的解答会不断出现。

人类对于自然的认识，对于自身的认识，乃至一切知识的来源，都离不开实践。想要求得真理，必先付诸行动。学习与思考是获得知识的重要途径。学习是实践，当然需要思考，而思考本身也是一种实践方式。“格物致知”就是教给人们求知和认识事物的方法。

触类旁通

◎ 通典

孙武功成身退

孙武也就是孙子，出生于约公元前 535 年，字长卿，《孙子兵法》的作者，著名的军事家。后人又尊称其为孙武子。

孙武出生在齐国，后被伍子胥推荐到吴国为官。当时的楚国是中原诸国中的强国，伍子胥为了给父亲报仇，一直筹划攻打楚国。孙武在对楚国的攻战中，充分发挥了他的军事才能，不但击败楚国，而且攻下了当时的楚国国都，致使楚国一蹶不振。

破楚凯旋以后，吴王想论功行赏。按功劳孙武第一，但是孙武说什么也不接受，下决心归隐山林。吴王深觉不甘，再三挽留，但是孙武执意要走。吴王于是派出了伍子胥去劝说他。孙武见伍子胥来了，屏退了左右，推心置腹地对伍子胥说：“你知道自然规律吗？夏天去了冬天会来，吴王从此会仗着吴国之强盛四处攻击，当然战无不利，不过从此骄奢淫逸之心也就冒出来了。要知道功成身退，不然，将会有后患。现在我不但是想自己隐退，也想劝你隐退。”

可是，伍子胥不以孙武的话为然，他们话不投机，没再多说。随后孙武飘然隐去，从此不知所归。

后来果如孙武所料，伍子胥被吴王夫差处死，头颅挂在了城门上。吴王夫差也在和越王勾践的争霸中战败，最后身死国灭。

◎ 评价

从孙武的功成身退，我们可以看出，他做到了“格物致知”。他自己很清醒地从吴王的表现上认识到，吴王功成名就的背后隐藏着不仁的本质个性。他对问题的深入看法和判断，使他作出了正确的决定，而反例便是伍子胥没有听从孙武的话，果然丧命的事实。

◎ 通典

好学不倦，获得真知

鲁丕，字叔陵，东汉扶风平陵人。他性格稳重，好学不倦，从不把时间浪费在毫无意义的宴请、郊游上，常因此被人非议。但鲁丕依然故我，并欣然自得。经过不懈的努力学习，鲁丕精通五经，尤其对《鲁诗》《尚书》深有心得，并以此教授弟子，成为一代名儒。

建初元年（76）举贤良方正，鲁丕以对策高第，除为议郎，迁新野令，后又升任青州刺史、赵王相等职。前去向他求学者常达百余人，关东号之曰“‘五经’复兴鲁叔陵”，影响很大。

鲁丕任赵王相期间，赵王商曾经听信巫医之言，想要移居学馆来避病。鲁丕谏止说：“我听《礼记》说，诸侯死于职任，大夫死在家中，人的生死各有天命，没有听说过有可以逃避得了的先例。学校是传授五帝治化之道的所在，是弘扬先王礼乐教化的处所，您却想废除、杜塞这个神圣的净地，用来私相结交游宴，那些巫医相师的邪说妄语是不可听信的。”赵王因而对鲁丕感到敬畏。

鲁丕任赵相六年后，升为东郡太守。他重视发展农田水利，促进了当地农业生产的发展。

◎ 评价

鲁丕善于探求真知，重视学习，用一生的精力从事着“格物致知”的事业，并且他极力地捍卫教学，不惜向君王直谏。他还能将自己的所学运用到生产实践中，推动社会的进步。

传篇

第六章

本章朱熹称之“传之六章，释诚意”。此章是古人讨论最多的一章。朱熹认为诚意是“自修之首”，“进德之基”。“意”是心里最初发出的念头，道德修养的第一个念头就是要真实，否则一伪百伪。真实念头自自然然，心安理得，使人很满足，很快乐。所以君子要慎独。独有二义：一是独处。无人看你，自己行为要谨慎。二是独知。你的念头，大庭广众之中，别人也不知道，而自己知道，这更需要谨慎。正是《大学》提出了“慎独”这个概念，宋明以后思想家都讨论它，有的人还以它为学术宗旨。在本章中，还第一次引用了曾子的话。曾子学术以孝与敬慎为宗，这大概是朱熹认为此篇为曾子所作的理由之一。

原典

所谓诚其意者①，毋②自欺也。如恶（wù）恶（è）臭（xiù）③，如好（hào）好（hǎo）色（sè）④，此之谓自谦（qiè）⑤。故君子必慎其独⑥也！小人闲居⑦为不善，无所不至，见君子而后厌然⑧，掩⑨其不善，而著⑩其善。人之视己，如见其肺肝然，则何益矣。此谓诚于中⑪，形于外，故君子必慎其独也。曾子⑫曰：“十目所视，十手所指，其严乎！”富润屋⑬，德润身⑭，心广体胖（pán）⑮。故君子必诚其意。

注释

①诚其意者：使意念真实无妄。

②毋：不要。

③恶恶臭：厌恶腐臭的气味。臭，气味。

④好好色：喜爱美丽的女子。好色，美女。

⑤谦：通“慊”，心安理得的样子。

⑥慎其独：在独自一个人时也谨慎不苟。

⑦闲居：即独处。

⑧厌然：躲躲闪闪的样子。

⑨掩：遮掩，掩盖。

⑩著：显示。

⑪中：指内心。下面的“外”指外表。

⑫曾子：孔子弟子，名参，字子舆。

⑬润屋：装饰房屋。

⑭润身：修养自身。

⑮心广体胖：心胸宽广，身体舒泰安康。胖，大，舒坦。

译文

使意念真诚的意思是说，不要自己欺骗自己。要像厌恶腐臭的气味一样，要像喜爱美丽的女人一样，一切都发自内心。所以，品德高尚的人哪怕是在一个人独处的时候，也一定要谨慎。品德低下的人在私下里无恶不作，一见到品德高尚的人便躲躲闪闪，掩盖自己所做的坏事而自吹自擂。殊不知，别人看你，就像能看见自己的心肺肝脏一样清楚，掩盖有什么用呢？这就叫做内心的真实一定会表现到外表上来。所以，品德高尚的人哪怕是在一个人独处的时候，也一定要谨慎。曾子说：“十双眼睛看着你，十根手指点着你，这难道不令人畏惧吗？”财富可以装饰房屋，品德却可以装饰身心；心胸宽广，而身体自然舒泰安康。所以，品德高尚的人一定要使自己的意念真诚。

古注

朱熹注：

“恶、好上字，皆去声。谦读为慊，苦劫反。诚其意者，自修之首也。毋者，禁止之辞。自欺云者，知为善以去恶，而心之所发有未实也。谦，快也，足也。独者，人所不知而己所独知之地也。言欲自修者知为善以去其恶，则当实用其力，而禁止其自欺。使其恶恶则如恶恶臭，好善则如好好色，皆务决去，而求必得之，以自快足于己，不可徒苟且以殉外而为人也。然其实与不实，盖有他人所不及知而己独知之者，故必谨之于此以审其几焉。

"闲，音闲。厌，郑氏读为黡。闲居，独处也。厌然，消沮闭藏之貌。此言小人阴为不善，而阳欲揜之，则是非不知善之当为与恶之当去也；但不能实用其力以至此耳。然欲揜其恶而卒不可揜，欲诈为善而卒不可诈，则亦何益之有哉！此君子所以重以为戒，而必谨其独也。

"引此以明上文之意。言虽幽独之中，而其善恶之不可揜如此。可畏之甚也。

"胖，步丹反。胖，安舒也。言富则能润屋矣，德则能润身矣，故心无愧怍，则广大宽平，而体常舒泰，德之润身者然也。盖善之实于中而形于外者如此，故又言此以结之。

"上传之六章。释诚意。经曰：'欲诚其意，先致其知。'又曰：'知至而后意诚。'盖心体之明有所未尽，则其所发必有不能实用其力，而苟焉以自欺者。然或已明而不谨乎此，则其所明又非己有，而无以为进德之基。故此章之指，必承上章而通考之，然后有以见其用力之始终，其序不可乱而功不可阙如此云。"

今论

南怀瑾《原本大学微言》：

"对个人本身来说，由'诚意'到'诚中、形外'的功效，他便说到'富润屋'。譬如一个人富有了，便会先把自己的住屋改造装修一番，变得更华丽、更气派。'德润身'，同样的道理，当一个人，真正向自修'内明'之学的'诚意'上做学问，这自然就是道德的行为。"

阅典笔记

“诚意”这一章，是古人讨论大学的重点章节，阐述了“诚意不自欺”和“君子慎独”的观点。也就是对怎样做一个诚实的人给出其答案，那就是“君子谨慎对待离群独居的生活”。

“慎独”是品德修养的重要部分。独处静室，他人不知，除了良知，没有第三只眼睛的注视。于是就会有各种欲望滋生，各种诱惑萌动，这时如果能够及时对自己的思想行为进行反省，就是“慎独”的功夫。独自静处，其所作所为、所思所想，体现的是一个人真正的道德品性，前贤告诫我们“君子必慎其独也！”然而要真正做到“慎独”，并不是件容易的事情。在“独”的情况下，我们独自面对赤裸裸的灵魂，要抵制各种欲望纵横，这是需要长期纠正心念、磨炼意志的。

君子的处事，需诚心实意，同时更需无私心宽，坦然面对生活，做一个坚定而真实的自己，做到“海纳百川，有容乃大”，以宽阔的胸襟包容发生在自己身上的痛苦之事，并把它变成一种快乐。容人、纳言、任事、忍气，“心底无私天地宽”，坦坦荡荡做人，认认真真做事。

触类旁通

◎ 通典

慎独让杀手不冷血

赵盾，春秋时晋国人，谥号“赵宣子”。赵盾性情劲直，疾恶如仇。

当时晋国的国君是晋灵公。晋灵公很荒淫，不行君道，以重税来满足奢侈的生活，所以对时时处处都来劝谏他的赵盾很不耐烦，就起了歹念，雇了一个杀手去杀赵盾。杀手到赵盾家里的时候，才凌晨三点多，天都没亮，但赵盾已经将官服穿得整整齐齐等着上朝，然后坐在那里闭目养神。杀手看到以后，觉得赵盾在完全没有人看到他的时候都毕恭毕敬，忠爱着朝廷和国君，而国君却要杀了他。于是杀手想：假如我杀了他，我对不起国家。但是我又答应君王要来执行这个任务，我假如不杀他，我又失信。但是我杀了他，失义于天下人民。所以这个杀手就自己撞槐树自杀了。

◎ 评价

这个故事，让我们清晰地看到了一个正人君子的真面目。通过一个杀手的秘密观察，我们看到了赵盾在独处时依然保持着自己端正的心志和忠诚的品性。我们可以评价他是一个真实的君子。赵盾令人信服，甚至连无情的杀手也为此动容，以死的方式来换取这样可贵的生命。

◎ 通典

博学多识的张衡

张衡（78—139），字平子，南阳西鄂人，东汉时期伟大的天文学家，为我国天文学的发展作出了不可磨灭的贡献。在数学、地理、绘画和文学等方面，张衡也表现出了非凡的才能，具有广博的学识。

张衡虽然在年轻时就以才闻于世，但他却从无骄傲之心。他的性格从容淡静，不好交接俗人，也不好追求名利。大将军邓骘是当时炙手可热的权势人物，多次召他，他都不去。后来他当了官，显然由于这样的个性，使得他很长时间不得升迁。后来，由于他的才干，他做到了太史令，又从太史令升迁到公车司马令，不久又被调为太史令。很多人都对张衡大加嘲笑，议论纷纷，并从多方面加以攻击。面对这些流言蜚语，他毫不在意，而是专心做自己的事情，孜孜不倦地钻研科学技术。大概是为了回答好心人的劝慰，他写了《应闲》一文以表明自己的志向。文中说到，

有的人劝他不要去钻研那些难而无用的技术，应该“卑体屈已”，美言“以求多福”。他回答说：“君子不患位之不尊，而患德之不崇；不耻禄之不伙，而耻知之不博。”这两句掷地有声的话，表明了他不慕势利而追求德智的高尚情操。他认为能不能得到高官，是由命运决定的。这种想法现代人有时会目之为唯心主义。但张衡的落脚点却在于认为对高位“求之无益”，智者是不去追求它的。反之，叫他去“卑体屈已”以求升官，他说这是“贫夫之所为”，自已是羞于为此的。他还特意回答了学技术“难而无用”的问题，认为“你们认为这些技术无用，我却唯恐高明的人不教我”。这里充分表达出张衡作为一个科学家渴求知识、敢于和鄙弃知识的社会愚昧思想作斗争的崇高精神。

◎ 评价

张衡的故事，体现了一种慎独的坚持和博大宽阔的胸怀。对于流言蜚语，他丝毫不动摇自己内心所坚持的事业，不为外界名利所诱惑，只求问心无愧。

◎ 通典

日行一善的葛繁

宋朝的时候，镇江有位太守名叫葛繁，每天都做几件善事，四十年都不曾间断过。有人向他请教，葛繁就说：“我并没什么奇妙的方法，我也并没有做什么惊天动地的大事，只是每天做一两件有益别人的事情而已。积少成多，积小善而成功德。”他用手指着座椅间的踏板说道：“如果这个踏板放不正，就会碰伤人的脚，所以我就将它摆正；别人口渴了，我就请他喝杯水。这些都是有益人的事啊！从宰相到乞丐，也都能够做到，但是一定要持之以恒，行之长久，才会得到真实的利益。”

◎ 评价

勿以善小而不为，勿以恶小而为之。长此以往，便是巨大的功德。“日行一善”，亦是一个老生常谈却常谈常新的话题，因为，不管是以社会秩序的稳定为出发点，还是以人自己的修养为出发点，都是不可或缺的。以我举手之劳成人之便，何乐而不为呢？

◎ 通典

蘧伯玉慎独

卫国的国君卫灵公一天晚上和妻子夜坐，听到车声辚辚，由远及近，到宫门而止，过了宫门车声又响了起来。（按古礼，臣下乘车经过宫门时，应下车步行并减慢车速。）卫灵公问妻子："不知道是谁经过？" 夫人答到："这一定是蘧伯玉。" 卫灵公问："你怎么知道是他？" 夫人回答说："蘧伯玉是卫国的贤大夫，此人仁而有智，对上恭敬，他必定不会因为暗中无人而废礼，所以我料定是他。" 卫灵公出外叫人去打听，果然是蘧伯玉。但卫灵公回到屋里却瞒着夫人说："偏偏不是蘧伯玉。" 夫人一听，便向卫灵公表示祝贺。卫灵公莫名其妙，便问夫人道："夫人为什么要向我祝贺啊？" 夫人答道："我原以为卫国只有一个蘧伯玉，现在却又多了一个和他一样的人，国多贤臣，国之幸也。所以我要向您表示祝贺。" 卫灵公叹道："妙极！" 于是，卫灵公将实话告诉了妻子。由此可以看出，蘧伯玉不因无人在侧就放松对自己的要求，做到了"慎独"，而卫灵公的夫人通过这件小事表现出她明于知人又深明大体。生死关头虽然能看出人的真品性，但人的一生能遇到几次生死关头呢？所以做人、识人要善于从细节入手，于细微处见真精神。

◎ 评价

所谓“明枪易躲，暗箭难防”，因而，世人皆怕无恶不作之人，更怕欺世盗名之人。因为这些人表面上诸善皆行，而背地里却尽干些蝇营狗苟之事。

因而，慎独便是一个永远不会过期的目标。卫灵公得一臣子如此，便已是幸事。而当今社会，若人人能做到慎独，或者人人往这个方向努力，那“世风日下”之叹是不是会少一点呢？

传篇

第七章

本章朱熹称之为“传之七章，释正心修身”。大意是：开始的念头真实无妄了，但身心情志还要磨炼，因“心”比“意”更宽泛，所以才叫“正心”。正心有许多方面，如理想、气质、认知、情感等都属于心的范围，但这里特别突出情感和认知：愤怒会使人偏激，恐惧会使人胆怯，过分的喜好会使人偏离正道。不端正这些情志，思想恍惚不专一，那就无法认知事物了。总之把握好情志，主一无适、聚精会神是正心的关键。

原典

所谓修身在正其心者，身有所忿懥(zhì)①，则不得其正；有所恐惧，则不得其正；有所好乐，则不得其正；有所忧患，则不得其正。心不在焉，视而不见，听而不闻，食而不知其味。此谓修身在正其心。

注释

①身：程颐认为“身”当作“心”。忿懥：愤怒。

译文

之所以说修养自身的品性要先端正自己的心思，是因为心有愤怒，就不能够端正；心有恐惧，就不能够端正；心有喜好，就不能够端正；心有忧虑，就不能够端正。心思不端正，就像心不在自己身上一样：虽然在看，却像没有看见一样；虽然在听，却像没有听见一样；虽然在吃东西，却一点也不知道是什么滋味。所以说，要修养自身的品性必须要先端正自己的心思。

古注

朱熹注：

“程子曰：‘身有之身当作心。’忿，弗粉反。懥，敕值反。好、乐，并去声。忿懥，怒也。盖是四者，皆心之用，而人所不能无者。然一有之而不能察，则欲动情胜，而其用之所行，或不能不失其正矣。

“心有不存，则无以检其身，是以君子必察乎此而敬以直之，然后此心常存而身无不修也。

“上传之七章。释正心修身。此亦承上章以起下章。盖意诚则真无恶而实有善矣，所以能存是心以检其身。然或但知诚意，而不能密察此心之存否，则又无以直内而修身也。自此以下，并以旧文为正。”

今论

南怀瑾《原本大学微言》：

“……诚如曾子所说：‘心不在焉，视而不见，听而不闻，食而不知其味。’当一个人，在极度愤怒、极度恐怖、极度爱好、极度忧患的时候，是‘视而不见，听而不闻，食而不知其味’的。因此，在曾子之后的孟子也说，‘学问之道无他，求其放心而已矣’。孟子是说每个人，平常都生活在散乱或昏迷的现状中，此心犹如鸡飞狗跳，并不安静在本位上，只要能收得放肆在外的狂‘心’，归到本位，就是真正学问修养的道理了。”

阅典笔记

本章阐述的是“大学之道”的八条目中“正心修身”的道理。

曾子根据孔子“见贤思齐焉，见不贤而内省也”提出“吾日三省吾身”，以后又发展成为“格物、致知、诚意、正心、修身、齐家、治国、平天下”的准则，其核心就是“正心修身”。《礼记》认为，人本身有愤怒、恐惧、好乐、忧患等情绪，这些不平静的心态，会影响到发扬正气，所以要想端正心智，就要减少或控制这些心态。

修身的关键就在“正其心”。孟子倡导“我善养吾浩然之气”，是因为这种正气“至大至刚”，“塞于天地之间”，“配义与道”，是“集义所生者”。有了这种浩然之气，就能“贫贱不能移，威武不能屈”，就能“穷则独善其身，达则兼济天下”。

怎样才能端正心态？文章告诉我们，要排除外来的干扰，保持专注和平静。正如读书求知，如果无所专注，这也想学，那也想学，那结果只能是一无所获。克己修身也是同样的道理，不受外界影响，专心修炼品行，就会收效良好；否则心存杂念，患得患失，斤斤计较，最终必会无所进益。

触类旁通

◎ 通典

唾面自干

娄师德（630—699），字宗仁，唐代人。他官至同平章事，一生为将相三十多年，稳而不倒。其诀窍是能忍受任何侮辱而不动声色。

娄师德身长八尺，方口薄唇，为人宽厚，深沉有度量，别人即使冒犯他，他也不计较。一次他与李昭德一同入朝，娄师德因身体肥胖而行动缓慢，李昭德久等他也不来，就怒骂他："被田舍夫所留。"娄师德却笑着说："我不是田舍夫，还有何人是？"

有一次，他弟弟被派去做代州刺史，临行时来向娄师德辞行。他便问弟弟："你我受国家的恩宠太多，显荣太过，很容易招惹别人的妒忌，你有什么方法可以避免呢？"

他的弟弟说："往后即使有人唾口水在我面上，我也只把他揩干而已。"娄师德说："这还不行。人家唾你的脸，就是因为他对你生气了，如果你把唾沫揩去，他便更恨你了。所以，你不要去揩，而要让它自己干，并且要面带笑容承受，这才对呢！"

◎ 评价

正所谓宠辱不惊，面对别人的唾弃和辱骂，娄师德表现出来一种难以想象的平静心态。我们能够看出的是，他已达到了摒弃"贪、怒、嗔、痴"的修身境界。

◎ 通典

师傅领进门，修行在个人

秋，我国古代的一位下棋能手，他的棋艺非常高超。

秋有两个学生，一起跟他学习下棋，其中一个学生非常专心，集中精力跟老师学习；另一个却不这样，他认为学下棋很容易，用不着认真。老师讲解的时候，他虽然坐在那里，眼睛也好像在看着棋子，可心里却想着："要是现在到野外射下一只鸿雁，美餐一顿该多好啊！"因为他总是胡思乱想，心不在焉，老师的讲解一点也没听进去。

结果，虽然两个学生同是一个名师传授，但是，一个进步很快，成了棋艺高强的名手，另一个却没有学到一丁点儿本事。

师父领进门，修行在个人。虽然名师出高徒，可是如果不专心去学的话，再高明的老师也教不出好学生。

◎ 评价

这个故事就是非常著名的成语"专心致志"的典故。这个典故告诉我们，端正学习的心态，聚精会神，专心致志，是获得知识的重要途径，是取得成功的关键。我们应该吸取不专心致志学习的那位学生的教训，静下心来学习知识。

传篇

第八章

本章朱熹称之为“传之八章，释修身齐家”。修身要注意自身的情感，情感容易走向极端，好恶不能简单二分。因为常人有优点，也会有缺点，所以人的认识也必须“好而知其恶，恶而知其美”。就像俗话所说的溺爱者不明，贪得者无厌，都是一偏之害，所以家也不会治理好。家庭内部感情很重要，没有感情，家会貌合神离，但感情用事，也会导致家庭不和。这是古人早已明白的道理。《论语·颜渊》有：“子张问崇德辨惑。子曰：‘主忠信，徙义，崇德也。爱之欲其生，恶之欲其死。既欲其生，又欲其死，是惑也。’”正好启发了本章。

原典

所谓齐其家在修其身者，人之其所亲爱而辟焉①，之其所贱恶 (wù) ②而辟焉，之其所畏敬而辟焉，之其所哀矜③而辟焉，之其所敖惰④而辟焉。故好 (hào) ⑤而知其恶，恶而知其美者，天下鲜 (xiǎn) ⑥矣！故谚⑦有之曰：“人莫知其子之恶，莫知其苗之硕⑧。”此谓身不修不可以齐其家。

注释

①之：即“于”，对于。辟：偏颇，偏向。

②恶：厌恶。

③哀矜：同情，怜悯。

④敖：通“傲”，骄傲。惰：怠慢。

⑤好：喜好。

⑥鲜：少。

⑦谚：俗语。

⑧硕：大，肥壮。

译文

之所以说管理好家庭和家族要先修养自身，是因为人们对于自己亲爱的人会有偏爱，对于自己厌恶的人会有偏颇，对于自己敬畏的人会有偏向，对于自己同情的人会有偏心，对于自己轻视的人会有偏见。因此，很少有人能喜爱某人又看到那人的缺点，厌恶某人又看到那人的优点。所以有谚语说："人都不知道自己孩子的坏，人都不满足自己庄稼的好。"这就是不修养自身就不能管理好家庭和家族的道理。

古注

朱熹注：

"辟，读为僻。恶而之恶、敖、好，并去声。鲜，上声。人，谓众人。之，犹于也。辟，犹偏也。五者，在人本有当然之则；然常人之情惟其所向而不加审焉，则必陷于一偏而身不修矣。

"谚，音彦。硕，协韵，时若反。谚，俗语也。溺爱者不明，贪得者无厌，是则偏之为害，而家之所以不齐也。

"上传之八章。释修身齐家。"

今论

南怀瑾《原本大学微言》：

"《大学》它始终没离开《大学》开头所讲'知'的学问,和'止于至善'、'止'的修养实践效用。因此，曾子说出最重要的结论：'故好而知其恶，恶而知其美者，天下鲜矣。故谚有之曰：'人莫知其子之恶，莫知其苗之硕。此谓身不修，不可以齐其家。'这是说，一般人尽管疼爱自己的家人和儿女，但必须明白在疼爱好的同时，还要了解他有反面的坏处和恶习惯。换言之，当你讨厌自己的家人和儿女，同时，也要切实了解他有美好的一面。不可以单凭自己私心的爱好或厌恶，就全盘偏向。但是，人是很可怜可悲的，往往只凭自己的主观成见，就否定了一切。因为人是最难反观自己，最难反省自己的。所以曾子便很感叹地说，人能不被自己主观成见所蒙蔽的，举目天下，实在是很少见啊！”

阅典笔记

本章旨在阐述“修身齐家”的道理。“修身”是“大学之道”八条目的根本,是“格物”“致知”“诚意”“正心”的目的。道德的修养，体现为举止行为的公正中和。修炼自身的情感极为重要。人对一切事物都持有远近亲疏、喜好厌恶的感情。但是，理性上我们必须明确，一个事物的好坏是一分为二的，应该辩证地看待。我们每一个人，有优点，也会有缺点，那么我们的认识，也应该“好而知其恶，恶而知其美”。就像俗话说的，“溺爱者不明，贪者无厌”，都是一偏之害。没有公正的态度和客观的认识，那么家庭也不会管理得好。因此，提高自身的道德修养，是营造良好家庭环境的重要前提。

修身，其实是通过自身不断的努力学习，使得自身在品德、才能各方面的素养提高，从而与外界环境相协调、相统一，实现整体和局部的统一。培养好了个人修养，才算具备治理家务的基本条件。修身齐家，是成就事业的基础，是成就人生的第一步，是造福社会的必要准备，更是治理社会、建功立业的前提条件。

◎ 通典

唐太宗不偏私

唐太宗当上了皇帝以后，濮州刺史庞相寿犯贪污罪被解除官职。庞相寿陈述自己曾经在秦王府当过差。皇上李世民也同情他，想让他恢复原职。大臣魏征进谏道："您做秦王时的身边的人，朝廷内外十分多，如果人人都依仗恩宠得到偏爱，这足以令全天下人心寒。"皇上欣然采纳了他的意见，对庞相寿说："我过去做秦王，只是一个王府的主人；现在处于皇上的高位，是天下的主人，不能独自偏袒老朋友。大臣所执行的法令是这样，我怎么敢违反呢！"于是赐给他丝织品让他回家。庞相寿于是流着眼泪走了。

◎ 评价

故事中，唐太宗不偏护亲近之人、严明司法的行为，体现了这位明君的公正圣明。从这一考验人能否客观公正的小事上，不难看出唐太宗成为一代明主的原因，在于他深厚的修养。

◎ 通典

前嫌尽释成就霸业

春秋时期，齐襄公荒淫无道，两个公子跑到国外避难。齐国内乱，襄王被杀。管仲在公子纠的指使下阻拦公子小白回国。小白突破重围回国继位后，急需找到有才干的人来辅佐，因此就准备请鲍叔牙出来任齐相。鲍叔牙诚恳地对齐桓公说："臣是个平庸之辈，没有能力把齐国治理富强，还是请管仲吧。"齐桓公惊讶地反问道："你不知道他是我的仇人吗？"鲍叔牙回答道："客观地说，管仲，天下奇才。他英明盖世，才能超众。"齐桓公又问鲍叔牙："管仲与你比较又如何？"鲍叔牙沉静地指出："管仲有五点比我强：宽以从政，惠以爱民；治理江山，权术正大；取信于民，深得民心；制订礼仪，教化天下；整治军队，勇敢善战。"鲍叔牙进一步谏请齐桓公释掉旧怨，化仇为友。经鲍叔牙的建议，齐桓公同意选择吉祥日子，以非常隆重的礼节，亲自去迎接管仲，以此来表示对管仲的重视和信任，同时也让天下人都知道齐桓公的贤达大度。

◎ 评价

管仲负才，鲍叔牙怀德，齐桓公明鉴，三人遇合，均是齐桓公后来成就霸业的不可或缺的因素。倘鲍叔牙为嫉贤妒能之辈，齐桓公绝不可能认识到管仲的能力；倘齐桓公自己小肚鸡肠，记恨当初管仲对自己的所为，也不会有管仲发挥自己能力的舞台。

◎ 通典

唯才是用

吴起，生年不详，死于公元前381年，卫国左氏人，战国时著名的军事家。最初为鲁国将领，齐国侵鲁，他为表忠心，杀了自己齐国的妻子。帮鲁破齐以后，他显露了出色的谋略才能。但是，由于齐国的离间，鲁穆公解除了他的兵权。

于是，吴起离开鲁国来到魏国。魏国有很多大臣不信任吴起，都说此人不可用。魏文王就问他的大臣魏相李悝，李悝觉得一个人有缺点也有优点，所以对魏文王说："吴起是个贪慕声名之人，然而精通兵法，就是过去的司马穰苴也不一定能超过他。"于是，魏文王拜吴起为将军。公元前409年和公元前408年，吴起曾两度率师伐秦，大败秦军，夺回被秦军侵占的西河地区。这一时期他"曾与诸侯大战七十六，全胜六十四"，"辟土四面，拓地千里"，

使魏国成为战国初期强大的诸侯国。

魏文王死后，魏武王即位，刚开始也重用吴起，后来听信谗言，就疏远了吴起。吴起由于害怕就离开魏国到楚国去了。

楚悼王早就听说吴起很能干，等到吴起一来到楚国就任他为相。吴起严明法令，撤去不必要的官吏，废除了较疏远的公族，把节省下的钱粮用以供养战士，加强了楚国的武备、士卒等，破除了纵横捭阖的游说。他领兵南面平定了百越；北面兼并了陈国和蔡国，并击退了韩、赵、魏的扩张；向西征伐了秦国。吴起使得楚国强大起来。

◎ 评价

唯才是用的故事告诉我们，公正地评判一个人，合理地运用他的优势，可以收获极好的效果。楚国国君正是看到了吴起的军事才能，于是给予他发挥优势的空间，使自己的国家变得强大稳固。这明智的用人方法，是楚国国君修养上的过人之处。

传篇

第九章

本章朱本称之为“传之九章，释齐家治国”。中国古代社会是宗法社会，是一个家族统治千百万个家族的社会。国君的家族十分庞大，家族内部常有纷争，纷争又会导致流血，甚至导致衰败。所以如何管理好家庭和整个家族是个大问题。家庭的管理，最好的方法是树立孝悌、仁慈、礼让等道德观念。孝悌是敬长，仁慈是爱幼，礼让则是和逊不争，实行这些精神，家庭就会和谐。用推己及人的恕道，把这种观念推广到社会，社会也就和谐安定。榜样的力量是无穷的，国君这样做，全国都会跟着做。《诗经》里许多诗句都是讲家庭和睦的，来嫁的子妇，家族的兄弟，都应如此，然后才能做出榜样。《论语·卫灵公》:“子贡问曰:‘有一言而可以终身行之者乎？’子曰:‘其恕乎！己所不欲，勿施于人。’”后儒把它概括成“推己及人”的原则，现在人们还用这一原则思考，如换位思考，替别人想一想等，都包括了这种精神。

9.1

原典

所谓治国必先齐其家者，其家不可教而能教人者，无之。故君子不出家而成教于国。孝者，所以事君也；弟(tì)[①]者，所以事长也；慈[②]者，所以使众也。《康诰》曰：“如保赤子[③]。”心诚求之，虽不中(zhòng)[④]不远矣。未有学养子而后嫁者也。一家仁，一国兴仁；一家让，一国兴让；一人贪戾[⑤]，一国作乱。其机[⑥]如此。此谓一言事偾(fèn)[⑦]，

一人定国。尧、舜帅[8]天下以仁，而民从之；桀(jié)纣[9]帅天下以暴，而民从之。其所令反其所好，而民不从。是故君子有诸[10]己而后求诸人，无诸己而后非诸人。所藏乎身不恕[11]，而能喻[12]诸人者，未之有也。故治国在齐其家。

注释

①弟：同"悌"，指弟弟应该绝对服从哥哥。

②慈：慈爱，指父母爱子女。

③如保赤子：《尚书·周书·康诰》原文作："若保赤子。"这是周成王告诫康叔的话，意思是保护平民百姓如母亲养护婴孩一样。赤子，婴孩。

④中：达到目标。

⑤贪戾：贪婪，暴戾。

⑥机：本指弩箭上的发动机关，引申为关键。

⑦偾：败，坏。

⑧尧、舜：传说中父系氏族社会后期部落联盟的两位领袖，即尧帝和舜帝，历来被认为是圣君的代表。帅：同"率"，率领，统帅。

⑨桀：夏代最后一位君主。纣：即殷纣王，商代最后一位君主。二人历来被认为是暴君的代表。

⑩诸："之于"的合音。

⑪恕：即恕道。孔子说："己所不欲，勿施于人。"意思是说，自己不想做的，也不要让别人去做。这种推己及人、将心比心的品德就是儒学所倡导的恕道。

⑫喻：使别人明白。

译文

之所以说治理国家必须先管理好自己的家庭和家族，是因为不能管教好自己的家人而能管教好别人的人，是没有的。所以，有修养的人在家里就受到了治理国家方面的教育：对父母的孝顺可以用于侍奉君主；对兄长的恭敬可以用于侍奉官长；对子女的慈爱可以用于统治民众。《康诰》说："爱人民如同爱护婴儿一样。"内心真诚地去追求，即使达不到目标，也不会相差太远。要知道，没有先学会了养孩子再出嫁的人啊！国君一家仁爱，一国也会兴起仁爱；国君一家礼让，一国也会兴起礼让；国君一人贪婪暴戾，一国就会犯

上作乱。其联系就是这样紧密。这就叫做：一句话就会坏事，一个人就能安定国家。尧、舜用仁爱统治天下，老百姓就跟随着仁爱；桀、纣用凶暴统治天下，老百姓就跟随着凶暴。统治者的命令与自己的实际做法相反，老百姓是不会服从的。所以，品德高尚的君子，总是自己先做到。然后才要求别人做到；自己先不这样做，然后才要求别人不这样做。如果自己不采取这种推己及人的恕道，而想让别人按自己的意思去做，那是不可能的。所以，要治理国家必须先管理好自己的家庭和家族。

古注

朱熹注：

“弟，去声。长，上声。身修，则家可教矣；孝、弟、慈，所以修身而教于家者也；然而国之所以事君事长使众之道不外乎此。此所以家齐于上，而教成于下也。

“中，去声。此引书而释之，又明立教之本不假强为，在识其端而推广之耳。

“偾，音奋。一人，谓君也。机，发动所由也。偾，覆败也。此言教成于国之效。

“好，去声。此又承上文一人定国而言。有善于己，然后可以责人之善；无恶于己，然后可以正人之恶。皆推己以及人，所谓恕也，不如是，则所令反其所好，而民不从矣。喻，晓也。

“通结上文。”

今论

南怀瑾《原本大学微言》：

"有关建立和颁布法令的基本原则，所谓：'是故君子有诸己，而后求诸人。无诸己，而后非诸人。所藏乎身不恕，而能喻诸人者，未之有也。'……从事政治的当权者或立法者，当你要发布命令，或建立法制的时候，不要忘了自己也是一个最基层的平民群众，也是对象的当事人。只是现在立场不同，处境不一样而已。如果要是我自己接受这个命令，是不是可以做得到、行得通呢？假定人人是我，如果在我自己的心中，也是有所碍难，也是很不妥当的，那就不能随便下令或立法而要求别人遵守了。"

阅典笔记

本章阐述的是"齐家治国"的内涵和道理。家庭是组成社会的单元，它是一个社会的缩影。家庭是小家，国家是大家。我们在前面讨论过，管理好家庭的必要条件是管理者须具备高尚的修养和品德。具体来说，就是要具备孝、悌、慈。

孝、悌、慈，是处理家庭关系的基本要素，个人修养的是非得失，国家的治乱安危，皆取决于此。可以说，建立和睦的家庭是构建和谐社会的基础。

人生是有限的，并不是每个人都能在有限的人生内成就丰功伟绩。但作为一个普通人，我们可以从自己做起，从身边的小事做起，修养好自己的德行，以自己的言行影响治理好家庭，使自己的家庭和睦幸福，进而影响到邻里，形成良好的风气，使得正气得以弘扬。

触类旁通

◎ 通典

颜回的五种教化

有一天，颜回跟孔老夫子到北方的山野去游玩，与子路、子贡辩论着各人的志愿。

颜回说："我愿意遇见一位贤明的君主，帮助他佐理一切政事，从而教化人们：做父亲的教导要有义方，做母亲的要慈爱，做哥哥的要友爱，做弟弟的要恭谨，做儿子的要孝顺。这是五种教化。用礼乐去化导人民，叫百姓不用修理城郭，也不必挖掘深的沟池，家里的人没有离散愁恨，过了千百年也没有战争的患难。这样一来，子路的勇敢没有地方可用，子贡的口才也没有地方可施！"

孔夫子听了这一段话，便严正地说："颜回的道德是多么美满啊！不费钱财，不害百姓，不劳口舌，颜家的儿子就具备了这些条件！"

◎ 评价

颜回表达自己的政治志向时，提出了齐家方面的五种教化。他以这五种教化为基础，有力地说明了它们对管理好国家所能起到的重要作用，体现了齐家为治国之本的思想。

◎ 通典

国之重臣郭子仪

郭子仪（697—781），华州郑县人，平定安史之乱的功臣。他不仅深得军心民心，侍奉皇上忠心勤谨，而且善于治家。德宗皇帝尊他为"尚父"。他富贵长寿，后代敷衍安泰。他有八子七婿，都是朝廷重要官员。孙子有数十个之多，当孙子来问安，他都无法分辨谁是谁，只是颔首而已。有一出戏《打金枝》，反映了他家兴旺热闹的场面。戏的情节是：郭子仪七十大寿，全家的人全来拜寿，只有他的六儿媳升平公主没到。儿子气愤之下打了皇帝的金枝玉叶，还斥责道："你依仗父皇就不来拜寿，我父还不愿意当皇帝呢！"郭子仪知道儿子打了“金枝”以后，带着儿子去向代宗请罪。代宗对郭子仪说：“儿女闺房琐事，何必计较，老大人权作耳聋，当没听见这回事算了。”郭子仪谢过皇恩，回家后把儿子痛打一顿。

建中二年（781）六月十日，郭子仪以八十五岁高龄辞世。德宗沉痛哀悼，废朝五日，下诏书高度评价和深切追念他。按律令规定，一品官坟墓高一丈八尺，德宗特下诏给他加高十尺，以示尊崇。君臣依次到府第吊唁，皇帝还到安福门临哭送行。生前死后，哀荣始终。

◎ 评价

郭子仪持家严明，他治理的家庭，上上下下儿女子孙都十分尊敬他。他对儿女的管教虽然严格，但儿女们却心悦诚服。这使得家庭和睦融洽，也给社会的稳定带来了益处。

9.2

原典

《诗》[①]云：“桃之夭(yāo)夭[②]，其叶蓁(zhēn)蓁[③]。之子于归[④]，宜[⑤]其家人。”宜其家人，而后可以教国人。《诗》[⑥]云：“宜兄宜弟。”宜兄宜弟，而后可以教国人。《诗》[⑦]云：“其仪不忒(tè)[⑧]，正是四国[⑨]。”其为父子兄弟足法，而后民法之也。此谓治国在齐其家。

注释

①《诗》：此指《诗经·周南·桃夭》。

②夭夭：鲜嫩，美丽的样子。

③蓁蓁：茂盛的样子。

④之子：这个女子。于归：指女子出嫁。

⑤宜：善。

⑥《诗》：此指《诗经·小雅·蓼萧》。

⑦《诗》：此指《诗经·曹风·鸤鸠》。

⑧仪：仪表，仪容。忒：差错。

⑨正是：做正面榜样。四国：四周围的邦国。

译文

《诗经 · 周南 · 桃夭》说：“桃花鲜美，树叶茂密，这个姑娘出嫁了，让全家人都和睦。”让全家人都和睦，然后才能够让一国的人都和睦。《诗经·小雅·蓼萧》说：“兄弟和睦。”兄弟和睦了，然后才能够让一国的人都和睦。《诗经 · 曹风 · 鸤鸠》说：“容貌举止庄重严肃，成为四方国家的表率。”只有当一个人，无论是作为父亲、儿子，还是兄长、弟弟，都值得人效法时，老百姓才会去效法他。这就是要治理国家必须先管理好家庭和家族的道理。

古注

朱熹注：

“夭，平声。蓁，音臻。诗周南桃夭之篇。夭夭，少好貌。蓁蓁，美盛貌。兴也。之子，犹言是子，此指女子之嫁者而言也。妇人谓嫁曰归。宜，犹善也。

“诗小雅蓼萧篇。

“诗曹风鸣鸠篇。忒，差也。

“此三引诗，皆以咏叹上文之事，而又结之如此。其味深长，最宜潜玩。

“上传之九章。释齐家治国。”

今论

南怀瑾《原本大学微言》：

“所以它在做最后的结论便说：‘其为父子兄弟足法，而后民法之也。此谓治国在齐其家。’在这里所用的‘法’字，不是指法律的法，而是作效法的法来用。这是说，假如你能做到，使父子兄弟们都要效法以后，渐渐就可使人民也都来效法了。这就是孔门儒学所说的‘为政’的道理。‘为政’是正己然后正人的教化，由君道、父道而同时兼具师道的道德，感化人民的作用，不是‘政治’；‘政治’，是依法管理和治理人民的作用。如果望文生义，看来都是同一名词，好像意义都差不多。事实上，它是大有差别的。”

阅典笔记

本节中，引用《诗经》的内容作为论据，意在讲齐家的重要性。《诗经·周南·桃夭》的内容蕴含了妇女对于一个家庭的重要性。同样，借《诗经·小雅·蓼萧》的诗句，说明了家庭中兄弟友爱和睦的重要性。

古人云："家和万事兴，家齐国安宁。"由此可见，家庭对于社会的意义是举足轻重的。和谐的家庭不仅是人心灵休憩的港湾，更是取得事业成功的重要条件。家庭的和睦会激发人的创造精神，给人无穷的力量。只要家庭成员各自担负起自己的责任，在生活中用爱和尊重，用关心和信任，用谅解和宽容，用支持和帮助化解隔阂，融汇亲情，那么每个家庭都会幸福美满。

触类旁通

◎ 通典

缇萦救父

公元前 167 年，临淄有个小姑娘名叫缇萦。她的父亲淳于意，本来是个读书人，因为喜欢医学，经常给人治病，出了名。后来他做了太仓令，但他不愿意跟做官的来往，也不会拍上司的马屁。没有多久，他辞了职，当起医生来了。有一次，有个大商人的妻子生了病，请淳于意医治。那病人吃了药，病没见好转，过了几天死了。大商人仗势向官府告了淳于意一状，说他错治了病。当地的官吏判他"肉刑"，要把他押解到长安去受刑。

淳于意有五个女儿，可没有儿子。他被押解去长安前离开家的时候，望着女儿们叹气，说："唉，可惜我没有男孩，遇到急难，一个有用的也没有。"

几个女儿都低着头伤心得直哭，只有最小的女儿缇萦又是悲伤，又是气愤。她想："为什么女儿偏没有用呢？"

她提出要陪父亲一起上长安去，家人再三劝阻她也没有用。缇萦到了长安，托人写了一封奏章，到宫门口递给守门的人。

汉文帝接到奏章，知道上书的是个小姑娘，倒很重视。那奏章上写着："我叫缇萦，是太仓令淳于意的小女儿。我父亲做官的时候，齐地的人都说他是个清官。现在他犯了罪，被判处肉刑。我不但为父亲难过，也为所有受肉刑的人伤心。一个人被砍去脚就成了残废，割去了鼻子不能再安上去，以后就是想改过自新，也没有办法了。我情愿给官府没收为奴婢，替父亲赎罪，好让他有个改过自新的机会。”

汉文帝看了信，十分同情这个小姑娘，又觉得她说得有道理，下令废除肉刑。这样，缇萦就救了她的父亲。

◎ 评价

中国漫长的封建社会里，女子的命运基本上被限定在自己家里。缇萦尚未出阁，则待字闺中，以一女子之身，冒天下大不韪救出父亲，可亲可敬可爱。

◎ 通典

感动了强盗的兄弟情

赵孝,西汉末年王莽时期人,表字常平。他的弟弟名叫赵礼,他们非常友爱。有一年，年成荒歉得很，一班强盗占据了宜秋山，把赵礼捉去了，并且要吃他。

赵孝就赶紧跑到了强盗那里，恳求那班强盗们说道，赵礼是有病的人，并且他的身体又很瘦，是不好吃的。“我生得又白又胖，情愿来代替我的弟弟，给你们吃，请你们把我的弟弟放了。”强盗还没有开口说话，他那弟弟赵礼死活不肯答应。他说道:“我被将军们捉住了,就是死了,也是我自己命里注定的,哥哥有什么罪呢。”两兄弟抱着，大哭了一番。

强盗也被他们感动了,就把他们兄弟俩都释放了。这件事传到了皇帝那里,皇帝就下了诏书，让他们兄弟两个都做了官。

◎ 评价

从故事中我们看到,在危难时刻所流露的兄弟真情,可以感动冷酷的强盗,说明了真挚的兄弟情义有着非常可贵的、能唤醒人良知的力量。

传篇

第十章

本章朱本称之为“传之十章，释治国平天下”。治国要有治国的原则，这个原则就是治国者要慎德。有了孝、悌、慈、幼等标准，就可以推己及人，实施絜矩之道。“民之所好好之，民之所恶恶之”。天命是由民心决定的，“得众则得国，失众则失国”。正如朱熹所言：“此章之义，务在与民同好恶而不专其利，皆推广絜矩之义也。能如是，则亲贤乐利各得其所，而天下平矣。”所以，达成道德的至境，德泽广布，就会迎来美好和谐的大道，就会天下大同。

10.1

原典

所谓平天下在治其国者，上老老①而民兴孝，上长长而民兴弟②，上恤孤而民不倍③。是以君子有絜(jié)矩之道④也。所恶于上，毋以使下；所恶于下，毋以事上；所恶于前，毋以先后；所恶于后，毋以从前；所恶于右，毋以交于左；所恶于左，毋以交于右。此之谓絜矩之道。

注释

①老老：尊敬老人。前一个“老”字作动词，意思是把老人当做老人看待。

②长长：尊重长辈。前一个“长”字作动词，意思是把长辈当做长辈看待。弟：同“悌”。

③恤：体恤，周济。孤：孤儿，古时候专指幼年丧失父亲的人。倍：通“背”，背弃。

④絜矩之道：儒家伦理思想之一，指一言一行要有示范作用，推己及人，使上下四方均齐方正。絜，量度。矩，画直角或方形用的尺子，引申为法度，规则。

译文

之所以说平定天下要先治理好自己的国家是因为在上位的人尊敬老人，老百姓就会孝顺自己的父母；在上位的人尊重长辈，老百姓就会尊重自己的兄长；在上位的人体恤救济孤儿，老百姓也会同样跟着去做。所以，品德高尚的人总是实行以身作则、推己及人的"絜矩之道"。如果厌恶上司对你的某种行为，就不要用这种行为去对待你的下属；如果厌恶下属对你的某种行为，就不要用这种行为去对待你的上司；如果厌恶在你前面的人对你的某种行为，就不要用这种行为去对待在你后面的人；如果厌恶在你后面的人对你的某种行为，就不要用这种行为去对待在你前面的人；如果厌恶在你右边的人对你的某种行为，就不要用这种行为去对待在你左边的人；如果厌恶在你左边的人对你的某种行为，就不要用这种行为去对待在你右边的人。这就叫做"絜矩之道"。

古注

朱熹注：

"长，上声。弟，去声。倍，与背同。絜，胡结反。老老，所谓老吾老也。兴，谓有所感发而兴起也。孤者，幼而无父之称。絜，度也。矩，所以为方也。言此三者，上行下效，捷于影响，所谓家齐而国治也。亦可以见人心之所同，而不可使有一夫之不获矣。是以君子必当因其所同，推以度物，使彼我之间各得分愿，则上下四旁均齐方正，而天下平矣。

"恶、先，并去声。此覆解上文絜矩二字之义。如不欲上之无礼于我，则必以此度下之心，而亦不敢以此无礼使之。不欲下之不忠于我，则必以此度上之心，而亦不敢以此不忠事之。至于前后左右，无不皆然，则身之所处，上下、四旁、长短、广狭，彼此如一，而无不方矣。彼同有是心而兴起焉者，又岂有一夫之不获哉。所操者约，而所及者广，此平天下之要道也。故章内之意，皆自此而推之。"

今论

南怀瑾《原本大学微言》：

"'所恶于上，毋以使下。所恶于下，毋以事上。所恶于前，毋以先后。所恶于后，毋以从前。所恶于右，毋以交于左。所恶于左，毋以交于右。此之谓絜矩之道。'……在这里，所提出的'上下、前后、左右'六个方面，就具有人事、物理等古人所谓的"六合"的内涵……"

阅典笔记

本节的核心思想是"絜矩之道"。也就是说，为王者，治国的根本在于爱人。如果可以做到孝、悌、恤，那么百姓也会照着去做。要做到爱人，必先从尊敬自己的父母兄弟开始。能够孝敬父母，敬爱兄长，自然会深怀爱心，热爱他人。古语讲"百善孝为先"，"孝"向来是中国人最注重的品德。做人就是讲良心，应尊奉孝的伦理，上敬父母祖先，下为子孙做模范。发扬这种德性，自然会影响民众，树立"德业相助，过失相规，礼俗相交，患难相恤"的健康和谐之风。

接着文章告诉我们，怎样做才算是"絜矩之道"。那就是"己所不欲、勿施于人"，要求别人做到的，自己先做到。礼仪法度，不仅是一个人生活的规范，也是一个人修养的体现，而且更是人与人之间的根本秩序。人之所以为人，就在于无论在什么情况下都有自我反省的能力，不断自觉积累，实现人格的提升。

触类旁通

◎ 通典

乐善好施

严世期，南朝宋山阴人。他心性善良，热心帮助、周济穷人。同乡张迈等三人，均家境贫困，本就无可赖以为生，又时值灾荒，无法养活幼小的子女，便忍痛割爱，准备将孩子抛弃。严世期知道这件事情后，给他们送去了衣服、粮食。在他的接济资助下，三家人得以度过灾荒，孩子得以长大成人。

灾荒年景，食不果腹的人们都外出，远走他乡逃荒要饭，而老弱病幼只能困守在家里。同乡之中有潘伯等十五人先后被饿死。因为他们的家人不知下落，无人给他们安葬，严世期便买来棺材安葬死者，并且收养、照顾他们的孩子长大。

元嘉四年（427），朝廷赐匾给严世期，上写“义行严氏之闾”，予以表彰，并且免除他的徭役和十年的租税，以嘉奖他乐善好施的德行。

◎ 评价

严世期乐于帮助穷苦受难的人，把别人的疾苦当做自己的疾苦，充满仁爱之德，发扬了“絜矩之道”。

◎ 通典

乐善好施张继孔

张继孔，康熙十八年（1679）生，甘肃镇原人，字洙英，号潜麓。十四岁时，补博士弟子员，乾隆十九年（1754）贡生。由州判职议叙直隶州同加一级。其父绍敬，字俨若，孝名昭著，友于兄弟，急公好义，不计资财。张继孔继承父志，乐善好施，功在梓里。父子博得城乡两代善人之美誉。张继孔深痛生母早逝，常常伏墓号泣，傍墓归来，泪痕斑衣。待继母如生母，以孝闻名于乡里。

当时春秋祭祖，族人寥落，继孔痛心疾首，因风化颓废而伤心，因族人背宗忘祖而悲悯。于是，创修宗祠，且肃立祀典。没几年，族人始知木本水源，少长云集，祭祀成序，缅怀祖宗之风渐浓。张继孔平生好善，热心公益，周恤施舍，不吝家积。

文庙崇圣祠，仅存旧址，荒草掩径，人迹罕至。乾隆十年，张继孔独立捐修，创建正殿三间，献殿三间，新筑围墙十余丈，修大门一座，使其面貌焕然一新，文士学子始有展拜之地。十五年，又在庙旁两侧，捐修学铺十间，其赁金作为贫寒生员三年乡试开销。乡里送匾表扬，县令程光鉴撰“张继孔捐修学铺碑记”，勒之于石。

十八年，由县令周泰元主持，在潜夫山重修潜夫祠堂三楹，高阔如往昔规模。此役，由幕客及地方绅士襄助，而总其成者，则为张继孔。时泾州张延福在《重修王潜夫先生祠堂记》中评说：“庙貌重新，明禋不替。将与严陵之钓台，诸葛之草庐先后争辉矣。”

三十八年，捐川地四十亩，于东门外南山凤凰台上起修奎文阁。四十二年，

以自己山川田地六百亩，献作公田，一半作为宗族丧葬婚姻之资助，一半作为书院办学经费。四十五年，又捐五百千文，贮在当铺，年息一分五厘。知县赵雯，将三百五十千文及历年利息，用于修书院卷棚三间，东西厢房各三间，上房三间，厢房十间，讲堂十间，共有房二十五间，易名中峰书院，将剩余经费一百五十千文仍存当铺，积到三百千文，做了后来维修书院的费用。张继孔推己及人，怜悯侨居镇邑者终老无地安葬，在东城郭购置墓地，施棺椋，予以安葬。乾隆二年，张继孔劝民积贮，捐谷二百石人义仓。遇饥荒煮粥赈济饥民，若水患则出资治理。乾隆十七年，洪水大作，平地水深二三尺，城西、南河涨溢，淹没数百家。张继孔出资赈灾，周济全部灾民。三十年，大饥，死伤无数，灾民逃遗一百二十六户七百八十五人。并有县南开城、新兴、底堡、石人等村张、冯、周三姓，计约三百余口，俱属固原州民，去州甚远，未经编造，若去固报领，则粮已告绝。而镇原受隔属之限，难以补给，已有三户失赈，嗷嗷待毙。张继孔除煮粥济急外，又专门上书黄道台，为灾民请求拨运泾粮，急拯倒悬。未得允许，张继孔再次上书，陈述利弊，情词恳切，方得泾粮接济，灾民赖以活命。

张继孔的种种公益善举，深得时人赞誉。地方官吏景仰、褒奖其人并上奏朝廷，奉旨在镇原县城东街建石质牌坊，允其入县孝子祠，以彰其德。其宠其荣为本县所未有。张继孔平生好学，尤其留心地方掌故，撰有《潜麓纪闻》，记录了大量极有价值的地方资料。

◎ 评价

居庙堂之高则忧其君，处江湖之远则忧其民。“忧国忧民”大抵是封建社会的知识分子共有的胸怀，他们悲天悯人，以百姓之忧为忧，以百姓之喜为喜。张继孔堪称忠、孝、善的典范。

◎ 通典

君行仁义，感化国人

尧做了天子，推行仁政，教养孤儿和寡妇，救助贫困，存心于天下，对于穷苦人特别关照。先宽恕，而后推行教化；慈悲显著，而且道义建立；德育深厚，教化宽广。所以不必奖赏，人民就自然向善；不必惩罚，国家就能治理得很好。他在位一百年，逝世后，百姓哭得很伤心，宛如父母过世一般。尧逝世三年内，全国各地都没有举行庆祝活动，可见他们多么思念尧帝！

舜二十岁时就以孝闻名于世，尧帝知道了他的仁德，便推荐他做天子。他做了皇帝以后，敬畏天命而爱护人民，体恤远方的百姓而且亲切地对待自己的亲属和族人。他治理国家的要领是对待属下不拘繁文缛节，对待大众尽量宽厚。四海之内都称赞他的德政。舜在位四十八年，天下大治，其享年一百一十二岁。

◎ 评价

尧、舜之所以成为我国千古传颂的圣明君主，在于他们以仁爱布施天下的治国理念和作为。他们不仅自身道德高尚，更注重对子民道德修养的教育和教化，正所谓是言传身教，使得天下民众无不感怀于心。

10.2

原典

《诗》[①]云："乐 (lè) 只[②]君子，民之父母。"民之所好好之，民之所恶恶之，此之谓民之父母。《诗》[③]云："节[④]彼南山，维石岩岩[⑤]。赫赫师尹[⑥]，民具尔瞻[⑦]。"有国者不可以不慎，辟 (pì) 则为天下僇 (lù) 矣[⑧]。《诗》[⑨]云："殷之未丧师[⑩]，克配[⑪]上帝。仪监[⑫]于殷，峻命不易[⑬]。"道得众则得国，失众则失国。是故君子先慎乎德。有德此[⑭]有人，有人此有土，有土此有财，有财此有用。德者，本也；财者，末也。外本内末，争民施夺[⑮]。是故财聚则民散，财散则民聚。是故言悖[⑯]而出者，亦悖而入；货悖而入者，亦悖而出。

注释

①《诗》：此指《诗经·小雅·南山有台》。

②乐：快乐，喜悦。只：助词。

③《诗》：此指《诗经·小雅·节南山》。

④节：高大。

⑤岩岩：险峻的样子。

⑥师尹：太师尹氏，尹姓是周朝的世卿，祖先尹佚在武王时有功，尹吉甫辅佐宣王有功。此为尹太师因勾结小人，祸乱国政，是诗中谴责的对象。太师是周代的三公之一。

⑦具：通“俱”，都。尔：你。瞻：瞻仰，仰望。

⑧辟：偏私，邪僻。僇：通“戮”，杀戮。

⑨《诗》：此指《诗经·大雅·文王》。

⑩丧师：失去民众。师，民众。

⑪克配：能够配合。

⑫仪：宜。监：鉴戒。

⑬峻命：大命。峻，大。不易：指不容易保有。

⑭此：乃，才。

⑮争民：与民争利。施夺：施行劫夺。

⑯悖：逆。

译文

《诗经·小雅·南山有台》说：“使人心悦诚服的国君啊，是老百姓的父母。”老百姓喜欢的，他也喜欢；老百姓厌恶的，他也厌恶。这样的国君就可以说是老百姓的父母了。《诗经·小雅·节南山》说：“巍峨的南山啊，岩石耸立。显赫的尹太师啊，百姓都仰望你。”统治国家的人不可不谨慎。邪僻失道，就会被天下人诛戮。《诗经·大雅·文王》说：“殷朝没有丧失民心的时候，还是能够与上天的要求相符的。请用殷朝作个鉴戒吧，守住天命并不是一件容易的事。”这就是说，得到民心就能得到国家，失去民心就会失去国家。所以，品德高尚的人首先注重修养德行。有德行才会有人拥护，有人拥护才能保有土地，有土地才会有财富，有财富才能供给使用，德是根本，财是枝末，假如把根本当成了外在的东西，却把枝末当成了内在的根本，那就会和老百姓争夺利益。所以，君王聚财敛货，民心就会失散；君王散财于民，民心就会聚在一起。这正如你说话不讲道理，人家也会用不讲道理的话来回答你；财货来路不明不白，总有一天也会不明不白地失去。

古注

朱熹注：

“乐，音洛。只，音纸。好、恶，并去声，下并同。诗小雅南山有台之篇。只，语助辞。言能絜矩而以民心为己心，则是爱民如子，而民爱之如父母矣。

“节，读为截。辟，读为僻。僇，与戮同。诗小雅节南山之篇。节，截然高大貌。师尹，周太师尹氏也。具，俱也。辟，偏也。言在上者人所瞻仰，不可不谨。若不能絜矩而好恶殉于一己之偏，则身弑国亡，为天下之大戮矣。

“丧，去声。仪，诗作宜。峻，诗作骏。易，去声。诗文王篇。师，众也。配，对也。配上帝，言其为天下君，而对乎上帝也。监，视也。峻，大也。不易，言难保也。道，言也。引诗而言此，以结上文两节之意。有天下者，能存此心而不失，则所以絜矩而与民同欲者，自不能已矣。

“先慎乎德，承上文不可不慎而言。德，即所谓明德。有人，谓得众。有土，谓得国。有国则不患无财用矣。

“人君以德为外，以财为内，则是争斗其民，而施之以劫夺之教也。盖财者人之所同欲，不能絜矩而欲专之，则民亦起而争夺矣。

“外本内末故财聚，争民施夺故民散，反是则有德而有人矣。

“悖，布内反。悖，逆也。此以言之出入，明货之出入也。自先慎乎德以下至此，又因财货以明能絜矩与不能者之得失也。”

今论

南怀瑾《原本大学微言》：

“……‘是故言悖而出者，亦悖而入。货悖而入者，亦悖而出。’第一：他为什么在这里又要涉及言语方面的事呢？而且他所说的言语，又是指哪种说法呢？答案：是指关于言语的‘德行’，也就是平常所称的‘口德’。言语，是内心思维意识的表达，一个人的善恶行为，在外表的是整个人身的行动，在内在的是意识思维。但这两者之间，对外表达作用的，便是言语……善言

是德行，恶言是祸患，又如俗话所说的，‘祸从口出，病从口入’，都是同一道理……如果是身负国家天下之责的人，他的一言一行，动辄会影响全民的，所以中国传统文化，在两千多年的帝王制度里，有形无形，具有监视帝王的作用的，便是‘史官’。‘左史’记行，‘右史’记言。虽然后世有今不如古的趋势，被改称为皇帝的‘起居注’，但还是相当严格，在那些不敢记，而又不敢不记的字里行间，还可以看出究竟的。”

阅典笔记

此处借用《诗经·小雅·南山有台》和《诗经·小雅·节南山》的诗句，讲乐民之乐，忧民之忧的人，才能够被百姓像父母一样爱戴。对于君子来讲，先要修持好自我，然后自然地就会让百姓像爱戴父母一样爱戴自己。“乐民所乐，忧民所忧”只是君子自我修养的外在表现，关键的，还在于表里合一。

然后，文中引用《诗经·大雅·文王》的话，得出了“道得众则得国，失众则失国”的结论。这里和著名的“得道多助，失道寡助”是相似的。古之圣贤，必敬天，必畏民。

最后，文中从用人和理财的角度谈“絜矩之道”。“絜矩”有将心比心之意。为王者，只有具备了高尚的德行，才能得到民众的拥戴；只有民众拥戴，才能得到土地；拥有了土地才能够聚集财富；拥有财富，国家才有用度开支。随后给出了重要观点：德者，本也；财者，末也。如果一个国家表面上重视德行而内心重视财物，就会与民争利。只有疏财，才能得民心。

触类旁通

◎ 通典

包青天

包拯（999—1062），字希人，庐州合肥人，汉族，出身于官僚家庭。包拯做官以断狱英明而著称于世。后世则把它当做清官的化身——包青天。他曾说："后世子孙做官，有犯贪污罪的，不得踏进家门，死后不得葬入大墓。不遵从我的志向，就不是我的子孙。"包拯认为，普通百姓是国家的根本，只有老百姓日子过好了，不受贪官酷吏欺压了，国家才能富强和太平无事。

包拯在朝廷为人刚毅，贵戚、宦官为之收敛，听说过包拯的人都很害怕他。以前的制度规定，凡是告状，不得直接到官署庭下。包拯打开官府正门，使告状的人可以直接到他面前陈述是非曲直，使胥吏不敢欺骗长官。朝中官员和世家望族私筑园林楼榭，侵占了惠民河，使河道堵塞不通，而又正逢京城发大水，包拯于是将那些园林楼榭全都拆掉。有人拿着地券虚报自己的田地数，包拯都严格地加以检验，上奏弹劾弄虚作假的人。包拯的一生不仅使宋朝天下长治久安，而且他以实际行动造福人民，为后世所称道。

◎ 评价

包拯是流传千古的铁面包青天，他司法严明，毫不留情，疾恶如仇，对百姓仁爱，时时处处为民生着想，不畏强权。他深明治国之本，严格履行百姓父母官的责任。

◎ 通典

有德则有财

杨翥，我国历史上以忍让著称的人物。明代的王琦在《寓圃杂记》中记述了杨翥的两件小事：杨的邻人丢失了一只鸡，指骂被姓杨的偷去了。家人告知杨翥，杨说："天下不只我一家姓杨，随他骂去。"

又一邻居，每逢下雨天，便将自家院中的积水排放到杨家门前，使杨家深受脏污潮湿之苦。家人告知杨翥，他却劝解家人："总是晴天干燥的时日多，落雨的日子少。"

久而久之，邻居们被杨翥的忍让所感动。有一年，一伙人密谋抢杨家的财宝，邻人们得知后，主动组织起来帮杨家守夜防盗，使杨家免于这场灾祸。

◎ 评价

杨翥心胸宽大善良，不计较得失。在生活中一点一滴的小事中，他都能发扬自己的美德，感化周围的人，才会在危难时刻得到他人的帮助。

10.3

原典

《康诰》曰："惟命[①]不于常。"道善则得之，不善则失之矣。《楚书》曰："楚国无以为宝，惟善以为宝[②]。"舅犯[③]曰："亡人[④]无以为宝，仁亲以为宝。"《秦誓》[⑤]曰："若有一个臣，断断[⑥]兮无他技，其心休休[⑦]焉，其如有容[⑧]焉。人之有技，若己有之。人之彦圣[⑨]，其心好之，不啻(chì)[⑩]若自其口出，实能容之。以能保我子孙黎民，尚亦有利哉！人之有技，媢(mào)疾[⑪]以恶之；人之彦圣，而违之俾(bǐ)不通[⑫]，实不能容。以不能保我子孙黎民，亦曰殆哉！"唯仁人放流[⑬]之，迸诸四夷[⑭]，不与同中国[⑮]。此谓唯仁人为能爱人，能恶人。见贤而不能举，举而不能先，命[⑯]也。见不善而不能退，退而不能远，过也。好人之所恶，恶人之所好，是谓拂[⑰]人之性，灾必逮夫(fú)身[⑱]。

注释

①命：天命。

②《楚书》句：《楚书》，楚昭王时史书。楚昭王派王孙圉（yǔ）出使晋国。晋国赵简子问楚国珍宝美玉现在怎么样了。王孙圉答道：楚国从来没有把美玉当做珍宝，只是把善人如观射父（人名）这样的大臣看作珍宝。事见《国语·楚语》。汉代刘向的《新序》中也有类似的记载。

③舅犯：晋文公重耳的舅舅狐偃，字子犯。

④亡人：流亡的人，指重耳。晋僖公四年十二月，晋献公因听信骊姬的谗言，逼迫太子申生自缢而死。重耳避难逃亡在外。重耳在狄国时，晋献公逝世。秦穆公派人劝重耳归国掌政。重耳将此事告子犯，子犯以为不可，对重耳说了这几句话。事见《礼记·檀弓下》。

⑤《秦誓》:《尚书·周书》中的一篇。

⑥断断：真诚的样子。

⑦休休：宽宏大量。

⑧有容：能够容人。

⑨彦圣：指德才兼备。彦，美。圣，明。

⑩不啻：不但。

⑪媢疾：妒忌。

⑫违：阻抑。俾：使。

⑬放流：流放。

⑭迸：即“屏”，驱逐。四夷：四方之夷。夷，指古代东方的部族。

⑮中国：中原，全国中心地区。与现代意义的“中国”一词意义不一样。

⑯命：东汉郑玄认为应该是“慢”字之误。慢，即轻慢。

⑰拂：逆，违背。

⑱逮：及、到。夫：助词。

译文

《康诰》说：“天命是不会始终如一的。”这就是说，行善便会得到天命，不行善便会失去天命。《楚书》说：“楚国没有什么是宝，只是把善当做宝。”舅犯说：“流亡在外的人没有什么是宝，只是把仁爱当做宝。”《秦誓》说：“如果有这样一位大臣，忠诚老实，虽然没有什么特别的本领，但他心胸宽广，有容人的肚量。别人有本领，就如同他自己有一样；别人德才兼备，他心悦诚服，不只是在口头上表示，而是打心底里赞赏。用这种人，是可以保护我的子孙和百姓的，是可以为他们造福的啊！相反，如果别人有本领，他就妒忌、厌恶人家；别人德才兼备，他便想方设法压制、排挤，无论如何容忍不得。用这种人，不仅不能保护我的子孙和百姓，而且可以说是危险得很！”因此，有仁德的人会把这种容不得人的人流放，把他们驱逐到边远的四夷之地去，不让他们同住在中原。这说明，有德的人爱憎分明。发现贤才而不能选拔，选拔了而不能重用，这是轻慢。发现恶人而不能罢免，罢免了而不能把他驱逐得远远的，这是过错。喜欢众人所厌恶的，厌恶众人所喜欢的，这是违背人的本性，灾难必定要落到自己身上。

古注

朱熹注：

“道，言也。因上文引文王诗之意而申言之，其丁宁反复之意益深切矣。

“楚书，楚语。言不宝金玉而宝善人也。

“舅犯，晋文公舅狐偃，字子犯。亡人，文公时为公子，出亡在外也。仁，爱也。事见檀弓。此两节又明不外本而内末之意。

“古贺反，书作介。断，丁乱反。媢，音冒。秦誓，周书。断断，诚一之貌。彦，美士也。圣，通明也。尚，庶几也。媢，忌也。违，拂戾也。殆，危也。

“迸，读为屏，古字通用。迸，犹逐也。言有此媢疾之人，妨贤而病国，则仁人必深恶而痛绝之。以其至公无私，故能得好恶之正如此也。

“命，郑氏云‘当作慢。’程子云：‘当作怠。’未详孰是。远，去声。若此者，知所爱恶矣，而未能尽爱恶之道，盖君子而未仁者也。

“菑，古灾字。夫，音扶。拂，逆也。好善而恶恶，人之性也；至于拂人之性，则不仁之甚者也。自秦誓至此，又皆以申言好恶公私之极，以明上文所引南山有台、节南山之意。”

今论

南怀瑾《原本大学微言》：

“最后一句是曾子的结论：‘所以说，真是一个仁人君子，必然会遵循一个千古不易的大道，那就是言行忠信，必然可以得到一切好的结果。如果是自满、自慢、自傲，而且自以为是，一点也不悔改，那就必定会失去了一切。'”

阅典笔记

本节再次强调了君王的“施仁政，得民心”对于治理好国家的重要性。文中举了《楚书》和重耳的例子来说明：一个国家，上至君主，下至百姓，如果都能具有良好美德，社会充满仁爱之风，这些就是国家的巨大财富。

又引《诗经·秦誓》的话，提出重用贤能的重要思想，并阐述真正的“仁”在于“能爱人能恶人”的严明治理。

触类旁通

◎ 通典

真正的无价之宝是国君的仁德

魏击，即魏武侯（前 424—前 370），魏文侯的儿子。有一天，魏击乘船沿黄河顺流而下，船到河中央，魏击看到两岸林木葱茏，峰峦绵延，景色宜人，心情十分愉快。

“太美了！”他情不自禁地赞叹，又笑着对身边的大将军吴起说，“山河如此险固，真是魏国的无价之宝啊！”

吴起听了，却摇了摇头，说：“真正的无价之宝是国君的仁德，而不是险要的地势。从前苗氏居住的地方，左有洞庭湖，右有彭蠡湖，山河可算是极为险固了，可是因为部落的首领不讲仁德，还是被禹消灭了。夏桀居住的地方，左有黄山、济水，右有泰华山，南面伊阙山，北面是羊肠坂，但因为朝政腐败，夏桀终被商汤放逐。商纣的国都，左有孟门山，右有太行山，常山雄踞城北，黄河流经城南，可因为残酷暴虐，商纣最后还是被周武王杀死。”

魏击两眼出神地盯着吴起，若有所悟地点点头。吴起神色严峻地继续说道：“主公如果不施行德政，恐怕连这条船上的人也会成为主公的敌人。”

魏击由衷地赞叹道：“一点儿不错，你说得太好了！”

◎ 评价

故事中魏击与吴起讨论国家稳固的保障。魏击只是看到了表面上地势的险固,而没有吴起思考得深刻。吴起站在君王治国之本——施仁政,得民心——的角度，指明了国家稳固的根本保障。

◎ 通典

皇太极得洪承畴如获至宝

洪承畴（1593—1665），字彦演，号亨九，明朝重臣，松山之败后降清。皇太极打算劝降洪承畴为自己效力，便派范文程去劝洪承畴投降。洪承畴当时跺脚大骂，而范文程心平气和地和他交谈，内容涉及古今之事。房梁上的尘土偶尔落下来，沾到洪承畴的衣服上，他用手弹了去，范文程将此事告诉了皇太极，他说：“洪承畴肯定不会求死，他连衣服尚且那么珍惜，更何况自己的生命呢？”

于是，皇太极亲自去看望洪承畴，脱下了自己身穿的貂皮大衣给洪承畴穿上：“先生是否觉得不那么冷了？”

洪承畴瞠目而视，许久叹息道：“这真是老天选定的明主啊！”

洪承畴投降了皇太极。皇太极非常高兴，当天给洪承畴的赏赐不计其数。

有的将领很不高兴，说：“皇上待洪承畴也太好了！”

皇太极劝他们说：“我们这些人，栉风沐雨几十年，是为了什么呀？”

将领们答道：“那谁不知道啊，是为了入主中原！”

皇太极听后笑道：“这就譬如行路，我们都是盲人，如今好不容易得到了一个向导，我怎么能不高兴？”

◎ 评价

皇太极用仁爱的态度，使得忠心耿耿的洪承畴心服口服。这体现了圣明仁爱的君主重视贤才的高尚修为。“此谓唯仁人为能爱人。”

10.4

原典

是故君子有大道：必忠信以得之，骄泰[①]以失之。生财有大道：生之者众，食之者寡，为之者疾[②]，用之者舒[③]，则财恒足矣。仁者以财发身[④]，不仁者以身发财。未有上好仁而下不好义者也，未有好义其事不终者也，未有府库[⑤]财非其财者也。孟献子[⑥]曰："畜马乘 (shèng) 不察于鸡豚[⑦]，伐冰之家[⑧]不畜牛羊，百乘之家[⑨]不畜聚敛之臣[⑩]。与其有聚敛之臣，宁有盗臣[⑪]。"此谓国不以利为利，以义为利也。长 (zhǎng) 国家[⑫]而务财用者，必自小人矣。彼为善之，小人之使为国家，灾害并至。虽有善者，亦无如之何[⑬]矣！此谓国不以利为利，以义为利也。

注释

①骄泰：骄横放纵。

②疾：快，迅速。

③舒：舒缓。

④发身：修身。发，发达，发起。

⑤府库：国家收藏财物的地方。

⑥孟献子：鲁国大夫，姓仲孙，名蔑。

⑦畜：养。乘：指用四匹马拉的车。畜马乘，是士人初做大夫官的待遇。察：关注。

⑧伐冰之家：指丧祭时能用冰保存遗体的人家，是卿大夫类大官的待遇。

⑨百乘之家：拥有一百辆车的人家，指有封地的诸侯王。

⑩聚敛之臣：搜刮钱财的家臣。聚，聚集。敛，征收。

⑪盗臣：盗窃府库财物的家臣。

⑫长国家：成为国家之长，指君王。

⑬无如之何：没有办法。

译文

所以，做国君的人有正确的途径：忠义诚信，便会获得一切；骄奢放纵，便会失去一切。生产财富也有正确的途径：生产的人多，消费的人少；生产的人勤奋，消费的人节省。这样，财富便会一直充足。仁爱的人仗义疏财以修养自身的德行，不仁的人不惜以生命为代价去敛钱发财。没有在上位的人喜爱仁德，而在下位的人却不喜爱忠义的；没有喜爱忠义而做事却半途而废的；没有国库里的财物不是属于国君的。孟献子说："养了四匹马拉车的士大夫之家，就不需再去计较养鸡养猪的小利；祭祀用冰的卿大夫家，就不要再去养牛养羊牟利；拥有百辆兵车的诸侯之家，就不要去收养搜刮民财的家臣。与其有搜刮民财的家臣，不如有偷盗自家府库的家臣。"这意思是说，一个国家不应该以财货为利益，而应该以道义为利益。做了国君却还一心想着聚敛财货，这必然是有小人在诱导。而那国君还以为这些小人是好人，让他们去处理国家大事，结果是天灾人祸一齐降临。这时虽有贤能的人，却也没有办法挽救了。所以，一个国家不应该以财货为利益，而应该以道义为利益。

古注

朱熹注：

"君子，以位言之。道，谓居其位而修己治人之术。发己自尽为忠，循物无违谓信。骄者矜高，泰者侈肆。此因上所引文王、康诰之意而言。章内三言得失，而语益加切，盖至此而天理存亡之几决矣。

"恒，胡登反。吕氏曰：'国无游民，则生者众矣；朝无幸位，则食者寡矣；不夺农时，则为之疾矣；量入为出，则用之舒矣。愚按：此因有土有财而言，以明足国之道在乎务本而节，非必外本内末而后财可聚也。自此以至终篇，皆一意也。

"发，犹起也。仁者散财以得民，不仁者亡身以殖货。

"上好仁以爱其下，则下好义以忠其上；所以事必有终，而府库之财无悖出之患也。

"畜，许六反。乘、敛，并去声。孟献子，鲁之贤大夫仲孙蔑也。畜马乘，士初试为大夫者也。伐冰之家，卿大夫以上，丧祭用冰者也。百乘之家，有采地者也。君子宁亡己之财，而不忍伤民之力；故宁有盗臣，而不畜聚敛之臣。此谓以下，释献子之言也。

"长，上声。'彼为善之'，此句上下，疑有阙文误字。自，由也，言由小人导之也。此一节，深明以利为利之害，而重言以结之，其丁宁之意切矣。

"上传之十章。释治国平天下。此章之义，务在与民同好恶而不专其利，皆推广絜矩之意也。能如是，则亲贤乐利各得其所，而天下平矣。凡传十章：前四章统论纲领指趣，后六章细论条目功夫。其第五章乃明善之要，第六章乃诚身之本，在初学尤为当务之急，读者不可以其近而忽之也。”

今论

南怀瑾《原本大学微言》：

“曾子在引用了孟献子一段话以后，便说：‘此谓国不以利为利，以义为利也。长国家而务财用者，必自小人矣。彼为善之，小人之使为国家，菑（灾）害并至，虽有善者，亦无如之何矣。此谓国不以利为利，以义为利也。’这是曾子著《大学》大论最后结尾的一段话，看来他是针对当时鲁国内政，以及春秋末期诸侯各国，都以胡乱增加赋税，搜刮民间社会的财富，归于诸侯私家公室，充实权位与富贵相结合的欲壑。同时他也看到当时诸侯各国，以及鲁国内政争权夺利的结果，的确是‘灾害并至’，大多都成为不可收拾的败亡局面，因此，有感而发，坦率提出他的‘危（正）言危（正）行’，作为警世晨钟的名言。”

阅典笔记

本节首先规劝一个君王要遵循忠义诚信，以获得天下；若骄奢放纵，便会失去天下。同时也告诉我们普通人，诚信是做人之根本，立业之根基。一个人只有以诚信之心，信守道德，仁善处世，方能不辜负天道自然赋予人的本性。

接着再次谈及获得财富的方法。这里提出的生财之道，是直接关系民生的问题。提倡人们努力进行生产的同时，要学会节俭。国家的财富皆源于人民，治国者既要能以德化民，又要能广开财源，增加经济收入，使国库储备充分。对为政者特别强调的是：廉洁自律，勤俭理政，不挥霍民脂民膏，才能使国家富强。

最后，着重论述了管理国家应该重义轻利。如果把国政交给见利忘义的人，没有长远眼光，那么必会导致灾害的降临。相当于今天所说的可持续发展，对当今着重于经济发展的当政者来说具有很重要的意义。

以义为利，以德治国。作为执政者，应当以德治国，施仁德之政，以仁德教化民心，最大限度地造福百姓。

触类旁通

◎ 通典

一曲满江谱衷肠

岳飞（1103—1142），字鹏举，相州汤阴（今属河南）人，南宋军事家，民族英雄。少时勤奋好学，并练就一身好武艺。岳飞父岳和，母姚氏，世代务农。岳飞青少年时先后向周同、陈广学习射箭、枪技，成为全县武艺最高强的人，但因家境贫困，后到相州（今安阳），“为韩魏公（琦）家庄客”。十九岁时投军抗辽，不久因父丧，退伍还乡守孝。1126年金兵大举入侵中原，岳飞再次投军，开始了他抗击金军、保家卫国的戎马生涯。传说岳飞临走时，其母姚氏在他背上刺了“精忠报国”四个大字，这成为岳飞终生遵奉的信条。

岳飞投军后，很快因作战勇敢升秉义郎。这时宋都开封被金军围困，岳飞随副元帅宗泽前去救援，多次打败金军，受到宗泽的赏识，称赞他“智勇才艺，古良将不能过”。同年，金军攻破开封，俘获了徽、钦二帝，北宋王朝灭亡。靖康二年五月，康王赵构登基，是为高宗，迁都临安，建立南宋。岳飞上书高宗，要求收复失地，被革职。岳飞遂改投河北都统张所，任中军统领，在太行山一带抗击金军，屡建战功。后复归东京留守宗泽，以战功转武功郎。宗泽死后，从继任东京留守杜充守开封。

建炎三年（1129），金将兀术率金军再次南侵，杜充率军弃开封南逃，岳飞无奈随之南下。是年秋，兀术继续南侵，改任建康（今江苏南京）留守的杜充不战而降。金军得以渡过长江天险，很快就攻下临安、越州（今绍兴）、明州等地，高宗被迫流亡海上。岳飞率孤军坚持敌后作战。他先在广德攻击金军后卫，六战六捷。又在金军进攻常州时，率部驰援，四战四胜。次年，岳飞在牛头山设伏，大破金兀术，收复建康，金军被迫北撤。从此，岳飞威名传遍大江南北，声震河朔。七月，岳飞升任通州镇抚使兼知泰州，拥有人马万余，建立起一支纪律严明、作战骁勇的抗金劲旅“岳家军”。

绍兴三年，岳飞因剿灭李成、张用等“军贼游寇”，得高宗奖“精忠岳飞”的锦旗。次年四月，岳飞挥师北上，击破金傀儡伪齐军，收复襄阳、信阳等六郡。岳飞也因功升任清远军节度使。同年十二月，岳飞又败金兵于庐州（今安徽合肥），金兵被迫北还。绍兴五年（1135），岳飞率军镇压了杨幺起义军，从中收编了五六万精兵，使“岳家军”实力大增。

绍兴六年，岳飞再次出师北伐，攻占了伊阳、洛阳、商州和虢州，继而围攻陈、蔡地区。但岳飞很快发现自己是孤军深入，既无援兵，又无粮草，不得不撤回鄂州（今湖北武昌）。此次北伐，岳飞壮志未酬，写下了千古绝唱的名词《满江红》：

怒发冲冠，凭栏处，潇潇雨歇。抬望眼，仰天长啸，壮怀激烈。三十功名尘与土，八千里路云和月。莫等闲，白了少年头，空悲切！

靖康耻，犹未雪。臣子恨，何时灭？架长车，踏破贺兰山缺！壮士饥餐胡虏肉，笑谈渴饮匈奴血。待从头，收拾旧山河，朝天阙！

绍兴七年（1137），岳飞升为太尉。他屡次建议高宗兴师北伐，一举收复中原，但都为高宗所拒绝。绍兴九年（1139），高宗和秦桧与金议和，南宋向金称臣纳贡。这使岳飞不胜愤懑，上表要求“解罢兵务，退处林泉”，以示抗议。次年，兀术撕毁和约，再次大举南侵。岳飞奉命出兵反击。相继收复郑州、洛阳等地，在郾城大破金军精锐铁骑兵“铁浮图”和“拐子马”，乘胜进占朱仙镇，距开封仅四十五里。兀术被迫退守开封，金军士气沮丧，发出“撼山易，撼岳家军难”的哀叹，不敢出战。

在朱仙镇，岳飞招兵买马，联络河北义军，积极准备渡过黄河收复失地，直捣黄龙府。他激动地对诸将说：“直捣黄龙府，与诸君痛饮耳！”这时高宗和秦桧却一心求和，连发十二道金字牌班师诏，命令岳飞退兵。岳飞抑制不住内心的悲愤，仰天长叹：“十年之功，毁于一旦！所得州郡，一朝全休！社稷江山，难以中兴！乾坤世界，无由再复！”他壮志难酬，只好挥泪班师。

岳飞回临安后，即被解除兵权，任枢密副使。绍兴十一年八月，高宗和秦桧派人向金求和，金兀术要求“必杀飞，始可和”。秦桧乃诬岳飞谋反，将其下狱。绍兴十一年（1142）十二月二十九日，秦桧以“莫须有”的罪名将岳飞毒死于临安风波亭，是年岳飞仅三十九岁。其子岳云及部将张宪也同时被害。宁宗时，岳飞得以昭雪，被追封鄂王。

◎ 评价

讲岳飞之迹愈多，其耿耿忠心愈明，君之昏庸愈显。

◎ 通典

王子犯法与庶民同罪

隋文帝杨坚（541—604）登上皇位后，能够自律自警，生活节俭，勤政爱民。他告诉自己的孩子说："治理国家，必须树立法制的权威，取信于民。我朝的法律任何人都必须遵守，不管是谁犯了法，都要受到惩处。"他的五个儿子中，三皇子杨俊无视国法，仗势欺人，霸占别人田产，抢夺百姓妻女，干了许多违法乱纪的事。隋文帝知道后，断然下令削去杨俊的官职，依法惩处。这件事在朝野引起了很大的震动。

◎ 评价

隋文帝的严格执法，大义灭亲，坚持了"人无信不立，国无信不昌"的治国原则。这告诉人们：治理国家，必须取信于民。

◎ 通典

用财买官，不如施散家财

有一次，鲁国的南宫敬叔，跟孔子到周朝去，在老聃那儿问礼，在苌弘那儿访求古乐。

当初，南宫敬叔因为家里太有钱了，在国内犯了罪，逃到了卫国去。等一段时间，他又返回鲁国，在朝廷里用许多贵重的物品贿赂官员，想要恢复原来的官职。

孔子知道这件事后就说：“像他这样买官做，那么失去禄位的人，还不如早点变穷了好！”

子游听了，问道：“老师，这是什么意思呢？”

孔夫子说：“有钱的人不讲究礼法，是一种祸殃啊！南宫敬叔由于有钱的缘故，失去他的官位，可是他仍然不肯改过，我恐怕他将来还有祸患哩！”

南宫敬叔得知了孔夫子的这一番话，便立刻遵循礼法，把财产施舍掉了。

◎ 评价

孔子对于这种不讲礼法的买官行为进行了批判，强调了“彼为善之，小人之使为国家，灾害并至”的道理。

中庸

静，谓心不妄动；安，谓所处而安；
虑，谓处事精详；得，谓得其所止。

第一章 天命

本章先讲天命。这里讲的命，不是指富贵、贫贱、寿夭等命定内容，而是指个人的禀赋而言。人的禀赋是自然形成的，这就是含有道德内容的性。人人遵循各自的性，在日常生活中，就知道当做什么，不当做什么，这就有了常规，这就是道。从道入手，修饰品节，这就是教化。从道不可片刻离开引入话题，强调在《大学》里面也阐述过的“慎其独”的问题，要求人们加强道德自觉，谨慎地休养自己。

在个人修养中特别提出了“中和”这一范畴，进入全篇的主题。“中和”是儒学的重要概念之一，历来人们对其有各种各样的理解。本章是从情的角度切入，对“中和”作出基本的解释。按照本章的意思，在一个人还没有表现出喜怒哀乐的情感时，心中是平静的，不偏不倚的，所以叫做“中”。喜怒哀乐总是要表露出来的，但表露出来要有节度，无过无不及，这就叫做“和”。人人都达到“中和”的境界，整个社会大家都心平气和，社会和自然界很和谐，天下也就太平无事了。这里讲的“中和”，实际就是中庸。前人说：“以性情言之，则曰中和；以德行言之，则曰中庸。”大体不错。

本章具有全篇纲要的性质，所谓“一篇之体要”。其下十章，大都围绕本章内容而展开。用朱熹的话来说是“子思引夫子之言，以终此篇之义”。的确都是引孔子的话。

朱熹曰：“子程子曰：‘不偏之谓中，不易之谓庸。中者，天下之正道；庸者，天下之定理。’此篇乃孔门传授心法，子思恐其久而差也，故笔之于书，以授孟子。其书始言一理，中散为万事，末复合为一理，'放之则弥六合，卷之则退藏于密'，其味无穷，皆实学也。善读者玩索而有得焉，则终身用之，有不能尽者矣。"

原典

天命之谓性[①]，率性[②]之谓道，修道之谓教。道也者，不可须臾离也，可离非道也。是故君子戒慎乎其所不睹，恐惧乎其所不闻。莫见（xiàn）乎隐，莫显乎微[③]。故君子慎其独也。喜怒哀乐之未发，谓之中(zhòng)[④]；发而皆中节[⑤]，谓之和。中也者，天下之大本也；和也者，天下之达道也。致[⑥]中和，天地位焉，万物育焉。

注释

①天命：天赋。朱熹解释说："天以阴阳五行化生万物，气以成形，而理亦赋焉，犹命令也。"(《中庸章句》)所以，这里的天命（天赋）实际上就是指人的自然禀赋，并无神秘色彩。

②率性：遵循本性。率，遵循，按照。

③莫：在这里是"没有什么更……"的意思。见：显现，明显。乎：于，在这里有比较的意味。

④中：符合。

⑤节：节度法度。

⑥致：达到。

译文

人的自然禀赋叫做"性"，顺着本性行事叫做"道"，按照"道"的原则修养叫做"教"。"道"是不可以片刻离开的，如果可以离开，那就不是"道"了。所以，品德高尚的人在没有人看见的地方也是谨慎的，在没有人听见的地方也是有所戒惧的。越是隐蔽的地方越是明显，越是细微的地方越是显著。所以，品德高尚的人在一人独处的时候也是谨慎的。喜怒哀乐没有表现出来的时候，叫做"中"；表现出来以后符合节度，叫做"和"。"中"，是人人都有的本性；"和"，是大家遵循的原则。达到"中和"的境界，天地便各在其位了，万物便生长繁育了。

古注

（天命之谓性，率性之谓道，修道之谓教。）

朱熹注："命，犹令也。性，即理也。天以阴阳五行化生万物，气以成形，而理亦赋焉，犹命令也。于是人物之生，因各得其所赋之理，以为健顺五常之德，所谓性也。率，循也。道，犹路也。人物各循其性之自然，则其日用事物之间，莫不各有当行之路，是则所谓道也。修，品节之也。性道虽同，而气禀或异，故不能无过不及之差，圣人因人物之所当行者而品节之，以为法于天下，则谓之教，若礼、乐、刑、政之属是也。盖人之所以为人，道之所以为道，圣人之所以为教，原其所自，无一不本于天而备于我。学者知之，则其于学知所用力而自不能已矣。故子思于此首发明之，读者所宜深体而默识也。"

（道也者，不可须臾离也，可离非道也。是故君子戒慎乎其所不睹，恐惧乎其所不闻。）

朱熹注："道者，日用事物当行之理，皆性之德而具于心，无物不有，无时不然，所以不可须臾离也。若其可离，则为外物而非道矣。是以君子之心常存敬畏，虽不见闻，亦不敢忽，所以存天理之本然，而不使离于须臾之顷也。"

（莫见乎隐，莫显乎微。故君子慎其独也。）

朱熹注："幽暗之中，细微之事，迹虽未形而几则已动，人虽不知而己独知之，则是天下之事无有着见明显而过于此者。

是以君子既常戒惧，而于此尤加谨焉，所以遏人欲于将萌，而不使其滋长于隐微之中，以至离道之远也。”

（喜怒哀乐之未发，谓之中；发而皆中节，谓之和。中也者，天下之大本也；和也者，天下之达道也。）

朱熹注：“喜、怒、哀、乐，情也。其未发，则性也，无所偏倚，故谓之中。发皆中节，情之正也，无所乖戾，故谓之和。大本者，天命之性，天下之理皆由此出，道之体也。达道者，循性之谓，天下古今之所共由，道之用也。此言性情之德，以明道不可离之意。”

（致中和，天地位焉，万物育焉。）

朱熹注：“自戒惧而约之，以至于至静之中，无少偏倚，而其守不失，则极其中而天地位矣。自谨独而精之，以至于应物之处，无少差谬，而无适不然，则极其和而万物育矣。盖天地万物本吾一体，吾之心正，则天地之心亦正矣，吾之气顺，则天地之气亦顺矣。故其效验至于如此。此学问之极功、圣人之能事，初非有待于外，而修道之教亦在其中矣。是其一体一用虽有动静之殊，然必其体立而后用有以行，则其实亦非有两事也。故于此合而言之，以结上文之意。”

今论

南怀瑾：“‘天命之谓性’，自然之道，就是见道。‘率性之谓道’，就是修道。‘修道之谓教’是行道。见道以后如何去修道，修道以后如何去行道。这个道要注意，不是学佛的那个道，也不是道家修长生不老之道；这个道——天人之际，人同天两个不相隔离的，人同鬼神也不相隔离的；以人为中心、人道为中心，如何去明道而起行的道，这就是‘修道之谓教’。”

南怀瑾：“做功夫修养，不可以有一刹那离开道的，好像叫我们修道的人要小心，随时要在修道。事实上进一步说，这个‘不可’啊！事实上教我们认清楚‘见道’的方面。人，生来各个有道，就是自己忘记了。”

阅典笔记

这是《中庸》的第一章，从道不可片刻离开引入话题，强调在《大学》里面也阐述过的“慎其独”的问题，要求人们加强自觉性，真心诚意地顺着天赋的本性行事，按道的原则修养自身。

解决了上述思想问题后，本章才正面提出“中和”（即中庸）这一概念，进入全篇的主题。

作为儒学的重要概念之一，历来对“中和”有各种各样的理解。本章是从情感的角度切入，对“中”“和”作正面的基本解释。按照本章的意思，在一个人还没有表现出喜怒哀乐的情感时，心中是平静淡然的，所以叫做“中”；但喜怒哀乐是人人都不可避免的，它们必然要表现出来，表现出来而符合常理，有节度，这就叫做“和”。二者协调和谐，这便是“中和”。人人都达到“中和”的境界，大家心平气和，社会秩序井然，天下也就太平无事了。

《中庸》原来也是《礼记》中的一篇，一般认为它出于孔子的孙子子思（前483—前402）之手。据《史记·孔子世家》记载，孔子的儿子名叫孔鲤，字伯鱼；伯鱼的儿子名叫孔伋，字子思。孔子去世后，儒家分为八派，子思是其中一派。荀子把子思和孟子看成是一派。从师承关系来看，子思学于孔子的得意弟子之一曾子，孟子又学于子思；从《中庸》和《孟子》的基本观点来看，也大体上是相同的。所以有“思孟学派”的说法。后代因此而尊称子思为“述圣”。不过，现存的《中庸》已经经过秦代儒者的修改，大致写定于秦统一全国后不久。所以名篇方式已不同于《大学》，不是取正义开头的两个字为题（《论语》和《孟子》都是以本篇开头的两个字作为篇章的名称），而是撮取文章的中心内容为题了。

早在西汉时代就有专门解释《中庸》的著作，《汉书·艺文志》载录有《中庸说》二篇，以后各代都有关于这方面的著作相沿不绝。但影响最大的还是朱熹的《中庸章句》，他把《中庸》与《大学》、《论语》、《孟子》合在一起，使它成为“四书”之一，成为后世读书人求取功名的阶梯。

朱熹认为《中庸》“忧深言切，虑远说详”，“历选前圣之书，所以提挈纲维，开示蕴奥，未有若是之明且尽者也”（《中庸章句 · 序》），并且在《中庸章句》的开头引用程颐的话，强调《中庸》是“孔门传授心法”的著作，“放之则弥六合，卷之则退藏于密”，其味无穷，都是实用的学问，善于阅读的人只要仔细玩味，便可以“终身用之，有不能尽者矣”。

程颐的说法也许有些夸张，但《中庸》的确内容丰富，不仅提出了“中庸”作为儒家的最高道德标准，而且还以此为基础讨论了一系列的问题，涉及儒家学说的各个方面。所以，《中庸》被推崇为“实学”，被视为可供人们“终身用之”的经典，这也绝不是偶然的。

触类旁通

◎ 通典

袁了凡

袁了凡，原名袁黄，字坤仪，江苏省吴江县（今属江苏）人。年轻时入赘到浙江省嘉善县殳姓人家，并为嘉善县的公读生。他于明穆宗隆庆四年(1570)中举，于明神宗万历十四年(1586)中进士，奉命到河北省宝坻县做县长。七年后升拔为兵部“职方司”的主管人，任中恰逢日寇侵犯朝鲜，朝鲜向中国求救兵。当时的“经略”（驻朝鲜军事长官）宋应昌奏准请了凡为“军前赞画”（参谋长）的职务，并兼督导支援朝鲜的军队。提督李如松掌握兵权，假装赐给高官俸禄与日寇谈和，日寇信以为真，没有设防，李如松发动突击，攻破形势险要的平壤，打败了日寇。

袁了凡当面指责李如松，坚持认为不应用诡诈的手段对付日寇，因为这样有损大明朝的国威，而且李如松手下的士兵随便杀害百姓，并以所得人头数来记功。李如松发怒，不但不接受劝诫，反而独自带着军队东走，使得袁了凡所率领的军队孤立无援。日寇因而乘机攻击袁了凡的军队，所幸袁了凡

机智应对，将日寇击退。而李如松的军队，最后却被日寇击败了，他想要脱却自己的罪状，反而以十项罪名弹劾袁了凡。很快地，袁了凡被提审，终于在“拾遗”（谏官）的仕内，被迫停职返乡。在家里，袁了凡非常恳切、认真地行善直到去世，享年七十四岁。

明熹宗天启年间，袁了凡的冤案终于真相大白，朝廷追叙了袁了凡征讨日寇的功绩，赠封他为“尚宝司少卿”。袁了凡从当学生时，就非常喜欢研究学问，书不论古今，事不分轻重，他都认真研究，并且非常通达。其涉猎面之广，令人自愧不如，如星象、法律、水利、理数、兵备、政治、堪舆等。

袁了凡在宝坻县当县长时，非常注重人民的福利，常常想做些有利地方的事情。宝坻县当时常有水灾泛滥，袁了凡于是积极兴办水利，将三汊河疏通，筑堤防以抵挡水患侵袭，并且教导百姓沿着海岸种植柳树，每当海水泛滥，挟带沙土冲上岸时，遇到柳树就积挡下来，久而久之变成一道堤防。于是袁了凡又督导百姓在堤防上建造沟渠，并鼓励百姓耕种。因此，荒废的土地渐渐地被开垦，袁了凡又免除百姓种种杂役以便民，使得百姓安居乐业。

袁了凡家里并不富有，可是他却非常喜欢布施，家居生活俭朴，每天诵经持咒，参禅打坐，修习止观。不管公私事务多忙，早晚定课从不间断。袁了凡写下四篇短文，当时命名为《戒子文》，用来训诫他儿子，就是后来广行于世的《了凡四训》这本书。

《了凡四训》共一万一千六百多字，由《立命之学》《改过之法》《积善之方》《谦德之效》四篇文章组成。其中《立命之学》是他六十九岁晚年之作，《改过之法》和《积善之方》是他早年《祈嗣真诠》中的两篇，《谦德之效》是以前的《谦虚利中》篇。

在《了凡四训》里，袁了凡以其毕生的学问与修养，融通儒道佛三家思想，用自己的亲身经历，结合大量真实生动的事例，告诫世人不要被“命”字束缚手脚，要自强不息，改造命运。《了凡四训》蕴含着中国文化深邃的智慧，被誉为“东方第一励志奇书”，问世以来深受推崇，被佛教界称赞为积德行善、改造命运的典范而广为印行，流传足有几千万册。袁了凡及其《了凡四训》对提高人们的道德素质、改造社会产生了重大影响。

袁了凡的夫人非常贤惠，经常帮助他行善布施，并且记下所做的功德。因为她没有读过书，不会写字，因此用鹅毛管沾红墨水，每天在历书上做记号。有时袁了凡较忙，当天所做功德较少，她就皱眉头，希望先生能多做些善事。

有一次，她为儿子裁制冬天的大袍子，想买棉絮做内里。

袁了凡问："家里有丝绵又轻又暖和，为什么还买棉絮呢？"

了凡夫人答："丝绵较贵，棉絮便宜，我想将家里的丝绵拿去换棉絮，这样可以多裁几件棉袄，赠送给贫寒的人家过冬！"

袁了凡听了非常高兴，说："你这样虔诚地布施，不怕我们孩子没有福报了！"

他们的儿子袁俨，后来中了进士，最后以广东省高要县的县长退休。

通过袁了凡的事迹，我们见到了修善积德的好处。

◎ 评价

知道袁了凡的人，肯定也知道他修善积德改变了命运定数的事。据说，有一位精通《易经》的道士曾为他算过一卦，说他几时中举得几甲，几时得贡多少石，说他命中无子，说他缺少官禄……他起初并不相信，可接下来，他的人生轨迹却果然沿着道士的预言并无丝毫偏差。于是，他弃国子监之学而四处云游，却得云谷法师指点：命理只限定凡人的数。于是，他开始修善积德，既得了官，亦得了子。此事在留传中不知是否加进了玄虚的成分，但有一点是毋庸置疑的，修善积德，内求诸己是放之于四海而皆准的道理。

◎ 通典

杨文修

杨文修，南宋医学家。其母体弱多病，其父忙于农事，因而料理家务、服侍病人的担子几乎都压在文修的身上。后来，文修母亲的身体更衰弱了，文修只好在十岁那年忍痛辍学，承担全部家事。但是，文修总想方设法挤时间，攻读经史子集等经典著作。十六岁那年，一年一度的秋考将要来临，父亲叫文修应试，也好得个一官半职。但是，为了服侍母亲，文修决意不去参加考试。父亲责儿不思上进。文修哀求道："母亲病在床上，儿子怎可撒手不管，去谋求功名利禄呢？"父亲被文修的孝心感动了，便让他留在家中伺候母亲。

为医治母亲的病，文修经常奔波在医家与药铺之间。一个阴雨蒙蒙的下午，文修看见一个道士模样的人淋在雨中赶路，便招呼他到自己的伞下同行，还跟他谈起母亲的病情。道士向文修传授了一个叫"神仙粥"的秘方，他神秘兮兮地说："亲子斋戒一日，割股肉半两，取糯米二两，用文火熬粥一碗，分三天服完，令堂之病即愈。"文修大喜。

第二天傍晚，文修走进书房，紧握利刀，照着屁股割下一块盏口大的肉。顿时，血流如注，他双腿发抖，一个趔趄痛倒在地上。大约半个时辰之后，他支撑着爬起来，忍着钻心的疼痛熬好粥，端给母亲服用。

三天过去，粥服完了，母亲的病却没有好转的迹象。又是三天过去了，母亲的病反而有加重的趋势，文修这才认为道士的秘方纯属妖讹谎诈之说。从此以后，文修决心学好医术，为母亲治病。两个月后，文修的伤口愈合了，便买来一大批医药著作。

正当文修准备学好医术为母亲治病的时候，母亲撒手人寰，举家哀恸。母亲的坟墓准备建在附近桐冈山（在全堂村东侧）上，出于孝敬的意念，文修捧土筑坟。他日夜在山上劳作，躬着腰，用一抔一抔的黄土堆筑坟墓。十多天之后，一座坟墓居然出现在竹木丛中。乡亲们看见了，都十分惊奇，说文修的孝心感动上苍，坟墓是一大群孝鸟帮他建筑的。这无稽之言，却折射出乡亲对文修孝行的赞誉。母亲入土之后，文修在坟墓右侧，建了三间草庐。以后，他住在草庐，一面守孝，一面攻读医书、钻研医术，为乡亲除病，慰藉母亲在天之灵。

文修的孝行传遍乡里，知县要把他的事迹上报知府。文修婉言谢绝，说：

“侍奉父母是天经地义的事，为此，我连自己的身体也不顾了。身体不顾的人，还会顾名誉吗？”文修的高风亮节，让知县非常感动。

淳熙九年（1182），浙江发生饥荒，朱熹以常平盐事使的职位，视察浙东，莅临诸暨，听闻文修的孝德，便邀约文修在义安精舍（今枫桥镇中所在地）叙谈。朱熹是儒学的一代宗师，又比文修年长九岁，所以一见面，便以长者的身份慢条斯理地对文修说：“我记得《孔子家语》上，有几句孔子褒奖子路的话，说‘由啊，你侍奉父母，可以说是生时尽力，死后尽心哪！’这几句褒奖子路的话，你也受之无愧啊！你可称得上‘浙东第一大孝’了！”文修连忙拜谢，跪在地上，说道：“宗师过奖了，晚辈岂可与贤人相提并论，岂敢获此殊荣呢！”这一天，朱熹和文修谈孝道，谈医术，谈理学，也谈天文、地理，切磋到傍晚时分。

嘉熙元年（1237），一代大孝、名医杨文修谢世，享年九十九岁。

◎ 评价

杨文修的品节修养，堪为后人学习的典范。

第二章 时中

本章提出了“时中”的概念。《论语·先进》中记载：“子贡问：‘师与商也孰贤？’子曰：‘师也过，商也不及。’对：‘然则师愈与？’子曰：‘过犹不及。’”这是对“中”的解释的根据之一。但“中无定体，随时而在”，就是说“中”处于变动不居之中，这就需要随时处“中”，这就是“时中”。“时中”和“在中”是两种不同的存在方式，但都是“中”，只是有静态、动态之分罢了。君子有此德行，而又不随时处“中”，戒慎恐惧，所以能体现中庸。小人不知修养，任意妄为，自然会肆无忌惮，好走极端，和中庸相反。

朱熹曰：“子思述所传之意以立言：首明道之本原出于天而不可易，其实体备于己而不可离，次言存养省察之要，终言圣神功化之极。盖欲学者于此反求诸身而自得之，以去夫外诱之私，而充其本然之善，杨氏所谓一篇之体要是也。其下十章，盖子思引夫子之言，以终此章之义。”

原典

仲尼曰[①]：“君子中庸[②]，小人反中庸。”君子之中庸也，君子而时中[③]。小人之中庸也[④]，小人而无忌惮[⑤]也。

注释

①仲尼：即孔子，名丘，字仲尼。

②中庸：即中和。庸，“常”的意思。

③时中：随时而处中。

④小人之中庸也：王肃本作“小人之反中庸也”，程、朱版从之。

⑤忌惮：顾忌和畏惧。

译文

仲尼说：“君子中庸，小人违背中庸。君子之所以中庸，是因为君子随时做到适中，无过无不及；小人之所以违背中庸，是因为小人肆无忌惮，专走极端。”

古注

（君子中庸，小人反中庸。）

朱熹注：“中庸者，不偏不倚、无过不及，而平常之理，乃天命所当然，精微之极致也。惟君子为能体之，小人反是。”

（君子之中庸也，君子而时中。小人之中庸也，小人而无忌惮也。）

朱熹注：“君子之所以为中庸者，以其有君子之德，而又能随时以处中也。小人之所以反中庸者，以其有小人之心，而又无所忌惮也。盖中无定体，随时而在，是乃平常之理也。君子知其在我，故能戒谨不睹、恐惧不闻，而无时不中。小人不知有此，则肆欲妄行，而无所忌惮矣。”

今论

南怀瑾：“真正一个明道、见道、悟道、修道的人，随时随地都在道中行；等于学佛的人讲，随时随地都在定中，都在那个境界里头。小人怎么样反中庸呢？无所忌惮，没有一种正的心理，没有严肃自己的心理。等于我们用禅宗的话来说，达摩祖师讲禅宗：‘一念回机，便同本得。’那么说君子随时念念回机；小人呢？念念放肆。”

阅典笔记

孔子的学生子贡曾经问孔子：“子张和子夏哪一个贤一些？”孔子回答说：“子张过分，子夏不够。”子贡问：“那么是子张贤一些吗？”孔子说：“过分与不够是一样的。”（《论语·先进》）

这一段话是对“君子而时中”的生动说明。也就是说，过分与不够貌似不同，其实质却都是一样的，都不符合中庸的要求。中庸的要求是恰到好处，如宋玉笔下的大美人东家之子：“增之一分则太长，减之一分则太短；著粉则太白，施朱则太赤。”(《登徒子好色赋》)

所以，中庸就是恰到好处。

触类旁通

◎ 通典

说话要慎重

有个人家里办喜事，摆了几十桌酒菜，可是看看时间过了，还有很多客人没来，于是心里着急，便脱口而出道：“怎么回事，该来的客人都还不来？”一些敏感的客人听到了，心里就想：“该来的没来，那我们是不该来的喽？”觉得如果再待下去的话，就会被主人说不要脸了，于是便悄悄地走了。

主人一看，急了，这可不得了，又走掉好几位客人，而那些没来的客人仍然没来，心里越发急躁了，便说：“这些不该走的客人，怎么反倒走了呢？”剩下的客人一听，又想：“走了的是不该走的，那我们这些没走的倒是该走了？”于是又走了几位客人。

最后只剩下一个跟主人较亲近的朋友，目睹这种场面，就劝他说：“你说话前应该先考虑一下。你看现在的情形，说错的话就像泼出去的水，一旦说错了，就不容易收回来了。”主人大叫冤枉，急忙解释说：“我并不是叫他们走啊！”朋友听了很是愤怒，说：“不是叫他们走，那就是叫我走了！”说完，头也不回地离开了。

◎ 评价

说话真的非常重要，沟通的艺术是一门很深的学问。说话时一定要看场合，面对不同的对象，要说不同的话语。话稍不慎，便会伤人，得罪他人，造成不必要的隔阂。老话说得好：祸从口出。

第三章 鲜能

"德行就是中道"，中庸就是人生至高无上的道德境界。正如古希腊哲学家亚里士多德所说："中道行为使人成功"，"美德乃是一种中庸之道"。

正因为中庸是最高的道德境界，所以难以把持。不偏不倚，无过无不及，在两端中寻求契合点，在动静变化中做到恰到好处，的确是件很难的事。

朱熹曰："此下十章，皆论中庸以释首章之义。文虽不属，而意实相承也。变和言庸者，游氏曰：'以性情言之，则曰中和，以德行言之，则曰中庸是也。'然中庸之中，实兼中和之义。"

原典

子曰："中庸其至①矣乎！民鲜能久矣②！"

注释

①至：极致，顶点。

②鲜：少，不多。

译文

孔子说："中庸大概是最高的德行了吧！但人们很少能够做到，这种状况已经很久了！"

古注

（中庸其至矣乎！民鲜能久矣！）

朱熹注："过则失中，不及则未至，故惟中庸之德为至。然亦人所同得，初无难事，但世教衰，民不兴行，故鲜能之，今已久矣。论语无能字。"

今论

南怀瑾："懂得明心见性、修心养性这个道理的，没有了。这是引用孔子对中庸的感叹。"

阅典笔记

正因为中庸是最高的德行，最高的道德标准，所以，很少有人能够真正实行它。

这样说来，中庸之道是不是也只能作为一种理想的道德规范而加以提倡呢？

触类旁通

◎ 通典

"中庸"并非做不到

中庸之道并不是什么虚无缥缈、可望而不可即的思想，现实生活中良好的语言表达与得体的待人接物行为都是中庸之道。说话时既不出言不逊，出口伤人，又切中要害，阐明主旨；遣词造句既符合说话的场合，又符合自己的身份；恰到好处地表达出自己的观点，既妙语连珠，又不给人以夸夸其谈的坏印象：做到这些，就可以说达到了中庸的境界。

举例来说，客气话是我们用来表达恭敬和感激时的常用语言，恰当地说说客气话，可以拉近我们与他人之间的距离，为我们建立良好的人际关系。可是如果客气话说多了，就会流于浮滑，显得有些虚伪，适得其反。比如有人递给我们一杯茶，我们只说一声谢谢也就够了，说多了反而很不恰当，就好像姜昆说的一段有名的相声《踩脚》中描述的那样，一个人踩了另一个人的脚，这原本是一件小事，那位踩人脚的人却从科技到网络，再到国际新闻、政治形势，天南地北地无所不侃，本来只是说一句表达歉意的话的事，但让这个人一说就十分令人生厌。

再比如在语言表达时适当地配合以肢体动作能够起到加强语言效果的作用，然而在历史上记载了1933年的一次冗长的演讲纪录，一位名叫爱兰德尔的美国参议员为了通过“私刑拷打黑人的案件归联邦法院审判”的法案，竟然在参议院高谈阔论了5天之久，据说他在讲台前踱步75公里，做了无数个手势。另一次长得过分的演讲发生在1812年，一个众议员用马拉松式的演讲想阻止通过美对英宣战的决议，但是这场演讲也太长了，直到战火烧到家门口，形势已经迫在眉睫，这位议员仍在喋喋不休。时到半夜，听众在席上昏昏欲睡，最后，一个议员急中生智，将一个痰盂扔到演讲者头上，才终止了他的发言。可惜最终还是通过了宣战决议。这两位演讲者虽然这么能说会道，但是只是流于表面形式罢了。他们都忽略了“中庸”的做事原则，不知道做事恰到好处才能获得良好的结果。

◎ 评价

中庸之道虽然看似平常，然而越平常的事情往往越难做到。不过虽然中庸之道“民鲜能久矣”，但它并非是不能做到的事情。

第四章

行明

行是实践，明是认知。贤与不肖是对立的两种现象。智者做得过头，愚者做得不够，还是过与不及的关系。正因为要么太过，要么不及，所以，总不能做得恰到好处。

贤者与不肖者便如此。其根本在于认识，就好比人们每天都在吃喝，但很少有人真正品出滋味一样，缺乏对道的真知。人生的成就，就取决于对那个神秘的限度的把握。生命的意义，不在于拥有什么，也不在于走了多远，而在于我们感悟到了什么。

原典

子曰："道①之不行也，我知之矣。知者②过之，愚者不及也。道之不明也，我知之矣。贤者过之，不肖者③不及也。人莫不饮食也，鲜能知味也。"

注释

①道：即中庸之道。

②知者：即智者，与愚者相对，指智慧超群的人。知，同"智"。

③不肖者：与贤者相对，指不贤的人。

译文

孔子说："中庸之道不能实行的原因，我知道了：聪明的人自以为是，认识过了头；愚蠢的人智力不及，不能理解它。中庸之道不能彰显的原因，我知道了：贤能的人做得太过分：不贤的人根本做不到。就像人们每天都要吃喝，却很少有人能够真正品出滋味。”

古注

（道之不行也，我知之矣。知者过之，愚者不及也。道之不明也，我知之矣。贤者过之，不肖者不及也。）

朱熹注：“知者之知，去声。道者，天理之当然，中而已矣。知愚贤不肖之过不及，则生禀之异而失其中也。知者知之过，既以道为不足行；愚者不及知，又不知所以行，此道之所以常不行也。贤者行之过，既以道为不足知；不肖者不及行，又不求所以知，此道之所以常不明也。”

（人莫不饮食也，鲜能知味也。）

朱熹注：“不可离，人自不察，是以有过不及之弊。”

今论

南怀瑾：“孔子的感叹：学道很简单，吃干饭一样，世界上人人都吃饭，没有一个人懂得吃饭。孔子就讲了这句话，古文就是‘人莫不饮食也，鲜能知味也’。一般人吃饭都是匆匆忙忙把饭吞进去，装到肚子里，算吃了一顿，没有晓得饭是什么味道。馒头面粉是什么味道都不知道。”

阅典笔记

还是过与不及的问题。正因为要么太过，要么不及，所以，总是不能做得恰到好处。而无论是过还是不及，无论是智还是愚，或者说，无论是贤还是不肖，都是因为缺乏对“道”的自觉性，正如人们每天都在吃吃喝喝，但很少有人真正品味一样。人们虽然也在按照一定的道德规范行事，但由于自觉性不高，在大多数情况下不是做得过了头就是做得不够，难以达到“中和”的恰到好处。所以，提高自觉性是推行中庸之道至关重要的一环。

触类旁通

◎ 通典

体悟美好日子

没有钱供孩子上学，没有钱去旅游，没有钱买房子，没有好的人际关系，没有贤惠的妻子，没有有权有势的老子……这样的日子可真是不好过啊！

但是，也有人在拥有这一切之后，还是觉得日子难过，就像下面这个故事中的商人。

一天，这位商人来到智者面前，说："先生，我希望你能为我指点迷津。虽然我很有钱，但所有的人都对我横眉冷对。生活真像一个战场，充满了厮杀，我什么时候才能过上好日子呢？"

"停止厮杀，好日子自然就来了！"智者回答他。

商人感到这样的告诫根本就没有用，他带着失望离开了智者。

在接下来的几个月里，商人心情糟糕透了，他与身边每一个人争吵，由此结下了不少冤家。一年以后，他心力交瘁。

他又去找智者："唉，先生，现在我不想跟人家斗了。但是生活还是如此沉重，我什么时候才能过上好日子呢？"

"把担子卸掉，这样好日子就来了！"智者回答。

商人对这样的回答很气愤，怒气冲冲地走了。

接下来的一年当中，他的生意遭遇挫折，并最终失去了所有的财富。就连自己的妻子和孩子都弃他而去了。

他再一次向这位智者讨教："先生，我现在已经两手空空，一无所有，生活里只剩下了悲伤。"

"那就不要悲伤，好日子就来了！"

商人已经预料到智者会这样答复。这一次，他没有了以前的愤怒，只是忧郁地陷入了深思。

有一天，商人突然悲从中来，伤心地号啕大哭了起来，这样持续了几天，几个星期，甚至几个月。最后，商人的眼泪哭干了。他抛下一切负担，睡了一觉，醒来时，他看到早晨和煦的阳光正普照着大地。于是商人又来到了智者那里。

"先生，生活到底是什么呢？好日子怎样才能得到？"

智者抬头看了看天，微笑着回答道："一觉醒来又是新的一天，你没看见太阳每天都照常升起吗？每一天都是好日子啊！"

◎ 评价

是啊，每一天都是好日子，只是我们的日子太平庸了，于是我们不断地去追求不平庸的生活。可是随着岁月的消逝，当有一天，我们蓦然回首时，终会发现：幸福的好日子其实一直在我们身边，不曾离去半步，只是我们忘了去细细地体悟它。

触类旁通

◎ 通典

乐观旷达心自适

苏轼曾自道有"一肚子的不合时宜"，他乐观、旷达，并能在失意甚至性命攸关时，幽自己一默。元丰年间的乌台诗案中，苏轼因被人告发其诗中有诽谤朝廷之意而获罪，被关押于御史台牢狱中等候裁决。入狱之前，苏轼与长子苏迈约定，如无异常情况，则送来的食物只需菜与肉即可；若有不测，则以鱼代替二物。苏迈自然遵命。一个多月后，苏迈因故外出，便委托一位亲戚代为送食，慌乱之间，忘了告诉亲戚他和苏轼的约定。巧的是，这位亲戚刚好得到别人送的鱼，于是将之煮熟，送至牢中与苏轼品尝。苏轼一见送来的是鱼，大惊失色，以为杀身之祸将至，遂作二诗，以道心境。诗境凄凉无奈，不过中间一句却让人忍俊不禁："梦绕云山心似鹿，魂飞汤火命如鸡。"

若将经历苏轼遭遇的人物换作同样是大文豪的唐人韩愈，恐怕就幽默不起来了。据《唐国史补》中记载，韩愈与宾客一起攀上华山的最高峰，受困于半途，不能上不能下。韩愈自忖生还无望，于是"作遗书，发狂恸哭"。后来华阴县令千方百计将他营救下来。同样是面临生死绝境，韩愈还是缺了点苏轼自嘲自娱自乐的本领。苏轼的幽默所包蕴的不仅是嬉笑诡讽的机敏与睿智，更有着洞达人生的通透与旷达。

再比如同是贬谪，韩愈的《左迁至蓝关示侄孙湘》写的是何等的凄凉境况："一封朝奏九重天，夕贬潮州路八千。欲为圣明除弊事，岂将衰朽计残年。云横秦岭家何在，雪拥蓝关马不前。知汝远来应有意，好收吾骨瘴江边。”言下之意，韩愈早无活着再回朝堂的信心，更别说乐观积极地面对前路艰险。

苏轼则不然，几度迁谪途中，他总有“也无风雨也无晴”之类充满乐观昂扬情绪的诗句。

◎ 评价

黄庭坚曾说苏轼胸中有洪炉，故能陶冶万物，点铁成金。诚哉此言！“不以物喜，不以己悲”已是难能可贵，境由心生而不心随境转，从而化悲苦为闲适、视棘途如大道，那就更是难上加难了。

第五章

不行

朱熹说："由不明，故不行。"由于人们对道的内容和重要性没有深入的了解，所以不能实行之。

于是，在各种色彩的旗帜下，都有一个理由，就是标榜着所谓的"正义"或"道"。

其实，天地之道是存在的，也在依照固有的必然法则运行着，引导着世界的发展。它深隐在各种现象的背后，以难以察觉的方式和自然之力影响着事物的进程，规定着前进的方向。

原典

子曰："道其不行矣夫（fú）①。"

注释

①其：表示推测的语气助词。夫：语尾词，表示感叹。

译文

孔子说："中庸大概不能实行了吧。"

古注

（道其不行矣夫！）

朱熹注："由不明，故不行。"

今论

南怀瑾："拿现在话翻，孔子就说，唉呀，算喽！这个事情不行了！不行就是不行！就是孔子不想传道了。他说这个不行了，道行不开了。"

阅典笔记

孔子一生周游列国，修书教学，他的目的就是要向世人推广教化的作用，使人们的思想行为合乎大道，使天下安定，人民得以安居乐业。这其中也包括弘扬中庸之道。然而，孔子的游历弘道却处处碰壁，他不由得发出感慨。

不过能够达到中庸境界的人毕竟不是很多，不能与这样的人交往，就要选择激进的人和耿直的人来交往。这两类人虽然都有缺点，但是激进的人有思想，有进取心，而耿直的人洁身自爱，对他们的缺点加以节制就可以接近中庸了。这两类人都是值得交往的，比起那些胸无大志、不思进取、为非作歹、不择手段的人不知道要好上多少倍。

正如孔子所认为的那样，事实上能够把中庸上升为哲学思想的人确实为数不多，能够真正认识到"中庸"二字的重要性并把它作为自己的行为准则的人也为数不多。然而我们这些普通人却总会在生活中于不经意中运用中庸的处事原则。所以，并不是说孔圣人感叹"道其不行矣夫"，我们就干脆不用追求中庸之道了。相反，我们应该把生活中的那些因为不经意之间运用的中庸的原则好好地总结一番，并且把它升华为我们为人处世的原则。

孔子所希望的理想社会也许很难达到，然而实践中的中庸之道却并非永远不可实现。相反，它并不是遥不可及的，它并不神秘，距离我们的生活也不遥远，它就深藏在我们的生活之中，与我们的生活切近而又相关。我们的每一个行为，都能折射出中庸的光辉，只在于我们是否真正用心去做。三国时刘备告诫说："毋以恶小而为之，勿以善小而不为。"只要我们认真体悟并加以总结，在行动中尝试运用，就一定会有所收获。

触类旁通

◎ 通典

生活中的"中庸"

有一个公司宣布了裁员名单，小王的名字竟然也在其中，他有两个月的时间另寻出路。这种事情摊在谁的身上都会十分难受，小王心里自然也不好过。

从名单宣布的第二天开始，小王的情绪就变得十分激动，好像装了一肚子火药一样，看什么都不顺眼，随时随地都会爆发。想到自己几年来为公司兢兢业业工作居然换来了"被炒"的结局，他的心里不能平衡。于是，他先去找同事诉苦，后来又去找主任诉冤，不久又托人到经理那里说情，根本没有心思干手头上的工作了。然而，他的这些"努力"似乎都没有奏效，这次公司裁员的决心十分坚定。折腾了将近一个月，小王感到精疲力竭，他想既然事情已经没有任何转机了，干脆就死心吧。他一边开始着手寻找新的工作，一边决定把自己应该做的工作继续做好。于是，小王心里渐渐平静了，就像根本没有裁员这回事一样，照样努力地工作着。一晃两个月过去了，奇迹发生了：主任向小王宣布，公司认为他是一个合格的员工，希望他留下来继续工作。

◎ 评价

小王面对裁员这当头一棒，行为从不理智变为理智，其实就是从"过分"到"恰到好处"的转变，结果"化险为夷"。

我们在生活中难免会遇到某种打击或压力，自暴自弃或想入非非是我们所秉持的两个极端态度，而中庸之道告诉我们要"执两用中"。那么中间状态是什么呢？简而言之，就是放弃这两种极端的态度，用理性去分析形势，做应当做的事。

第六章

大知

《礼记正义》曰：此一经明舜能行中庸之行，先察近言而后至于中庸也。

舜之所以大智，在于不自以为是，善于向别人学习，听到不好的话不去计较，听到好的言论到处传播。这样光明正大的行为自然会感动人，谁不愿意把真实的情况告诉他呢？但是，只听到真实情况还不够，还需要善于分析选择。“执其两端，用其中于民。”做到不偏不倚，无过无不及，真正恰到好处。选择好了，还要善于应用，这是一种大智慧。

原典

子曰：“舜其大知①也与！舜好问而好察迩言②，隐恶而扬善，执其两端，用其中于民。其斯以为舜乎③！”

注释

①大知：有很高的才智。知，同“智”。

②迩言：浅近的话。迩，近。

③其：语气词，表示推测。斯，这。“舜”字的本义是仁义盛明，所以孔子有此感叹。

译文

孔子说：“舜可真是具有大智慧的人啊！他喜欢向人请教问题，又善于分析别人浅近话语里的含义。隐藏人家的坏处，宣扬人家的好处。过与不及两端的意见他都掌握，采纳适中的用于老百姓。这就是舜之所以为舜的地方吧！”

古注

(舜其大知也与！舜好问而好察迩言，隐恶而扬善，执其两端，用其中于民。其斯以为舜乎！)

朱熹注："舜之所以为大知者，以其不自用而取诸人也。迩言者，浅近之言，犹必察焉，其无遗善可知。然于其言之未善者则隐而不宣，其善者则播而不匿，其广大光明又如此，则人孰不乐告以善哉。两端，谓众论不同之极致。盖凡物皆有两端，如小大厚薄之类，于善之中又执其两端，而量度以取中，然后用之，则其择之审而行之至矣。然非在我之权度精切不差，何以与此。此知之所以无过不及，而道之所以行也。"

今论

南怀瑾："儒家的标榜有道的人，叫圣人；佛家就标榜叫佛了，超出人世间。儒家有道的人，有道就有用。道而不能用，偏道了！就只能当当教主了。中国文化的'道'同各国文化的"道"不同，得道的人能对人类社会有贡献；没有贡献、功德不圆满，不是道。其实呢，佛家也是一样，佛也提倡大乘道，真悟了道的对人类社会对众生有贡献。所以儒家标榜的道，尧、舜都是得道的人，悟道、修道成功了，所以中国历史上尧活了一百多岁，他那个临死的时候，等于佛家讲的涅槃，安祥而去。"

阅典笔记

隐恶扬善，执两用中，既是不偏不倚、无过无不及的中庸之道，又是杰出的领导艺术。

要真正做到，当然得有非同一般的大智慧。

困难之一在于，要做到执两用中，不仅要有对于中庸之道的自觉意识，而且得有丰富的经验和过人的见识。

困难之二在于，要做到隐恶扬善，更得有博大的胸襟和宽容的气度。对于一般人来说，不隐你的善而扬你的恶就算是谢天谢地了，岂敢奢望他隐你的恶而扬你的善！

如此看来，仅有大智慧都还不一定做得到隐恶扬善，还得有大仁义才行啊！

大智大仁的舜帝毕竟只有一个，不然的话，孔圣人又怎么会感叹又感叹呢？

触类旁通

◎ 通典

谦虚的人才会左右逢源

著名艺术家梅兰芳在一家大戏院演出京剧《杀惜》，逢精彩之处，场内喝彩声不绝于耳。

这时，从戏院里传来一位老人的喊声 ：“不好！不好！”

梅兰芳循声望去，见是一位衣着朴素的老人。于是，戏一下场，梅兰芳就用专车把这位老人接到自己的住处，待如上宾。

梅兰芳恭敬地说 ：“说我孬者，吾师也。先生言我不好，必有高见，定请赐教。”

老者见梅兰芳如此谦恭有礼，便认真地指出 ：“惜姣上楼与下楼之步，按规定，应是上七下八，你为何八上八下？”

梅兰芳一听，深感疏漏，于是低头便拜，称谢不止。以后每次演出，他都请这位老人观看指正。

梅兰芳的谦虚大度，使得自己在艺术造诣与德行操守方面，皆胜人一筹，受人敬重。

◎ 评价

在生活中，那些自高自大、自命不凡的人永远得不到众人的尊重与拥护。只有谦虚的人才会左右逢源。因为他能够放低自己的姿态，放下自己的架子，从来不抬高自己而看轻别人。

第七章

予知

心怀诚笃的人生，是轻松美好的。坦诚相对，就可以少却许多刻意的掩饰。

诚实有什么难以做到的？说一句谎话，需要编造十句谎话来掩饰，这又是何苦呢？聪明反被聪明误。

功利之心如罗网陷阱，于是人们尽显聪明，自以为高明，最终陷于自己罗织的牢笼之中。古人说：宁从拙中取，不于巧中求。拙显其诚，巧却诈伪。

那些曾想选择中庸为立身之道的人，虽然知道适可而止的好处，但欲壑难填，好胜、攀比心切，结果越走越远，无法持守。

正确面对自己的无知，享受已经到手的幸福，争取可能得到的果实，规划明天的目标，这样美好的人生我们为什么不去实现呢？

原典

子曰："人皆曰：'予①知。' 驱而纳诸罟（gǔ）擭（huò）陷阱之中②，而莫之知辟（bì）③也。人皆曰：'予知。' 择乎中庸，而不能期（jī）月④守也。"

注释

①予：我。

②纳：原意为纳入，这里为落入之义。诸："之于"的合音。罟：捕兽的网。擭：装有机关的捕兽的木笼。

③辟：同"避"，躲避，逃避。

④期月：一整月。

译文

孔子说："人人都说自己聪明，可是被驱赶到罗网陷阱中，却不知躲避。人人都说自己聪明，可是选择了中庸之道，却连一个月也不能坚持。"

古注

（人皆曰："予知。"驱而纳诸罟擭陷阱之中，而莫之知辟也。人皆曰："予知。"择乎中庸，而不能期月守也。）

朱熹注："择乎中庸，辨别众理，以求所谓中庸，即上章好问用中之事也。期月，匝一月也。言知祸而不知辟，以况能择而不能守，皆不得为知也。"

今论

南怀瑾："所以，修道的人就是这样，苦难的地方我才来，不苦难的地方要你去干什么？谁不想享受呀，拿菩萨来说，大菩萨的心肠，大圣人都在救世，苦难的事情我来。所以，他不知道回避。孔子讲反面的文章，换别人讲，都说我聪明，你们看看，我哪里聪明，每次都上当，不会晓得逃避，这是讲他的行为。这个行为你懂了，反衬表达出来这个圣人之道，可以牺牲自己，救世为人，救人，这是一个行为上的目的。"

阅典笔记

聪明反被聪明误。

自以为聪明，好走极端，不知适可而止，不合中庸之道，所以往往自投罗网而自己却还不知道。

另外，虽然知道适可而止的好处，知道选择中庸之道作为立身处世原则的意义，但好胜心难以满足，欲壑难填，结果是越走越远，不知不觉间又放弃了适可而止的初衷，背离了中庸之道，就像孔子所惋惜的那样，连一个月都不能坚持住。

生活和工作中，这类现象不都是常见的吗？

触类旁通

◎ 通典

别做自作聪明的"傻子"

其实，"假聪明"与"真糊涂"两者间只有一步之遥。有"假聪明"毛病的人，认为天底下自己是最精明的，别人都是傻子，无论大事小事，都要"谋算"，玩弄心机。结果到头来机关算尽，聪明反被聪明误。还有一类人，总在鸡毛蒜皮的小事上"聪明"，什么东家长李家短，说起话来头头是道，可是一遇到大事就乱了方寸，不知如何是好，自然不可能把事情处理得恰当。其结果正如清末名臣左宗棠所言："凡小事精明，必误大事。"而这样的人和事却屡见不鲜。

有个人去酒吧喝酒，酒喝到一半，突然觉得内急，想上洗手间但是又怕酒被别人喝掉，于是想出一个"聪明"的办法来。他向服务员借了笔和纸，在纸上写了一句"我已在杯中吐了一口痰"，用酒杯压住那张纸，然后就放心地去洗手间了。过了一会儿他回来了，发现酒还在那里，很高兴，但同时他还发现纸条上多了一行字："我也吐了一口。"其实，如果这个人去洗手间之前和服务生打个招呼，然后大大方方地离去，根本不会发生适得其反的事情，这就是典型的自作聪明。

还有一件自作聪明的事情，一个人写了一张纸条放在衣服上，纸条是这样写的："这些衣服的主人是一个拳击手，他曾夺得多次拳击比赛的冠军，所以请不要随便用这些衣服。"然后放心地去游泳了。但是，当他游泳回来后，却发现自己的衣服没有了，而自己留的字条上多了两行字："拿走衣服的是一个短跑健将，如果你能追上我，衣服就还给你。”

像这些自作聪明的事例是举不胜举的，可能在我们身边就发生过很多，只希望我们不要做这样“聪明”的傻子。

◎ 评价

人们常说：“淹死的都是会游泳的。”因为自己会游泳，就以为自己水性好得不得了，无论多深的池塘都敢下，越是别人不敢尝试的招式越想尝试。不知道谦虚谨慎，不懂得适可而止的道理，最后只能品尝自己酿出的苦酒。

第八章

服膺

作为孔子最好的弟子，颜回在毅力方面有过人之处。《论语·雍也》中孔子说："贤哉回也！一箪食，一瓢饮，在陋巷，人不堪其忧，回也不改其乐，贤哉回也！"这说明颜渊不为贫贱所移，能守持君子之道。

君子由于受到了各种理念的约束，不愿违背良知，总是遵循原则，因此，从来不敢懈怠，也不敢放任一次，洁身自好，保持着人格的纯粹，做着孤独的固守。颜子正是这样的君子。

而小人对于中庸，总是持着无所谓的态度，所以做事没有什么顾虑，为所欲为。所以他们总是显得自在而清闲，正如现在的人们所曾鼓吹而奉行的"何不潇洒走一回"。

原典

子曰："回[①]之为人也，择乎中庸，得一善[②]，则拳拳服膺[③]而弗失之矣。"

注释

①回：指孔子的学生颜回。

②善：好。

③拳拳服膺：牢牢地放在心上。拳拳，牢握但不舍的样子，引申为恳切。服，著，放置。膺，胸口。

译文

孔子说："颜回就是这样一个人，他选择了中庸之道，得到了它的好处，就牢牢地把它放在心上，再也不让它失去。"

古注

（回之为人也，择乎中庸，得一善，则拳拳服膺而弗失之矣。）

朱熹注："回，孔子弟子颜渊名。奉持而着之心胸之间，言能守也。颜子盖真知之，故能择能守如此，此行之所以无过不及，而道之所以明也。"

今论

南怀瑾："孔子有时候跟同学两个讲话，与子贡两个在论语上讲，有一天大概坐在那里喝喝茶，不晓得他抽不抽烟，正在那时优哉游哉，子贡过来了，他说：子贡呀，汝与回也孰愈？你看看你与颜回两个比较那个行？子贡说:老师，你不要乱讲。颜回呀，听了你的话，问一而知十，你就告诉他一句，下面十分他都懂了。我吗，问一而知三。他也实在不客气，讲真话。你给我讲一点，三分我都懂了，四分就不懂。孔子听了子贡那么讲，怎么说，弗如也，吾与汝弗如也。他说你讲得对，不要说你不及他，我都不及他。"

南怀瑾："他这里讲，回之为人也，颜回的修道德，修道做人择乎中庸，随时在这个中庸的境界里。择乎中庸，随时抉择，定在这个境界里。"

南怀瑾："拳就是抓，现在讲把握。服膺，膺就是胸中，心中。颜回他说，他认为对的，真正选择了后，要证到这个境界，要定住，定在这个境界上，他就把握得很牢。可见心中随时在这个境界，永远掉不了，绝不会掉了。"

阅典笔记

这是针对前一章所说的那些不能坚持中庸之道的人而言的。

作为孔门的高足，颜回经常被老师推荐为大家学习的榜样，在中庸之道方面也不例外。

一旦认定，就坚定不移地坚持下去。

这是颜回的作为，也是孔圣人"吾道一以贯之"（《论语·里仁》）的风范。

触类旁通

◎ 通典

范仲淹安贫乐道

范仲淹从小家境贫困，两岁丧父，后来随母改嫁山东一朱姓富户家，改名朱说。他因看不惯朱家兄弟奢侈浪费、无所事事的寄生生活，之后离开朱家，独自前往南京求学。他的求学生活极其艰苦，只能寄居寺院，每天只煮一锅稠粥，凉了以后切成四块，早晚各取两块，每次就算是一顿饭。后来他的一位同学看到后，深为敬佩，就回家告诉了父亲，并让人送给范仲淹许多饭菜。

但是几天过去了，那些菜饭原封不动，范仲淹根本就没有看那些食物一眼。那位同学问他为什么不接受。

范仲淹说："我内心十分感激你的厚意，只是我习惯于粗茶淡饭，如果现在很容易地就享受到这种丰盛的美味，那么以后还能吃得下粥吗？"

◎ 评价

只有在为人行事时时刻记得用"中庸"这把尺子衡量一下，才能遵循这一原则走下去，否则稍有松懈就会被贪欲或者惰性打败。

第九章

可均

有着明确的价值取向的事，是容易做到的，我们可以毫不犹豫地作出决定。但是，世间的事，并不是都如“一加一等于二”这样简单明了，很多的事都有着极其复杂的因果联系和历史背景，并与客观世界有着千丝万缕的联系。

要做出合乎天道的判断，则是非常困难的。要做到中庸，则需要大智大勇，需要“威武不能屈，贫贱不能移”的毅力和勇气。

原典

子曰：“天下国家可均也[①]，爵禄可辞也[②]，白刃可蹈也[③]，中庸不可能也。”

注释

①天下：古代天子管辖下的所有地区。国家：天子分封的诸侯国。均：即平，指治理。

②爵：爵位。周代的爵位分公、侯、伯、子、男五等。禄：官吏的薪俸。辞：放弃。

③白刃：闪着亮光的快刀。蹈：踏。

译文

孔子说：“天下国家可以治理，官爵俸禄可以放弃，锋利的刀刃可以践踏而过，中庸却不容易做到。”

古注

（天下国家可均也，爵禄可辞也，白刃可蹈也，中庸不可能也。）

朱熹注："三者亦知仁勇之事，天下之至难也，然不必其合于中庸，则质之近似者皆能以力为之。若中庸，则虽不必皆如三者之难，然非义精仁熟，而无一毫人欲之私者，不能及也。三者难而易，中庸易而难，此民之所以鲜能也。"

今论

南怀瑾："他说国家天下政治之难，这里有一句话是政治哲学，国家，天下，政治，什么难？均匀难。所以，我们三民主义国父的思想，平均地权，平均资本，都是均。生活财富一切的福利，享受，能不能平等均匀最难。如果人人满足，都均匀了，天下太平了。均之难。但是，治天下国家有如此之难，他说虽然难，也不难，可以做到。孔子说也可以做到。"

阅典笔记

孔子对中庸之道持高扬和捍卫的态度。事实上，一般人对中庸的理解往往过于肤浅，看得比较容易。孔子正是针对这种情况有感而发，所以把它推到了比赴汤蹈火、治国平天下还难的境地。其目的还是在于引起人们对中庸之道的高度重视。

触类旁通

◎ 通典

中庸是一种积极的生存之道

在达尔文的进化论里，提出了一个残酷的理论："物竞天择，适者生存。"适应环境，随着环境而改变自己，这样才能顺应中庸之道；反之，则会遭到淘汰。我们做人处世也是一样的，凡事以自己的意志为中心，免不了要遭受挫折和排挤，毕竟别人是没有义务忍受你的个性的。

子轩所在的公司要进行裁员。不过在子轩看来，公司裁员行动应该是和自己没有关系的。他这七年来，一直都是公司财务部的总监，过硬的专业知识和超强的能力使他一直受到老总的器重和赏识。

不过这次情况好像没有子轩想象的那么简单。宣布要进行裁员的当晚，老总竟然打电话给他要他到自己家里去一趟。这次老总带给子轩的是一个坏消息，老总要求子轩考虑一下，是不是可以到分公司的财务部工作。这个要求被子轩当场拒绝了。他相信自己的能力和才华，绝对不应只屈居到一个小小的分公司，况且这样也太没面子了。

子轩和老总不欢而散。临出门的时候，老总还是在后面诚恳地说："你再考虑考虑，考虑好了告诉我。"

"不用了，肯定不行。"子轩头也不回地对老总说。他非常恼火老总的这种行为。这也未免太看低自己了，难道这就是自己这些年来兢兢业业努力工作的结果吗？

几天后，公司裁员名单下来了，随着裁员名单一起下发的，还有公司内部机构调整的名单。虽然遭到了子轩的拒绝，不过老总还是把子轩放在了分公司的财务部。

"能不能给我个理由？"子轩拿着调令找到了老总。

"这是董事会的决定，"老总站起来摊开双手对子轩说，"我想你还是先干一段时间，然后……"

没等老总说完，子轩对老总说："不用再说了，我下午会把辞职信交上来的！"

子轩辞职的时候，老总神色有些黯然："你不能再考虑一下吗？一起合作这么多年，我其实是很欣赏你的，真的不希望失去你这么好的合作伙伴。"老总诚恳地说。子轩摇头，但心里还是小小地震动了一下：原来老总还是赏识自己的，只是形势所迫啊。

"那么好吧，"老总的语气里有些无奈，"晚上你到我家去，我为你饯行。"老总为子轩准备了很丰盛的宴席。来之前子轩打定主意，辞职是一定的了。

奇怪的是，老总真的没有再规劝子轩的意思。吃完饭后，老总对子轩说："时间还早，跟我看一部片子吧，好久没有看电影了。"子轩不知道老总葫芦里卖的什么药，答应下来了。老总播放的电影是一部科学纪录片，描述的是在白垩纪、侏罗纪的时代地球上的种种生物，包括恐龙、鳄鱼、蜥蜴、变色龙等动物。

影片是随着恐龙的灭绝而结束的。子轩站起来要走的时候，老总忽然说了一奇怪的话："那么强大的恐龙都灭绝了，而小小的变色龙却繁衍生息到现在。适者生存，而不是强者生存啊！”回家的路上，子轩在心里回味着老总的这句话。虽然这句话是对影片而发出的感叹，但对他却触动很大。难道自己就是职场上的那只恐龙？

后来，公司里有很多人都奇怪为什么子轩会改变自己的决定，而老总则好像从来没收到过什么辞职信。子轩去分公司的财务部报到了，而且不带一点情绪，工作做得很认真。

半年之后，公司情况好转，同时恢复了子轩的职务。而子轩因为在分公司财务部期间发现了不少以前没有发现的问题，财务总监做得更是得心应手了。

子轩的成功暗合了中庸的意蕴：顺应自然，才能获得更好的发展机会；凭着一时的冲动和盲目的自信，其实未必能取得成功。

◎ 评价

古往今来，适者生存，不适者淘汰。世间万物只有与它所处的环境相适应，才能立足于世。

◎ 通典

奉旨填词柳三变

柳永，初名三变，北宋词人，为婉约词派无可置疑的开山鼻祖，与豪放派词人苏轼被时人称为“豪苏腻柳”。因其迟迟不能考中进士，后改名为永。大家恐怕对其千古名词《雨淋铃》不陌生吧：“多情自古伤别离，更那堪、冷落清秋节。”柳永满腹诗才，却自少年时便混迹于楚谢歌台，与许多妓女结成了惺惺相惜的友谊。他自创了许多长调在烟花巷陌中广为传唱，有“凡有井水处，即可歌柳词”之说。但生活上的放浪形骸却成为其政治生涯中的致命缺点，或者说是其始终无法实现其政治抱负的重要原因。

且看对柳永来说致命的两次打击：

宋张舜民《画墁录》中有柳永拜见晏殊的如下记载：晏公曰：“贤俊作曲子么？”三变曰：“只如相公亦作曲子。”公曰：“殊虽作曲子，不曾道‘彩线慵拈伴伊坐’。”柳遂退。（晏殊问柳永：“贤俊也作曲子词么？”柳三变回答说：“我也和您一样作曲子词。”晏公接着说：“我虽然也作曲子词，但我写不出‘彩线慵拈伴伊坐’这样的话来。”柳永遂尴尬告别。）

柳永的名作《鹤冲天》里有如下一句话：“忍把浮名，换了浅吟低唱。”触怒了仁宗，仁宗说：“此人好去‘浅吟低唱’，何要‘浮名’？且填词去。”遂将考试录取名单上柳三变的名字抹去。从此柳永自称是“奉旨填词”，因而也有了世传的“奉旨填词柳三变”之说。

不过，不知道柳永的结局是幸呢还是不幸。相传柳永晚年贫困潦倒，死后竟无钱下葬，还是许多歌女筹钱将他安葬的。

◎ 评价

随性、顺势可以说是柳永官场生涯的一个写照。皇帝不是让我“且填词去”吗？好，那我就是“奉旨填词柳三变”。

第十章

问强

本章的核心还是讲“中庸”。孔子认为最看重的是中道，讲中道能达到和谐、和平，但又不同于流俗，不人云亦云，能中立而不偏倚。不管在何种情况下，都能持守中道，这种人才能称得上强大。

强者的品质是在逆境中塑造的。人生的困窘向人们昭示的并不纯粹就是灾难。我们应该自信，不论我们处于何种位置，境况如何，在这个世界上无人能够代替我们。当你跌入人生的低谷时，可能就预示着转机的来临。成为强者，或者沦为弱者，取决于我们自己。

原典

子路[①]问强。子曰：“南方之强与？北方之强与？抑而强与[②]？宽柔以教，不报无道[③]，南方之强也，君子居[④]之。衽（rèn）金革[⑤]，死而不厌[⑥]，北方之强也，而强者居之。故君子和而不流[⑦]，强哉矫（jiǎo）[⑧]！中立而不倚，强哉矫！国有道，不变塞[⑨]焉，强哉矫！国无道，至死不变，强哉矫！”

注释

①子路：孔子的学生，名仲由，字子路，一字季路。

②抑：选择性连词，意为“还是”。而：代词，你。与：疑问语气词。

③报：报复。无道：指强暴无理的人。

④居：处。

⑤衽：卧席，此处用为动词，躺卧之意。金：指铁制的兵器。革：指皮革制成的甲盾。

⑥死而不厌：死而后已的意思。

⑦和而不流：性情平和又不随波逐流。

⑧矫：坚强的样子。

⑨不变塞：不改变志向。塞，不通，穷困的境遇。

译文

子路问什么是强？孔子说："你问的是南方的强呢，还是北方的强呢？还是你认为的强呢？用宽容柔和的精神去教育人，人家对我蛮横无理也不报复，这是南方的强，品德高尚的人具有这种强。用兵器甲盾当枕席，死而后已，这是北方的强，勇武好斗的人就具有这种强。所以，品德高尚的人和顺而不随波逐流，这才是真强啊！保持中立而不偏不倚，这才是真强啊！国家政治清平时不改变志向，这才是真强啊！国家政治黑暗时坚持操守，宁死不变，这才是真强啊！"

古注

（子路问强。）

朱熹注："子路，孔子弟子仲由也。子路好勇，故问强。"

（宽柔以教，不报无道，南方之强也，君子居之。）

朱熹注："宽柔以教，谓含容巽顺以诲人之不及也。不报无道，谓横逆之来，直受之而不报也。南方风气柔弱，故以含忍之力胜人为强，君子之道也。北方风气刚劲，故以果敢之力胜人为强，强者之事也。"

（故君子和而不流，强哉矫！中立而不倚，强哉矫！国有道，不变塞焉，强哉矫！国无道，至死不变，强哉矫！）

朱熹注："此四者，汝之所当强也。矫，强貌。诗曰'矫矫虎臣'是也。倚，偏着也。塞，未达也。国有道，不变未达之所守；国无道，不变平生之所守也。此则所谓中庸之不可能者，非有以自胜其人欲之私，不能择而守也。君子之强，孰大于是。夫子以是告子路者，所以抑其血气之刚，而进之以德义之勇也。"

今论

南怀瑾："国家有道，社会安定，天下太平，一切都好不变塞焉，怎么叫不变塞呢？在安定的社会，安定久了的时候，会得安逸，享受，清闲，把自己变坏了。所以，我们看自己过去的历史，许多安定的时代，怎么样话说天下大事，合久必分，分久必合，平安久了会乱呢，变塞。所以，一个国家，民族，到了经济社会安定，天下太平是非常可怕的。所以，孟子说：无敌国外患者，国恒亡。一个社会没有别的刺激了，人的享福惰性来了，是非常糟糕的事。在富贵中，假使一个人得意了，能够不忘本，还是书生本色，英雄本色。"

阅典笔记

子路性情鲁莽，勇武好斗，所以孔子教导他：有体力的强，有精神力量的强；但真正的强不是体力的强，而是精神力量的强。精神力量的强体现为和而不流，柔中有刚；体现为中庸之道，体现为坚持自己的信念不动摇，宁死不改变志向和操守。

"三军可夺帅也，匹夫不可夺志也。"(《论语·子罕》这就是孔子所推崇的强。

"砍头不要紧，只要主义真。杀了夏明翰，还有后来人。"这就是孔子所推崇的强。

说起来，孔子所推崇的强，还是崇高的英雄主义，献身的理想主义。

不过，回到本章来，孔子在这里所强调的，还是"中立而不倚"的中庸之道，儒学中最为高深的道行。

触类旁通

◎ 通典

自强不息方可安身立命

十六岁那年，他是学校的小混混，骂人、打架、吸烟、逃学，连老师都不敢管他，他常常引以为傲。他喜欢上一个女生，给人家写情书。谁知那女孩子根本瞧不上他，转手就把情书贴到了公告栏里，他第一次感觉到什么是羞辱。后来，他换了一所学校，开始努力学习，竟然考上了大学。

二十二岁那年，他大学毕业，进了一个机关单位，日子过得轻松惬意。那次他去乡下看望朋友，惊奇地发现朋友竟然用一头狼来看家。从朋友那里了解到，狼自小跟狗一样训练，也就失去了野性。那一刻，他看着温顺的狼，就像看到自己，心惊不已。不久，他离开了工作轻松的单位，独自去深圳闯荡。

二十四岁那年，他进入一家外资企业工作。刚开始到深圳的时候，他总是特意去找外资公司，想很多办法给外企经理递自荐信。那些经理很纳闷：自己并没有招人计划啊。可他说你们总会招人的，那他就有机会了。最后，他成功了。

二十七岁那年，他因为工作表现突出，被调到美国总部上班。第一天上班，他请同事吃饭，希望今后在公司里得到别人的帮助，但是同事们坚持自己付账。那一刻，他仿佛明白了什么，从而更加努力提高自己。

他就是王其善，美国丹佛市全球第四大电脑公司的技术总监。

他说："十六岁，我明白了只有自尊才能得到别人的尊重；二十二岁，我明白了只有学会自强自立，才能主宰自己的命运；二十四岁，我知道自信是成功的法宝；二十七岁，我知道了人只能自强，不要奢望别人来帮你。"

在人生的每个阶段，我们都会遭遇一些事情，唯有自尊自强自立才能使自己立于不败之地！

◎ 评价

强者的品质是在逆境中塑造的，人生的困窘向人们昭示的并不纯粹就是灾难。我们应该自信，无论我们处于何种位置，境况如何，在这个世界上无人能够代替我们。当你跌入人生的低谷时，可能就预示着命运转机的来临。成为强者，或者沦为弱者，取决于我们自己。

◎ 通典

锥刺股的苏秦

古时候，有一个叫苏秦的，自幼家境贫寒，连书都读不起。为了维持生计和读书，他不得不时常卖自己的头发或者帮别人打短工，后来又离乡背井到了齐国拜师学艺。

经过一年的学习，苏秦认为自己已经把老师的本领都学到了，便迫不及待告别老师和同学，去闯荡天下。但是一年后他不仅一无所获，连钱也用完了。他只能穿着破衣草鞋踏上了回家之路。

到家时，苏秦已骨瘦如柴，一身破烂，肮脏不堪，满脸尘土。妻子见他这样，摇头叹息，继续织布；嫂子见他这副样子扭头就走，不愿做饭；父母、兄弟、妹妹不但不理他，还暗暗笑他活该！

苏秦看到家人这样对待他，十分伤心。他关起房门，不愿意见人，对自己作了深刻地反省："妻子不理丈夫，嫂子不认小叔子，父母不认儿子，都是因为我不争气，没有好好学习。"

他认识到了自己的不足，又重新振作精神，搬出所有的书本，发愤读书。他每天读书到深夜，有时候不知不觉伏在书案上就睡着了。第二天醒来，他总会后悔不已，但又没有什么办法不让自己睡着。有一天，他读着读着实在

困了，不由自主便扑倒在书案上，但他猛然惊醒——手臂被什么东西刺了一下。一看，是书案上放着一把锥子，他马上想出了制止打瞌睡的办法：锥刺股（大腿）！以后每当要打瞌睡时，他就用锥子扎自己的大腿一下，让自己突然“痛醒”。他的大腿因此常常鲜血淋淋，目不忍睹。

家人见他这样，有些不忍心，劝他说：“你一定要成功的决心和心情我们可以理解，但不一定非要这样虐待自己啊！”

苏秦回答说：“不这样，就会忘记过去的耻辱！”

经过“血淋淋”的一年，苏秦已经很有学问了。他又开始出去闯荡天下，这一次终于事业有成，开创了自己辉煌的政治生涯。

◎ 评价

想要有所成就，不付出努力怎么可以得到？

第十一章

素隐

把道理讲得玄而又玄，做出各种怪诞行为，这些欺世盗名的做法，根本不合中庸之道的规范，自然是圣人所不齿的。遵照正确的道路，走到一半又停下来，这是不及的行为，也是圣人所不欣赏的。唯有持守中庸之道，不为名利所困扰，这才是圣人所赞赏并身体力行的。

道，就像种子，深深根植在我们天性的血脉里，在我们天性的汁液滋润下茁壮成长。当然也或者由于我们的一念之差而使我们心中的“道”有所损伤，但是“道”永远不可磨灭，只是深深地保留着。在适当的条件下，它又恢复生机，勃然而生。

朱子说：以知仁勇三达德为入道之门。以大舜、颜渊、子路之事明之。舜，知也；颜渊，仁也；子路，勇也：三者废其一，则无以造道而成德矣。

原典

子曰：“素隐行怪①，后世有述②焉，吾弗③为之矣。君子遵道而行，半涂而废，吾弗能已④矣。君子依乎中庸，遁世不见知而不悔⑤，唯圣者能之。”

注释

①素：据《汉书》，应为“索”，探索、寻求之意。隐：隐僻。怪：怪异。

②述：记述。

③弗：不。

④已：止，停止。

⑤遁世：避世隐居。见知：被知。见，被。

译文

孔子说："有些人专找歪理，做些怪诞的事欺世盗名，后代也许还会有人记述他，为之立传，但我绝不会这样做。君子按中庸之道做事，有的半途而废不能坚持，但我绝不会停止。君子依中庸的道理做事，即使隐居起来不被人知，也绝不后悔，这才是圣人能做得到。

古注

（素隐行怪，后世有述焉，吾弗为之矣。）

朱熹注："素，按汉书当作索，盖字之误也。索隐行怪，言深求隐僻之理，而过为诡异之行也。然以其足以欺世而盗名，故后世或有称述之者。此知之过而不择乎善，行之过而不用其中，不当强而强者也，圣人岂为之哉！"

（君子遵道而行，半涂而废，吾弗能已矣。）

朱熹注："遵道而行，则能择乎善矣；半涂而废，则力之不足也。此其知虽足以及之，而行有不逮，当强而不强者也。已，止也。圣人于此，非勉焉而不敢废，盖至诚无息，自有所不能止也。"

（君子依乎中庸，遁世不见知而不悔，唯圣者能之。）

朱熹注："不为索隐行怪，则依乎中庸而已。不能半涂而废，是以遁世不见知而不悔也。此中庸之成德，知之尽、仁之至、不赖勇而裕如者，正吾夫子之事，而犹不自居也。故曰唯圣者能之而已。"

今论

南怀瑾："依乎中庸，就是随时为道。一切的学问，为达到内养，内性的，道的境界，必须要依乎中庸。在内念念不离修道，念念不离道德，遁世不见知而不悔，那是一辈子隐着，世界上没有人知道你，谁都不了解你，也没有人知道你有道德，有学问。"

阅典笔记

钻牛角尖，行为怪诞，这些出风头、走极端的欺世盗名的做法根本不合中庸之道，自然是圣人所不齿的。找到正确的道路，走到一半又停了下来，这也是圣人所不欣赏的。唯有正道直行，一条大路走到底，这才是圣人所赞赏并身体力行的。

所以，“路漫漫其修远兮，吾将上下而求索”，这是圣人所赞赏的精神。“鞠躬尽瘁，死而后已”，这也是圣人所赞赏的精神。

触类旁通

◎ 通典

做事不可半途而废

成功往往在最后一刻才蹒跚到来。因此，做任何事情我们都不应半途而废，而是一定要坚持到底，永不放弃。哪怕前行的道路再苦再难，也要坚持下去，这样才不会在自己的人生里留下太多的遗憾。

曾经，有两个探险者迷失在茫茫的大沙漠上，他们因为长时间缺水，嘴唇裂开一道道的血口子。如果继续缺水，两个人只能活活渴死。一个年长一些的探险者从同伴手中拿过空水壶，说:“我去找水，你在这里等着我。”接着，他给同伴一支枪，并对他说 :“这里有六颗子弹，每隔两个时辰你就放一枪，这样当我找到水后就不会迷失方向，就可以循着枪声找到你，切记！”

看着同伴点了头，他才信心十足地蹒跚而去……

等待是漫长而痛苦的，对于这个年轻人来说，他不知道自己的同伴能否找得到水，也不知道找到水的同伴能否找到他。时间在悄悄地过去，每鸣放一枪，探险者心中的弦就好像断掉了一根，十个小时过去了，枪膛里已经只剩下最后一颗子弹了，还是不见同伴的踪影。

“他一定被风沙淹没了，或者找到水后丢下我一个人走了……”年轻的探险者绝望地想着，数着分，数着秒，焦灼地等待着。口渴和恐惧随着绝望潮水般充盈了他的脑海，他似乎嗅到了死亡的气息，他觉得实在难以坚持了……

终于，他扣动扳机，将最后一颗子弹射出。只不过，这一次他不是射向天空，而是他自己的脑袋。

结果，当他的同伴带着满满的两大壶水循声赶过来的时候，看到的是同伴的尸首。

◎ 评价

事情往往都是这样：在最后接近成功边缘的时候，我们的身体和精神也接近了极限，很多人在这最后的时刻没有经受住这种考验，跌倒在成功的门前，从而让自己的人生变得遗憾。

◎ 通典

中和之境

在一个简陋的寺庙里，禅院的草地枯黄了一大片。小和尚建议师父往上面撒一些草籽。

开春之时，师父买了一包草籽，叫小和尚去撒种，草籽一边撒，一边随着春风四处飘，落得到处都是，而且还有很多随风而去。

“不好了！风吹走了那么多的种子。”小和尚喊道。

“没关系，吹走的多半是空的，撒下去也发不了芽。”师父说，“随性。”

撒完种子后飞来几只小鸟，争着啄食草籽。

“不好了！种子被小鸟吃了！”小和尚急得直跺脚。

“没关系，种子多，吃不完的。不要慌！”师父说，“随遇。”

半夜，狂风骤雨袭来，种子被冲走了好多。

清晨，小和尚冲进禅房，大哭道：“这下真完了，种子都被冲走了！”

“冲到哪儿，就在哪儿发芽。”师父说，“随缘。”

不久之后，原来贫瘠光秃的地上居然长出了好几片青翠的小草，放眼望去，眼前是一片耀眼的翠绿。

◎ 评价

“中和”是一种尊重最根本的规律性行事的境界。只有达到了这种境界，万事万物才会生机盎然。

第十二章

费隐

这一章提出费、隐两个概念。费，指道的普遍性以及用途的广泛性。隐，指道的精微与隐秘性。正因为人与道不可须臾离开，所以道就应该有普遍的可适应性，连普通男女都可以知道，可以学习，也可以践行。但是，知道是一回事，进入其高深境界，则又另当别论了。所以，道又必须有精微奥妙的一面，供人们进行深造，进行创造性的实践。道是普遍的，无法用大小来衡量，因它至大无外，至小无内，这就是费。但道之理，则隐而无现。所以圣人也有所不知不能。道是从普通男女间最基本的人伦开始的，直到弥贯天地。

朱熹曰："子思所引夫子之言，以明首章之义者止此。盖此篇大旨，以知仁勇三达德为入道之门。故于篇首，即以大舜、颜渊、子路之事明之。舜，知也；颜渊，仁也；子路，勇也：三者废其一，则无以造道而成德矣。"

原典

君子之道费而隐①。夫妇②之愚，可以与③知焉，及其至④也，虽圣人亦有所不知焉。夫妇之不肖，可以能行焉，及其至也，虽圣人亦有所不能焉。天地之大也，人犹有所憾⑤。故君子语大，天下莫能载焉；语小，天下莫能破⑥焉。《诗》⑦云："鸢（yuān）飞戾天⑧，鱼跃于渊⑨。"言其上下察⑩也。君子之道，造端⑪乎夫妇，及其至也，察乎天地。

注释

①费：指用途广大。隐：指体的精微。

②夫妇：匹夫匹妇，指普通男女。

③与：动词，参与。

④至：极致，最精妙处。

⑤憾：遗憾，不满。

⑥破：分开。

⑦《诗》：此指《诗经·大雅·旱麓》。

⑧鸢：老鹰。戾：到达。

⑨跃：跳动。渊：深水。

⑩察：昭著，明显。

⑪造端：开始。

译文

君子的道广大而又精微。普通男女虽然愚昧，也可以知道君子的道；但它的最高深境界，即便是圣人也有弄不清楚的地方，普通男女虽然不贤明，也可以实行君子的道。但它的最高深境界，即便是圣人也有做不到的地方。大地如此之大，但人们仍有不满足的地方。所以，君子说到“大”，就大得连整个天下都载不下；君子说到“小”，就小得连丁一点儿也分不开。《诗经·大雅·旱麓》说：“老鹰飞向天空，鱼儿跳跃深水。”这是说上下分明。君子的道，开始于普通男女，但它的最高深境界却能明察天地间一切事物。

古注

（夫妇之愚，可以与知焉，及其至也，虽圣人亦有所不知焉。夫妇之不肖，可以能行焉，及其至也，虽圣人亦有所不能焉。天地之大也，人犹有所憾。故君子语大，天下莫能载焉；语小，天下莫能破焉。）

朱熹注：“君子之道，近自夫妇居室之间，远而至于圣人天地之所不能尽，其大无外，其小无内，可谓费矣。然其理之所以然，则隐而莫之见也。盖可知可能者，道中之一事，及其至而圣人不知不能。则举全体而言，圣人固有所不能尽也。侯氏曰："圣人所不知，如孔子问礼问官之类；所不能，如孔子不得位、尧舜病博施之类。"愚谓人所憾于天地，如覆载生成之偏，及寒暑灾祥之不得其正者。"

（诗云："鸢飞戾天，鱼跃于渊。"言其上下察也。）

朱熹注："子思引此诗以明化育流行，上下昭著，莫非此理之用，所谓费也。然其所以然者，则非见闻所及，所谓隐也。故程子曰：'此一节，子思吃紧为人处，活泼泼地，读者其致思焉。'"

今论

南怀瑾："中庸之道在哪里，就在人生，男女夫妇之间，一阴一阳平常生活之间，就是极平常的生活，极朴素及低级的生活，普通，道德基本在这里。修道就跟人生打成两边，变成两样那不是道。修道非要入山不可，那不是道。山里哪里有道，山里马路都没有一条，哪里来的道。道就在马路上，大道。君子之道造端乎夫妇，就是人生本位开始，人生本位你体悟够了，了解了自己，也就是佛家说自己认识自己，也就是明心见性。察乎天地，最后通法界，整个就了解了。在你自己心念之间先了解起，这就是道。"

阅典笔记

正因为道不可须臾离开，所以，道就应该有普遍的可适应性，应该"放诸四海而皆准"，连匹夫匹妇都可以知道，可以学习，也可以实践。

不过，知道是一回事，一般性地实践是一回事，要进入其高深境界又是另一回事了。所以，道又必须有精微奥妙的一面，供德行高、修养深的学者进行深造，进行创造性的实践。

如此两方面的性质结合起来，使道既广大又精微，既有普及性又有提高性。

道是如此，世界上的许多事情也都是如此。说到唱歌，谁都可以唱出几句，但要唱出歌唱家水平可就是另一回事了；说到下棋，会下棋的人满街都是，可要成为一名真正的棋手就是另外一回事了。

诸如此类，不胜枚举。凡事都有一知半解与精通的区别，匹夫匹妇与圣人的分别也正在这里。

触类旁通

◎ 通典

保持一颗平常心

有一个人曾经问禅师："禅师，你可有什么与众不同的地方呀？"

禅师答道："有。"

"那是什么？"这个人问道。

禅师回答："我感觉饿的时候就吃饭，感觉疲倦的时候就睡觉。"

"这算什么与众不同的地方，每个人都是这样的呀，有什么区别呢？"这个人不屑地说。

禅师答道："当然是不一样的了！"

"这有什么不一样的？"那人问。

禅师说："有些人吃饭的时候总是想别的事情，不专心吃饭；他们睡觉的时候总是做梦，睡不安稳。而我吃饭就是吃饭，什么也不想；我睡觉的时候从来不做梦，所以睡得安稳。这就是我与众不同的地方。"

禅师继续说："大部分人很难做到一心一用，他们总是在利害得失中穿梭，囿于浮华的宠辱，产生了千般妄想。他们在生命的表层停留不前，这成为他们最大的障碍，他们因此迷失了自己，丧失了平常心。要知道，生命的意义并不是这样的，只有将心融入世界，用平常心去感受生命，方可领会生命的真谛。"

在禅宗看来，一个人能明心见性，抛开杂念，看穿功利，将胜负成败看透，将毁誉得失看破，就能达到时时无碍、处处自在的境界。

拥有一颗平常心，就拥有了一种豁达，一种超然。

所以说，用中庸的态度面对生活，用一颗平常心去对待、解析生活，才能领悟生活的真谛，才能体悟平平淡淡才是真！

◎ 评价

一个人拥有一颗平常心，才不会浮躁，不会焦灼，不会被欲望填满心灵，更不会让灵魂搁浅在无氧的空间里。拥有一颗平常心就拥有了一种正确的处世原则，一分自我解脱、自我肯定的信心和勇气，不会高估自己，也不会自甘堕落。拥有一颗平常心就不会追求物质的奢华，而把自己的灵魂淹没在如潮的尘海中。

◎ 通典

不战而屈人之兵

赵惠文王十九年（前280），在乐毅破齐后，惠文王命赵奢为将，攻齐的麦丘（今山东商河西北）。此前，赵军已多次进攻麦丘这个孤城，但由于麦丘粮草充足，守军中有善于守城的墨家弟子相助，没能攻下。惠文王十分生气，命令赵奢在一个月内拿下麦丘。

赵奢一到麦丘，就命令进攻。赵奢的儿子赵括认为，采用硬攻的方法是很难在一个月内攻下麦丘的。从种种迹象来看，麦丘的粮食尽管还没有完全吃光，但肯定是不多了。赵括希望父亲先弄清楚对方的状况，暂停进攻，避免硬攻造成不必要的损失。但一个月的时间太短了，赵奢没有听赵括的话，下令攻城。赵军损失了不少将士也没有攻下麦丘。赵括对赵奢说，守城者中有墨家弟子，对赵军的进攻很有防御办法，使赵军攻了几年都无功而返。而此时的赵军与以往的赵军没有什么不同，不比以往更善战，攻城的手段也并不比以往更多，如果像以往的赵军一样硬攻的话，必然也要付出像以前一样的惨痛代价。而且城中的人经常在晚上出来偷袭赵军。城外也有不少墨家游侠组成的游击队对赵军进行骚扰。如果纠缠于这种局面的话，一个月的时间很快就会过去。

于是赵奢询问抓到的俘虏，向他们了解城中的情况，可是俘虏不说。赵括每天给这些俘虏饭吃，对他们很客气，还给他们粮食让他们带回城中给家里人吃。于是，俘虏中有人悄悄地告诉赵括，城中的粮食不多，而且都由齐军控制在军营里，百姓早已断粮，已经开始人吃人了。赵括问齐军还能守多长时间，俘虏说还能守几个月。于是赵奢听从赵括的建议，停止进攻，把俘虏全部放了回去。俘虏回去后说这支赵军很客气，没有侮辱他们，还让他们吃饱，让他们带粮食回来。城里的百姓有的就想出来投降赵奢了。齐将见俘虏给城中带来了骚动，便将他们都关了起来，士兵和百姓对此都有怨言。赵奢让围城的赵军用抛石机把粮食抛入城中。赵军每天把粮食抛入城中后，就回营休息，也不向城中说什么。这样过了几天，守城的齐军派人把这些粮食送回来，对赵奢说赵军要攻就来攻，不要再抛粮食了。赵奢让他回城里等着，却并不进攻，只是隔了几天才继续向城里抛粮食。这样又过了几天，守城的齐将派人来与赵奢择日决战，但赵奢听从赵括的意见，拒绝与他见面。过了几天，麦丘的百姓杀了守城的齐军将领投降了。

◎ 评价

人心向背的原因，此处自可以明了。

第十三章

不远

道不可须臾离的基本条件是“道不远人”。因为人人按照自己的本性行事，人人皆能知能行。就好比一条大道，所有的人都可以行走。相反，如果不从自己脚下走起，而是把道弄得离奇高远，道则无法实践了。所以君子只是从人身具有的本性出发，教化人，能改正错误就可以了。

从大处着眼，从小事着手，是我们处世的基本方式。任何轰轰烈烈的事业都是从细微处着手。我们总是慨叹历史在转折之机的微妙，对那些关键时刻的微妙变化扼腕不已，而试图作出假设。其实正是这些具体的细节，使历史走向发生着质的变化，成为无法更改的必然选择。

那么人道是什么呢？如“忠恕”就是。它要求设身处地、将心比心地为他人着想，己所不欲，勿施于人。为人要先严格要求自己，像孔子那样从君臣、父子、兄弟、朋友四大人伦方面反省自己，从日常的言行做起，符合中道，不畏缩，不极端，言行一致，这就是一个很笃实的人。

朱熹曰：“子思之言，盖以申明首章道不可离之意也。其下八章，杂引孔子之言以明之。”

原典

子曰：“道不远人。人之为道而远人，不可以为道。《诗》[1]云：‘伐柯[2]伐柯，其则[3]不远。’执柯以伐柯，睨[4]而视之，犹以为远。故君子以人治人[5]，改而止。忠恕违道[6]不远，施诸己而不愿，亦勿施于人。

君子之道四，丘未能一焉：所求乎子以事父，未能也；所求乎臣以事君，未能也；所求乎弟以事兄，未能也；所求乎朋友先施之，未能也。庸德[⑦]之行，庸言[⑧]之谨。有所不足不敢不勉，有余不敢尽；言顾行，行顾言。君子胡不慥（zào）慥尔[⑨]？”

注释

①《诗》：此指《诗经·豳风·伐柯》。

②伐柯：砍削斧柄。柯：斧柄。

③则：法则，这里指斧柄的式样。

④睨：斜视。

⑤以人治人：以人固有之道理来治理人。

⑥违道：离道。

⑦庸德：平常的道理。

⑧庸言：平常的言语。

⑨胡：何、怎么。慥慥：忠厚诚实的样子。

译文

孔子说：“道是不能离开人的。如果有人实行道却离开人，那就不可以实行道了。《诗经·豳风·伐柯》说：‘砍削斧柄，砍削斧柄，斧柄的式样就在眼前。’握着斧柄砍削斧柄，应该说不会有什么差异，但如果你斜眼一看，还是会发现差异很大。所以，君子总是根据不同人的情况采取不同的办法治理，只要他能改正错误实行道就行。一个人做到忠恕，离道也就不远了。（什么叫忠恕呢？）自己不愿意的事，也不要施加给别人。君子的道有四项，我孔丘连其中的一项也没有能够做到：作为一个儿子应该对父亲做到的，我没有能够做到；作为一个臣民应该对君王做到的，我没有能够做到；作为一个弟弟应该对哥哥做到的，我没有能够做到；作为一个朋友应该先做到的，我没有能够做到。平常的德行努力实践，平常的言谈尽量谨慎。德行的实践有不足的地方，不敢不勉励自己努力；言谈却不敢放肆而无所顾忌。说话符合自己的行为，行为符合自己说过的话，这样的君子怎么会不忠厚诚实呢？”

古注

(道不远人。人之为道而远人，不可以为道。)

朱熹注："道者，率性而已，固众人之所能知能行者也，故常不远于人。若为道者，厌其卑近以为不足为，而反务为高远难行之事，则非所以为道矣。"

(诗云："伐柯伐柯，其则不远。"执柯以伐柯，睨而视之，犹以为远。故君子以人治人，改而止。)

朱熹注："人执柯伐木以为柯者，彼柯长短之法，在此柯耳。然犹有彼此之别，故伐者视之犹以为远也。若以人治人，则所以为人之道，各在当人之身，初无彼此之别。故君子之治人也，即以其人之道，还治其人之身。其人能改，即止不治。盖责之以其所能知能行，非欲其远人以为道也。张子所谓'以众人望人则易从'是也。"

(忠恕违道不远，施诸己而不愿，亦勿施于人。)

朱熹注："尽己之心为忠，推己及人为恕。违，去也，如春秋传'齐师违谷七里'之违。言自此至彼，相去不远，非背而去之之谓也。道，即其不远人者是也。施诸己而不愿亦勿施于人，忠恕之事也。以己之心度人之心，未尝不同，则道之不远于人者可见。故己之所不欲，则勿以施之于人，亦不远人以为道之事。张子所谓'以爱己之心爱人则尽仁'是也。"

(君子之道四，丘未能一焉：所求乎子，以事父未能也；所求乎臣，以事君未能也；所求乎弟，以事兄未能也；所求乎朋友，先施之未能也。庸德之行，庸言之谨。有所不足不敢不勉，有余不敢尽；言顾行，行顾言。君子胡不慥慥尔！)

朱熹注："子、臣、弟、友，四字绝句。求，犹责也。道不远人，凡己之所以责人者，皆道之所当然也，故反之以自责而自修焉。庸，平常也。行者，践其实。谨者，择其可。德不足而勉，则行益力；言有余而讱，则谨益至。谨之至则言顾行矣；行之力则行顾言矣。慥慥，笃实貌。言君子之言行如此，岂不慥慥乎，赞美之也。凡此皆不远人以为道之事。张子所谓'以责人之心责己则尽道'是也。"

今论

南怀瑾:“道不远人,道就在你那里,人之为道而远人,一般人学道,学圣人,一听,第一反感,第二相信,就会找一个道,没有事情找事情做,在那里闭眉闭眼的,那真是很苦呀,咬起牙硬在那里熬腿。他并不知道,道并不远人,人之以为道而远人,拼命去找这个道,越离开远。所以,佛经上说:不增不减。自己没有把道理搞清楚,以为道而远,不可以为道呀。自己把道理没有搞清楚,以为道而远人,‘不可以为道’啊!因此一般人不是加了一点,就减少一点,以这种方法来认识这个道,修这个道——并不是在修道,错了!道就在你那里,这本来就是道哦!”

阅典笔记

“道不可须臾离”的基本条件是道不远人。

推行道的另一条基本原则是从实际出发,从不同人不同的具体情况出发,使道既具有“放诸四海而皆准”的普遍性,又能够适应不同个体的特殊性。这就是普遍性与特殊性相结合。

既然如此,就不要对人求全责备,而应该设身处地、将心比心地为他人着想,自己不愿意的事,也不要施加给他人。因为,金无足赤,人无完人,不要说人家,就是自己,不也还有很多应该做到而没有做到的吗?所以,也要开展自我批评。圣贤如孔子,不就从四大方面对自己进行了严厉的批评吗?那就更不要说我们这些凡夫俗子了,哪里没有这样或那样的毛病呢?说不定还严重得很呢。

不过也不要紧,只要你做到忠恕,也就离道不远了。说到底,还是要“言顾行,行顾言”,凡事不走偏锋,不走极端,这就是中庸的原则,这就是中庸之道。

触类旁通

◎ 通典

细节成就人生

萧楠大学毕业之后去了广州，想靠打工闯出一番事业来。但是他很不走运，一下火车，他的钱包就被偷了，钱和身份证都没有了。在举目无亲的情况下，受冻挨饿两天之后，他决定为了生存，暂时以捡垃圾为生，虽然受白眼，被人看不起，但至少能够解决目前的温饱问题。于是，他开始了捡垃圾生活。一天，他正低头拾垃圾，忽然觉得背后有人注视自己。回头一看，是个中年人。中年人拿出一张名片："这家公司正有招聘，你可以去试试，当轮到你时，拿出这张名片。"

那是一个很热闹的场面，二百多个人挤在一个大厅里，其中很多人都西装革履。相形之下，他有点自惭形秽，想退下来，但最终还是没走。

当他一递上名片，人力资源部的经理就伸手来："恭喜你，你已经被录取了。这是我们董事长的名片，他曾吩咐，有个青年会拿着名片来应聘，只要他来了，就会成为我们公司的员工。"就这样，没有经过任何面试，他进入了这家公司。后来，他成了公司的副总。

一次闲聊时他问董事长："你为什么会选择我？""因为我会看相，知道你是栋梁之材。"说着，董事长不禁神秘兮兮地一笑。

又过了两三年，公司业务越做越大，董事长要去新城市进行新投资，临走时，将这个城市的所有业务都交代给了他。送行那天，他和董事长在候机室里坐着。"你肯定还在纳闷儿，我为什么选择你。那次我偶然看见你在拾垃圾，就观察了你很久。我发现你和别的拾荒者都不一样，你每次都把有用的东西拣出来，将剩下的垃

圾归好再放回垃圾箱。当时我想，如果一个人在这样的环境下还能够注意到这种细节，那么无论他的学历如何、背景如何，我都应该给他一个机会。而且，连这种小事都可以做到一丝不苟的人，不可能不成功。”

◎ 评价

从大处着眼，从小事着手，是我们处世的基本方式。任何轰轰烈烈的事业都是从细微处着手。其实正是这些具体细节，使历史的走向发生着质的变化，成为无法更改的必然选择。

实践平常的道德，反思平常的言论，有不足的地方，要继续努力。言谈要留有余地，不说过头话。言论要符合自己的行为，行为要符合自己的言论。

◎ 通典

一鸣惊人的陈蕃

在中国浩瀚的历史当中，二千多年前曾经兴起了一个庞大的王朝——汉朝。这个朝代历经二十四帝，延续了四百多年，因而成为中国历史上立国时间最长的王朝。不过，说起汉朝，在驻马店有两个人物不能遗忘，一个是秦末起义军领袖，阳城（今平舆后刘）人陈胜。正因为陈胜的揭竿而起，举兵反秦，才有了后来的大汉王朝。另一位则是见证了大汉王朝走向衰亡的平舆人——东汉太傅陈蕃。其祖父曾任河东太守。不过到了陈蕃一辈，家道中落，不再威显乡里。陈蕃十五岁时，曾经独处一个庭院习读诗书。一天，其父的一位老朋友薛勤来看他，看到院里杂草丛生，秽物满地，就对陈蕃说：“孺子何不洒扫以待宾客？”陈蕃当即回答：“大丈夫处世，当扫除天下，安事一室乎！”这回答让薛勤暗自吃惊，知道此人虽年少却胸怀大志。感悟之余，劝道：“一屋不扫，何以扫天下？”没想到，一千多年以前的两句对话，竟成了后人教子育人的名言。陈蕃谨记在心，最终成为青史留名的人物。

陈蕃二十岁刚出头时以举孝廉入仕，拜为郎中。不久，其母病故，陈弃官行丧。三年后，刺史周景任命他为别驾从事，他却因与周景谏诤不合，又弃官而去。这之后，公府也曾举荐其为方正，率直的陈蕃再次推掉。一直到太尉李固举荐，陈蕃这才离家为官，征拜议郎，再迁为乐安太守。后来，汉朝重臣李膺到青州做刺史。李的威政天下闻名，青州各地平日欺民榨财的官员听到风声，吓得都弃官而逃，唯独陈蕃安然而坐，“蕃独以清绩留”。

所谓不鸣则已，一鸣惊人。陈蕃的一鸣惊人，缘于他的一次“犯上作乱”。虽然他为此也付出了沉重的代价，却赢得了一个“不畏强权陈仲举”的美名。陈蕃在乐安任太守时，正值东汉外戚、宦官专权弄事之时。有一次，汉顺帝之妻梁皇后的哥哥、时任大将军的梁冀写了一封信给陈蕃，让陈蕃为他做一件事。作为一名地方官员，能攀上像梁冀这样的高官无疑能青云直上，乃为官者梦寐以求的事，但陈蕃却不以为然。梁冀的信使来找陈蕃，陈蕃拒而不见，信使便假传大将军求见。陈蕃一怒之下，用皮鞭将信使打死。这种有悖情理的做法当然让一贯飞扬跋扈的梁冀不能容忍。他在皇帝面前一番“声讨”，陈蕃便被贬到修武县做了一名县令。幸运的是，由于陈蕃在任时政绩显著，没过多久，汉顺帝再次起用陈蕃，拜为尚书；直至后来灵帝时官至太傅。

◎ 评价

不假良史之辞，不借飞驰之势，持守中正，持守内心，便达制胜之境。

第十四章

素位

这里讲的是儒家为己之学。“为己”就是要不断提升自己的道德品质，这是君子依靠自身的力量就能做到的。

一个人生下来，会遇到许多先天条件，诸如富贵、贫贱、患难等等。无论条件怎么样，都要做自己该做的事。处富贵者不欺负人，处贫贱者不攀附人，这样就不会遭到嫉妒和怨恨。不抱怨别人，也不抱怨客观环境，一如既往地做事，达不到目的反求诸己，这才是君子。

儒家的命定论，凸显道德、道义的至上性，使人适应环境，不那么患得患失，但忽略了对社会环境的改造。实际上人的社会地位也是可以改变的，关键在于能否把握机遇和是否具有才智。但一切都要从自己的现状出发，不能不切实际，好高骛远，自己折磨自己。

生活的一切烦恼，尽皆根源于心存奢望。不要存有非分之想，也不要到处伸手，但绝不能无原则地退缩。

让繁星缀满夜空，让灵魂回归心灵，愿德行使我们得以永生。

朱熹曰：“道不远人者，夫妇所能，丘未能一者，圣人所不能，皆费也。而其所以然者，则至隐存焉。”

原典

君子素其位[①]而行，不愿[②]乎其外。素富贵，行乎富贵；素贫贱，行乎贫贱；素夷狄[③]，行乎夷狄；素患难，行乎患难。君子无入[④]而不

自得焉。在上位，不陵[⑤]下；在下位，不援[⑥]上。正己而不求于人则无怨。上不怨天，下不尤[⑦]人。故君子居易以俟（sì）命[⑧]，小人行险[⑨]以徼幸。子曰："射[⑩]有似乎君子，失诸正鹄（gǔ）[⑪]，反求诸其身。"

注释

①素其位：安于现在所处的地位。素，平素。现在的意思，这里作动词用。

②愿：羡慕。

③夷：指东方的部族；狄：指西方的部族。泛指当时的少数民族。

④无入：无论处于什么情况下。入，处于。

⑤陵：欺侮。

⑥援：攀援，本指抓着东西往上爬，引申为投靠有势力的人往上爬。

⑦尤：抱怨。

⑧居易：居于平安的地位，也就是安居现状的意思。易，平安。俟命：等待天命。

⑨行险：冒险。

⑩射：指射箭。

⑪正鹄：正、鹄：均指箭靶子；画在布上的叫正，画在皮上的叫鹄。

译文

君子安于现在所处的地位去做应做的事，不羡慕这之外的事情。处于富贵的地位，就做富贵人应做的事；处于贫贱的状况，就做贫贱人应做的事；处于边远地区，就做在边远地区应做的事；处于患难之中，就做在患难之中应做的事。君子无论处于什么情况下都是安然自得的。处于上位，不欺侮在下位的人；处于下位，不攀援在上位的人。端正自己而不苛求别人，这样就不会有什么抱怨了。上不抱怨天，下不抱怨人。所以，君子安居现状来等待天命，小人却铤而走险妄图获得非分的东西。孔子说："君子立身处世就像射箭一样，射不中，不怪靶子不正，只怪自己箭术不行。"

古注

（君子素其位而行，不愿乎其外。）

朱熹注："君子但因见在所居之位而为其所当为，无慕乎其外之心也。"

（在上位，不陵下；在下位，不援上。正己而不求于人则无怨。上不怨天，下不尤人。故君子居易以俟命，小人行险以侥幸。子曰："射有似乎君子，失诸正鹄，反求诸其身。"）

朱熹注："素其位而行也。不愿乎其外也。子思引孔子之言，以结上文之意。"

今论

南怀瑾："一个真有修养的人，生活、人生非常平常，真做到真平常，这是真修养，没有特殊，不稀奇，一切没有特殊。'小人行险以侥幸'。大家要切实反省，大部分的人生做人做事一般人都是走的这个路线，所以失败的多，就是'行险'，偷巧就是行险，耍花样也是行险，走歧路、想办法都是行险，靠机会就是行险，都想侥幸而得之，占便宜，有一点机会就沾一点便宜，侥幸而得到；不劳而获最好了。"

阅典笔记

素位而行近于《大学》里面所说的"知其所止"，换句话说，叫做安守本分，也就是人们常说的安分守己。

这种安分守己是对现状的积极适应、处置，是什么角色，就做好什么事，如台湾著名漫画家蔡志忠先生所说："自己是什么就做什么，是西瓜就做西瓜，是冬瓜就做冬瓜，是苹果就做苹果；冬瓜不必羡慕西瓜，西瓜也不必嫉妒苹果……"然后才能游刃有余，进一步积累、创造自己的价值，取得水到渠成的成功。

事实上，任何成功的追求、进取都是在对现状恰如其分的适应和处置后取得的。一个不能适应现状、在现实面前手足无措的人是很难取得成功的。回到我们在《大学》读解里面举过的例子：一位教授，因偶尔发现卖大饼的人很赚钱，比自己给大学生上课还赚得多了许多，于是便放下课不上而去卖大饼。

这样做值得吗？不值得，这就叫做不守本分，不"知其所止"。这个例子也许举得有点极端，但它却是当代中国知识分子在面对是否"下海"问题时的一个真实报道。在我们的现实生活中，诸如此类的例子其实还可以举出许多，这就是人们常说的"这山望着那山高"，实质上是没有认识清楚自己，迷失了方向。

与"这山望着那山高"密切相关的另一种迷失是不满足自己的职位，总是奢望向上爬，奢望高升，总是怨天尤人，而不像圣人所说的那样“反求诸其身”。用耕云先生在其禅学讲话中的说法：这种人没有认识到“一部机器，大的轮轴固然重要，但如果少了一个小螺丝钉，就会出故障，就会由松散而解体。所以每个部门、每个环节、每个人的工作都很重要，也唯有人人都能构成需要，才能形成整体的健全”。

其实，耕云先生在这里所说的道理，也正是毛泽东号召我们“向雷锋同志学习”，“做一颗革命的螺丝钉”的精神。只可惜很多人没有真正认识到这种精神的深刻内涵，不能“素其位而行”，安分守己，提高自己的修养，“居易以俟命”，而是心存妄想，只知道羡慕，甚至嫉妒别人，不惜采取一切手段向上爬，“行险以侥幸”，结果是深深地陷入无休无止的钩心斗角和无尽的烦恼之中，迷失了本性。

凡有奢望，必生烦恼。所以，不要去妄想什么，只问自己该做什么——这就是素位而行，安分守己。

触类旁通

◎ 通典

与其抱怨，不如改变

有一个人在公司待了好几年了，他已经厌倦了现在的工作。他总是喜欢抱怨，比如：工资低、工作量大、环境沉闷等等。有一次他对朋友抱怨说：“我在公司里一点也不受重用，我已经决定马上辞职了。”

“你对你的老总提过这样的请求吗？就是要求公司让你担任更重要的职责。”他的朋友反问。

“没有。”

“你可以试探着向你的老总提出你的要求，如果不这样，你就不会受到重视。但是我建议你好好把公司里的一切贸易技巧、商业文化和公司组织完全搞通，甚至连怎么修理影印机的小故障都学会，然后再提出来。”他的朋友建议：“你把现在的公司当成免费学习的地方，什么东西都通了之后，再提出自己的要求，如果老总还不重用你，你再辞职也不迟。这样不是既出了气，又有许多收获吗？”

那人听从了朋友的建议，从此便处处留心，甚至下班之后，还留在办公室研究写商业文书的方法。

一年之后，那位朋友问他："你现在感觉怎么样，学得差不多了吧？"

"我发现近半年来，老总对我刮目相看，最近更是委以重任。我升职了，薪水也翻了好几倍，我已经成为公司的人了。"

"这是我早就料到的。"他的朋友笑着说，"当初你的老总不重视你，是因为你的能力不足，并且自己也不努力为自己充电。而后你痛下苦功，当你懂得很多时，老总当然会对你刮目相看了。只知一味地抱怨，却不知道静下心来，努力做好自己的工作，心平气和地等待时机，这是人们常犯的毛病啊！"

◎ 评价

人生之路就是命运之道，该如何举步，这是每个人都必须回答的课题，也是必须以毕生的实践去求证的。不同的人生，会选择不同的道路，从而将自己引入不同的人群——君子或小人。

任何人都祈求一个完美的生活，谁也不愿困守贫穷困顿、流离失所的生活。但是如何去获取却取决于人品。

人要不断地提升自己的道德品质。一个人生下来，会碰到许多先天的条件，诸如富贵、贫贱、患难等。无论条件怎么样，都要做自己该做的事。富贵者不欺负人，贫贱者不攀附人，这样就不会遭到嫉妒和怨恨。不抱怨别人，也不抱怨客观环境，一如既往地做事，达不到目的反求诸己。

◎ 通典

反求诸已

真正成就了一番事业的人，都是立足当下、总结过去、思考未来的。他们尽己之所能，绝不懈怠今日的职责，同时，更不会忘记憧憬未来，让心里有一个可以为之付出的梦想。我们所做的事有两个重要价值：第一，可能带来即时回报；第二，可能在日后慢慢获得回报。若我们所做之事，只是满足当下之需求，那么只能勉强维持当下。若我们做任何事情都能未雨绸缪，那么，明日若有紧急之事就可以从容地应对。

所以，这种准备无论在当下还是未来，都是极有价值的。任何有智慧的商人都不会在一开始就期望他们的创新能马上得到回报，他们真正着眼的应该是未来，而不是眼前的一瞬。其今日之投资，希冀明日之回报。而目光浅显之人是不会对明日有所希冀的。口袋里的一美元就能够带给他无限的满足感，他对未来毫不关心，却寄望未来能对自己“友好”一点。事实当然不会这样！若困难没有击倒他，他就会吹嘘自己有多牛。但事实是，不是我们撞上“麻烦”，就是“麻烦”撞上我们。若我们不作最坏的打算，并为之做好准备，当风暴袭来之时，我们就难以招架，更不用说去战胜它了。

那些觉得未来毫无引人入胜之处的人，那些不希冀明日的人，那些在心中没有宏伟蓝图的人，那些过一天算一天的人，并不比那些在今日出生、即日死亡的昆虫强多少。前景的重要性不亚于当下，值得我们细细思量。思考明日是必须的，正如我们每天必须找寻食物一样。立足当下，拥抱未来。但不要永远停泊一处，不愿扬帆远航。当你生活的海平面趋于平静与缓和，那就缓缓驶离港湾，在一定的范围内出海探险遨游一番吧。若想在未来先得一步，心中必须要有一个愿景。做一个脚踏实地又不失愿景的人。专注于今日之人不会挨饿，活在当下、思考未来的人才是生活真正的主人。为人谨慎，但不要畏首畏尾。不要忘记当下的职责，也不要丢下未来。活在当下，思索未来。抬起迈向明日的脚步吧！

◎ 评价

反求诸已比求人、求天来得可靠。总结过去的得与失，心怀未来的梦想，立足于当下，做好每一件事情，便是一种成功。

第十五章

行远

中庸，是平平常常的道理，融合在人们的日常生活中。一切从自己做起，从自己身边的小事做起。从近到远，从低到高，一步一步，踏踏实实。

"天下之事，制之在始；始不可制，制之在末。"（苏洵《上文丞相书》）万物发展的过程都是天意，并非人力所能改变。我们能做到的就是改变自己，从自己做起，从最切近处用力，使自己顺应天地的规律，适应自然，顺其自然。

不经历过程而只注重结果，不经历播种与成长而只要收获，不只是空想，更是强迫，必然什么也得不到。一切的成功都离不开过程，做就是过程，就是务实。只有经历了过程，才会有丰美的收获。

原典

君子之道，辟如行远必自迩①，辟如登高必自卑②。《诗》③曰："妻子好合④，如鼓⑤瑟琴。兄弟既翕（xī）⑥，和乐且耽⑦。宜⑧尔室家，乐尔妻帑（nú）⑨。"子曰："父母其顺⑩矣乎！"

注释

①辟：同"譬"。迩：近。

②卑：低处。

③《诗》：此指《诗经·小雅·常棣》。

④好合：和睦。

⑤鼓：弹奏。

⑥翕：和顺，融洽。

⑦耽：《诗经》原作“湛”，安乐。

⑧宜：安。

⑨帑：通“孥”，子孙。

⑩顺：安乐舒畅。

译文

君子实行中庸之道，就像走远路一样，必定要从近处开始；就像登高山一样，必定要从低处起步。《诗经·小雅·常棣》说：“妻子儿女感情和睦，就像弹琴鼓瑟一样。兄弟关系融洽，和顺又快乐。使你的家庭美满，使你的妻儿幸福。”孔子赞叹说：“这样，父母也就称心如意了啊！”

古注

（子曰：“父母其顺矣乎！”）

朱熹注：“夫子诵此诗而赞之曰：人能和于妻子，宜于兄弟如此，则父母其安乐之矣。子思引诗及此语，以明行远自迩、登高自卑之意。”

今论

南怀瑾：“君子之道，譬如像走路一样修道，必须要从门口、从本位上第一步、起步第一步从近路走起，一步一步向前面走。爬高楼你必须要从第一层楼先爬起，从最低的地方开始爬，不能躐等。”

南怀瑾：“琴瑟合鸣，这是说音乐的合奏，合音，那个旋律彼此譬如拿中国的胡琴跟鼓琴两个合奏，乃至跟锣鼓合起来要合音，一男一女两个人结婚了叫做夫妇了，应该像琴瑟、音乐一样和谐，这个就是原则。”

南怀瑾：“人与人、兄弟之间的相处，永远是和爱的、和平的，快乐地相处，没有烦恼，没有彼此的怨恨。”

南怀瑾：“一个人能够行道、自修容易，自己个人修道容易，修至于家庭能够和乐；家庭都不能和乐，无法去团体；能够去团体，然后再谈国家。”

南怀瑾：“做到了兄弟、夫妇，一切因受这个人的影响，都能够祥和而快乐的，平安而宁静的，这个就是孝子，叫做孝，所以孝字下面加一个顺，孝顺。”

阅典笔记

老子说："千里之行，始于足下。"荀子说："不积跬步，无以至千里；不积小流，无以成江海。"都是"行远必自迩，登高必自卑"的意思。

万事总宜循序渐进，不可操之过急。否则，"欲速则不达"，效果适得其反。一切从自己做起，从自己身边的小事做起。要在天下实行中庸之道，首先得和顺自己的家庭。说到底，还是《大学》"修、齐、治、平"循序渐进的道理。

触类旁通

◎ 通典

如何与妻好合

一对夫妻一起上街，并肩走着。到了一个拐角处，街道忽然变窄，本来在丈夫右边的妻子轻巧地向前一跳，跑到了他的前面，走在他的左边。丈夫忽然慌了，急忙跑步赶上，将妻子拉到右边，说了声："危险。"一辆大卡车就在此时呼啸而过。

并没有发生危险的事情，只是卡车将地上的泥水溅了丈夫一身。他仍然在嗔怪妻子："不是告诉过你，走路要在我的右边，为什么不听？"这只是一刹那，妻子却感到超过一生的感动和幸福。丈夫一直对她呵护有加，即使走路时也要将她放在马路的内侧，他用他的身体为她遮挡左边外侧的人流及其他一切。

真正爱一个人时，其实不需要用什么特殊的招式，你只需要在一旁默默地注视着，用心去体会对方的快乐和痛苦，并在对方感受到失意时及时伸出温暖的双手。在生活上给予对方帮助，在事业上给予对方支持，共同承担家庭中的许多责任，共同度过人生的风风雨雨。

你要真诚地赞美爱人！发自内心的爱，最有力量，也最容易引发彼此的共鸣。在对方需要帮助的时候伸出援助的双手；在自己遭到挫折的时候，对方也会鼓励你鼓起勇气，不断拼搏。在你寂寞的时候，爱人带给你心灵的安慰；在你快乐的时候，爱人与你一起分享。爱人带来了生活的甘露，给了你工作的激情，所以要真诚地爱自己的妻子或丈夫。

明白了这一点，你就知道爱情中有些东西远远比浪漫更重要。

男女相识相知到相爱，走进婚姻的殿堂，彼此之间要互存感恩的心态，感谢对方来到自己身边，无怨无悔地陪伴自己，感谢对方付出了真情。

“我是幸福的，因为我有爱；因为我有爱，所以我幸福。”记住白朗宁的这句话。夫妻相处久了，相互的缺点要能彼此包容，要看到对方的优点，并经常赞扬对方，让对方在家庭里永远觉得自己是不可缺少的一个，感觉自己在家庭里的分量无可比拟。

虽然婚姻生活琐碎而平淡，但是只要用心经营，努力去适应，同样我们也能够从中体会到无穷的乐趣。

◎ 评价

家庭和睦，一家人共享天伦之乐，我们自己也获得了心灵的安宁和欢悦，心里没有了后顾之忧，才能一门心思干事业，事业还有不成功的可能吗？如果没有做到先修身、齐家，那么，自身缺乏修养，不具备干事业的能力，或者即使有能力却常常“后院起火”，就干不好事业。可见君子的大道，就存在于日常生活之中。

第十六章

鬼神

这一章借鬼神来说明道。道是无所不在的，道是真实无妄的，道是“不可须臾离”的，人们必须用诚心对待它。

另一方面，也是照应了第十二章，说明“君子之道费而隐”，广大而又精微。看不见听不到的，是“隐”，是精微；但它却体现在万物之中使人无法离开它，是“费”，是广大。这就是“至广大而尽精微”。

原典

子曰：“鬼神之为德①，其盛矣乎！”视之而弗见，听之而弗闻，体物②而不可遗。使天下之人，齐(zhāi)明盛服③，以承祭祀。洋洋乎④！如在其上，如在其左右。《诗》⑤曰：“神之格思⑥，不可度⑦思，矧（shěn）⑧可射（yì）⑨思。”夫微之显⑩，诚之不可掩⑪如此夫！”

注释

①神：这里讲的大概是人格神，但宋儒张载却说：“鬼神者，二气之良能也。”朱熹说：“鬼神，天地之功用，而造化之迹也。”又说：“以二气言，则鬼者阴之灵也，神者阳之灵也。以一气言，则至而伸者为神，反而归者为鬼，其实一物而已。”把鬼神气化，说成气的功效。为德：朱熹说：“犹言性情功效。”

②体物：体察、生养万物。

③齐：通“斋”，斋戒。明，洁净。盛服：即盛装。

④洋洋乎：流动充满之意。

⑤《诗》：此指《诗经·大雅·抑》。

⑥格思：来临。思，语气词。

⑦度：揣度。

⑧矧：况且。

⑨射：《诗》作“斁”，厌，指厌怠不敬。

⑩微之显：指鬼神之事既隐微又明显。

⑪掩：掩盖，遮掩。

译文

孔子说：“鬼神的德行可真是大得很啊！虽然看不见也听不到，但它却体现在万物之中，使人无法离开它。天下的人都斋戒净心，穿着庄重整齐的服装去祭祀它。它无所不在啊！好像就在你的头上，好像就在你左右。《诗经·大雅·抑》说：‘神的降临，不可揣测，怎么能够怠慢不敬呢？’从隐微到显著，真实的东西就是这样不可掩盖！”

古注

（鬼神之为德，其盛矣乎！）

朱熹注：“程子曰：‘鬼神，天地之功用，而造化之迹也。’张子曰：‘鬼神者，二气之良能也。’愚谓以二气言，则鬼者阴之灵也，神者阳之灵也。以一气言，则至而伸者为神，反而归者为鬼，其实一物而已。为德，犹言性情功效。”

（视之而弗见，听之而弗闻，体物而不可遗。）

朱熹注：“鬼神无形与声，然物之终始，莫非阴阳合散之所为，是其为物之体，而物所不能遗也。其言体物，犹易所谓干事。”

（使天下之人，齐明盛服，以承祭祀。洋洋乎！如在其上，如在其左右。）

朱熹注：“齐之为言齐也，所以齐不齐而致其齐也。能使人畏敬奉承，而发见昭著如此，乃其体物而不可遗之验也。孔子曰：‘其气发扬于上，为昭明焄蒿凄怆。此百物之精也，神之着也’，正谓此尔。”

（夫微之显，诚之不可掩如此夫。）

朱熹注："诚者，真实无妄之谓。阴阳合散，无非实者。故其发见之不可揜如此。"

今论

南怀瑾："要用思想去体会鬼神不可知的这一面，有没有上帝、有没有佛、有没有菩萨、有没有神仙、有没有鬼、有没有神、有没有魔等等问题，不能用普通的一般思想的习惯去想它的，用意识思想达不到的。这个古文'矧'字，就是现在'何况'、'况且'，就是这个字。所以有些人说，'有鬼没有鬼，有神没有神？'这个猜想不行！这要讲实验的，不能猜想。'射'就是猜想。"

阅典笔记

这一章借孔子对鬼神的论述说明道无所不在，道"不可须臾离"。

另一方面，也是照应第十二章说明"君子之道费而隐"，广大而又精微。看它也看不见，听它也听不到是"隐"，是精微；但它却体现在万物之中使人无法离开它，是"费"，是广大。

作一个形象的比喻，道，就像空气一样，看不见，听不到，却无处不在，无时不在，任何人也离不开它。既然如此，当然应该是人人敬重，就像对鬼神一样虔诚礼拜了。

触类旁通

◎ 通典

教你看准“生命线”

曾经看过这样的一篇短文：

我有过一次有趣的占卜经历，影响了我的一生。

一次，我去会见一位事业上颇有成就的长辈，闲聊中谈起了命运。我问：“这个世界上到底有没有命运？”

他说：“有！”

我再问：“命运究竟是怎么回事？既然命中注定，那人们的艰苦奋斗岂不是白搭？”

他没有回答我的问题，但笑着拿起我的左手，说：“我不妨先给你看看手相，算算命。”他给我讲解了一通生命线、爱情线、事业线等的奥秘，突然，对我说：“把手伸好，照我的样子做一个动作。”他的动作就是：将左手举起，越来越紧地握起拳头。

他问：“你握紧了没有？”

我有些迷惑，答道：“当然握紧啦。”

他又问：“那些命运线在哪里？”

我机械地回答：“就在我的手里。”

他再追问：“请问命运在哪里？”

这句话如同当头棒喝，使我恍然大悟：命运在自己的手里！

他很平静地继续说道：“不管别人怎么评论你的命运，不管算命先生们如何给你算，都不要在意，你只需要记住：命运在自己的手里，而不是在别人的嘴里！这就是命运。

“当然你再看看拳头，你还会发现你的生命线有一部分还留在外面，没有被你握住，它说明命运虽然大部分掌握在自己手里，但还是有一部分被上天操纵。其实，奋斗的意义就在用其一生的努力，去换取在上天手里的那一部分‘命运’”。

我静静地坐着，半晌，只觉得这些话醍醐灌顶……

命运不是在别人或算命先生的口中，而是藏在你的手心中。你掌握着大部分的命运，它们是需要你通过努力去把握的。

◎ 评价

不论成功还是失败，不论沉浮坎坷还是顺遂通达，都是命运。人们总是以为自己改变命运，其实最终是命运改变自己。它以其固有的方式迫使我们作出选择，沿着它固有的轨迹，引导着我们前行，风一程雨一程。人的一生谁也逃脱不了命运的安排。命运是我们的依靠。人生的成就如何，取决于自己走过多长的路，经历过哪些地方，都有哪些朋友。凭着我们的智慧，走我们的路。

◎ 通典

盲目冒险与不思进取一样危险

波澜不惊的池水，死气沉沉。它面临着两种命运：要么被风干，要么成为大地的一个污点。一味安于现状之人，从未想过力争上游，这与那波澜不惊的池水有什么区别？但值得深思的是，急功近利与安于现状一样，都是极为危险的。滚滚而来的洪流，尽管势不可当，但其本身也充满了危险。无论你目前所处的位置多么优越，你还是有理由不断努力、上进。倘若你的争上之心过于迫切，越过了正常的谨慎而变成横冲直撞，你很有可能粉身碎骨。这无疑比你乖乖待在原来的位置更惨。对自己的命运不满，不能上升为让自己觉得可悲。对现状不满应该向前不断努力，利用自己的知识，获得更好的位置。若你需养家糊口，你就不能因为自己投机取巧的行为而让别人的利益受到损害。把自己的双脚牢牢固定在今日的磐石之上，然后伸出双手，攀登未知的境域。当你认为时机已经成熟，就果断抓住时机。世界上一半的失败源于停滞、不思进取，在机会送上门时，手都不想伸一下；另一半的失败则是源于永不满足、野心过于膨胀，看到一条细绳抛过来时，不由分说，立马抓住，却不去想一下细绳的另一端是否牢固。

◎ 评价

许多人放弃眼前的职位，因为在他们心中还有更高的追求。他们知道如果自己一味维持现状，情况会多么糟糕。但他们若对未来没有具体的规划，没有分析是否存在真正的机会，而只是一往直前，离开原先稳固的基础，最终只能困于流沙，垂死挣扎。所以，盲目冒险与不思进取一样不可取，持守中庸之道方为决胜之境。

第十七章

大德

孝是最基本的德行，儒家认为推行孝于天下就是为政。《论语·为政》:“或谓孔子曰:‘子奚不为政？’子曰:‘《书》云:孝乎惟孝，友于兄弟，施于有政。是亦为政，奚其为为政？’”本篇思想和孔子思想一脉相承。

舜遇到了可怕的家庭环境，父亲不喜欢他，弟弟要害他，但舜没有放弃孝德和友爱。由于道德高尚，他被看作圣人。不仅如此，他还获得了至高的地位和四海的财富，生命也得到了延长，传说活到了一百一十岁——位、禄、名、寿都得到了。作者认为自然规律必然如此，天是生物的，但必须因其材质而下功夫，能生的才能培植，不能生的自然覆灭。《诗经》里早就说过，那些有美好德行的人，会为民众做好事，所以也会得到天的保佑。因此有大德的人必然获得至高无上的权位。

在这里，作者突出了道德的至上性，但并不排除权力、名位、财富、福禄、长寿等世俗人们所倾慕的东西，只不过和德行连在了一块。

对“大德者必受命”这个结论，后儒提出许多怀疑，他们以孔子为例，说孔子是有大德的人，却并没有获得最高的权力和地位。对此一问，虽说也有人百般打圆场，但也无法解释。

朱熹注 :“不见不闻，隐也。体物如在，则亦费矣。此前三章，以其费之小者而言。此后三章，以其费之大者而言。此一章，兼费隐、包大小而言。”

原典

子曰："舜其大孝也与！德为圣人，尊为天子，富有四海之内，宗庙飨（xiǎng）之①，子孙②保之。故大德必得其位，必得其禄，必得其名，必得其寿。故天之生物，必因其材而笃焉③。故栽者培④之，倾者覆⑤之。《诗》⑥曰：'嘉乐⑦君子，宪宪令德⑧。宜民宜人，受禄于天。保佑命之，自天申⑨之。'故大德者必受命。"

注释

①宗庙：古代天子、诸侯祭祀先王的地方。飨：一种祭祀形式，祭先王。之，代词，指舜。

②子孙：指舜的后代虞思、陈胡公等。

③材：资质，本性。笃：厚，这里指厚待。

④培：培育。

⑤覆：倾覆，摧败。

⑥《诗》：此指《诗经·大雅·假乐》。

⑦嘉乐：今本《诗经》作"假乐"。假（xiá），意为美善。

⑧宪宪：今本《诗经》作"显显"。显显，显明兴盛的样子。令德，美好的德行。

⑨申：重申。

译文

孔子说："舜该是个最孝顺的人了吧！论德行他是圣人，论地位他是尊贵的天子，论财富他拥有整个天下，后代在宗庙里祭祀他，子子孙孙都保持他的功业。所以，有大德的人必定得到他应得的地位，必定得到他应得的财富，必定得到他应得的名声，必定得到他应得的长寿。所以，上天生养万物，必定根据它们的资质而厚待它们。能成材的得到培育，不能成材的就遭到淘汰。《诗经·大雅·假乐》说：'高尚优雅的君子，有光明美好的德行，让人民安居乐业，享受上天赐予的福禄。上天保佑他，任用他，给他以重大的使命。'所以，有大德的人必定会承受天命。"

古注

（故大德必得其位，必得其禄，必得其名，必得其寿。）

朱熹注："舜年百有十岁。"

（故天之生物，必因其材而笃焉。故栽者培之，倾者覆之。）

朱熹注："气至而滋息为培。气反而游散则覆。"

今论

南怀瑾："天地生一样东西，生一个人也好、生一个人物也好、生一样东西也好，'必因其材而笃焉'，看他自己是个什么材料而培养他。有许多青年人志大、才疏，那个心想的比鹅蛋还大，本事好像比蟑螂的蛋还要小，那怎么行？这就叫做志大才疏。《易经系传》：'德薄而位尊，知小而谋大，力小而任重。''才疏'，学问不够，思想、幻想超过了自己的能力，没有不失败的。所以'天之生物，必因其材而笃焉'，正己而不求于天、正己而不求于佛、正己而不求于上帝；人助而后天助、自助而后天助，应该有这个精神。"

阅典笔记

天生我材必有用。

只要你修身而提高德行，"居易以俟命"，总有一天会受命于天，担当起治国平天下的重任。到那时，名誉、地位、财富都已不在话下，应有的都会有。就像苏联故事片《列宁在十月》里的主人公瓦西里说的："面包会有的，一切都会有的。"

由此看来，儒学并不是绝对排斥功利，而只是反对那种急功近利、不安分守己的做法。换言之，儒学所强调的，是从内功练起，修养自身，提高自身的德行和才能，然后顺其自然，水到渠成地获得自己应该获得的一切。

这其实也正是中庸之道的精神——凡事不走偏锋，不走极端，而是循序渐进，一步一个脚印地走下去。

触类旁通

◎ 通典

孝心比一切都重要

孝心之爱，是每一个做小辈的对长辈的一种特别的爱。但真正的孝心，并不是可以用金钱来衡量的，而在于子女的用心程度。

有一个打工青年，他同在省城打工的老乡得知他要回老家过年，委托他给自己捎点儿东西回去，青年痛快地答应了。

老乡要他带回去的，全是乡下很容易买到的，比如速冻饺子、汤圆、豆包，还有酱油、味精、洗衣粉，装了满满两大纸箱。

“怎么往家里带这些东西？还不如捎点儿钱呢。”青年一脸的困惑不解。要知道，从省城到老家，要坐整整六个小时的火车，还要换乘汽车在崎岖的山路上颠簸四个小时呢。为此，他每次回家都带极少的东西，常常是给点钱给父母，要他们随便买点儿自己喜欢的东西。

老乡不好意思地告诉他：“你也知道，我一个女孩子在外面打工非常不容易。这半年我没挣到多少钱，最近好不容易才找到一份工作，春节就不回去了，便把这些东西给我妈带上，就说都是我单位分的，吃不完的。”

青年只得一路小心地呵护着老乡两箱并不珍贵的新年礼物，生怕它们化冻，挤坏了，一路上受了不少累。

一下车，青年就扛着纸箱直奔老乡家。老乡的母亲高兴地拆开纸箱，把那些东西摆了一炕。她边摆边高兴地告诉青年："女儿好几次写信回来，说她找了一个好单位上班，什么东西都分，吃都吃不完，让我们别惦记着她。起初我还不相信，以为她怕我挂念她。看到她拿回来的这些东西，我就放心啦。"

看到老人家满脸的喜悦，青年的心倏然一动。真是难得老乡的一番孝心啊！

随后的几天里，在老乡母亲慷慨的分赠和充满自豪的讲述中，青年看到了左邻右舍那羡慕的目光，看到了老乡母亲那无法形容的幸福。

青年要回城上班了，老人家依然满怀欣喜地让青年转告老乡，其实家里什么都不缺，要她好好工作，别对不住单位领导对她那么细心的关照。

归途上，青年的心里有些失落，他的眼前一再浮现出那两只箱子，浮现出老乡母亲脸上那整天挂着的笑容，心中不禁一颤——除夕之夜，青年给母亲两千块钱，母亲也只是淡淡一笑。青年带给他母亲的快乐，远远不如老乡带给她母亲的快乐。

◎ 评价

孝心无法用金钱来衡量，亲情是最深厚的爱。只有用心去做，才能更好地体现一个人的孝心。

◎ 通典

如何取得事业成功

有一位年轻人，他的理想就是做一名出色的员工。虽然他的第一份工作是整理文件，但从一开始，他就全身心地投入工作，并且任劳任怨。很快，他就成了办公室里有史以来最好的文件整理者。当他出色地完成一个任务后，公司又把更重要的任务交给他。他一如既往地完成工作，然后，等待着他的就是一个更高的职位，而他也尽心地履行着自己的职责。他心中有两个理想：当前的理想与未来的理想。他专注于当前的职责并脚踏实地地完成它的同时，对未来满怀憧憬。他始终铭记一点：若不完成今日的职责，明日的理想便没有基石，一切美好的事物都只是空中楼阁而已。而他的具体理想也是随时势而变，但在前脚未稳之前，绝不莽撞冲动地迈出后脚。他能沿袭别人成功的经验，避免失败的歧路，而不像许多毫无理想，罔顾现实与未来的人那样失败得一塌糊涂。

◎ 评价

无论你的地位多么卑微，无论你的境遇如何落魄，无论你的收入如何微薄，都不会有人因此而鄙视你、嘲笑你。当你开始尝试攀爬第一层台阶时，可能暂时感到无力，然而，当你到达后，你就可以把下一个台阶作为目标；接着第三个台阶，然后一步一步往上攀爬。

◎ 通典

己所不欲，勿施于人

谚语或格言，凝结了古人生存经验与智慧的精髓，值得我们去遵循。但偶尔有一些所谓的“至理名言”却并非如此，比如我在一份主流报纸上看到这样一句格言：“与那些胜于己的人交朋友。”可以的话，照做；但实际上你却难以做到。

人们都愿意与那些与我们趣味相投的人在一起。一位大学教授不能与制鞋者成为朋友，并不是说仅仅是因为前者比后者就某个问题知道得更多。而是因为，他们在很多方面没有共同之处，难以成为朋友。

正义之人是不会与邪恶之人亲密接触的。正义的人会努力去帮助这些不幸的人。但如果他不洗心革面，尝试变作一个善良的人，他便不能与那些善良与正义的人成为朋友。无论人是否生而平等，每个人在世上得到的机会和权利却是不平等的。

其实，环境造就的犯罪几率比遗传的更大。近朱者赤，近墨者黑。在自己树立起良好的品行之前，我们难以逃脱邪恶的魔爪。不让一个迷恋于古典文学的人与这方面的学者交朋友，这是毫无道理的；同样，要求一些兴趣、志向各异的人一定要成为亲密的朋友，这同样是无稽之谈。我们与那些志趣相投的人友好相处，是基于双方共同的爱好。

因而，若你想拥有优秀的朋友，先让自己变得优秀起来吧；想拥有有能力的朋友，先提升自己的能力吧；想拥有道德高尚的朋友，自己先修行吧。

我希望读者不要误解，我只是想阐述“物以类聚，人以群分”这个道理而已，通俗一点就是：好的与好的一堆，坏的与坏的一摞。只要立志于成为道德高尚之人，你就有机会成为这样的人；即使你还不能完全做到。人活于世，必须要有可以共鸣的朋友相伴。上帝与自然给了我们选择各自道路的权利，你就是自己的主人！

◎ 评价

每个人都希望自己结识的朋友是优秀的、完美的，因为，朋友的品质在一定程度上决定了我们的品质。但殊不知，交朋友是双向选择的过程，我们想选优秀的人为朋友，我们也得经得起别人的拣选。

第十八章

无忧

本章有三个层次。由舜讲到周代，作者认为周代先王积德累仁，特别是文王更为突出。这是第一个层次。

至武王，虽说以武力获得天下，但名望并没有丧失，获得了尊荣、权位、财富以及子孙长久的祭祀。这是第二个层次。

周公是第三个层次。周公成就了文王、武王的事业，制礼作乐，从天子推及百姓。通篇都是讲德，和上文“大德必得其位”相通，核心还是同孝相连。

朱熹注：“此由庸行之常，推之以极其至，见道之用广也。而其所以然者，则为体微矣。后二章亦此意。”

原典

子曰：“无忧者其惟文王[①]乎！以王季[②]为父，以武王[③]为子；父作[④]之，子述[⑤]之。武王缵（zuǎn）大王、王季、文王之绪[⑥]，壹戎衣[⑦]而有天下。身不失天下之显名，尊为天子，富有四海之内，宗庙飨之，子孙保之。武王末[⑧]受命，周公成文武之德[⑨]，追王（wàng）[⑩]大王、王季，上祀先公以天子之礼。斯礼也，达乎诸侯大夫，及士庶人。父为大夫，子为士，葬以大夫，祭以士。父为士，子为大夫，葬以士，祭以大夫。期（jī）之丧[⑪]达乎大夫，三年之丧达乎天子，父母之丧，无贵贱一也。”

注释

①文王：指周文王。

②王季：周文王的父亲，名季历，周武王即位，封为王季。

③武王：周文王的儿子，名发，谥号武。

④作：创业。

⑤述：继承。

⑥缵：继续。大王：太王，即王季的父亲古古亶父。绪：事业。

⑦壹戎衣：一著戎衣以讨伐商纣。

⑧末：晚年。

⑨周公：周武王的弟弟，名旦，辅武王伐纣。成文武之德：成就了文王、武王的德业。

⑩追王：追尊……为王。

⑪期之丧：指一年的守丧之期。

译文

孔子说："没有忧愁的人，大概只有周文王了吧！他有王季这样的父亲，有武王这样的儿子。父亲开创了帝王的基业，儿子继承了他的事业。武王继承了太王古公亶父、王季、周文王的功业，身着战袍讨伐商纣王，一举夺取了天下。他本身没有失掉显扬天下的美名，成为尊贵的天子，拥有四海之内的疆土，社稷宗庙祭祀他，子子孙孙永保周朝王业。武王晚年才承受天命，及至周公才成就了文王、武王的德业，追尊太王、王季为王，又用天子之礼祭祀历代祖先。而且将这种礼制推行到诸侯、大夫、士和庶人中。按照这种礼制，如果父亲身为大夫，儿子身为士，父亲死后，用大夫礼安葬，用士礼祭祀；如果父亲身为士，儿子身为大夫，父亲死后，就用士礼安葬，用大夫礼祭祀。服丧一周年的丧制，从庶民一直通行到大夫。服丧三周年的丧制，一直通行到天子。为父母服丧，不论身份贵贱，服期都是一样的。"

古注

(无忧者其惟文王乎！以王季为父，以武王为子；父作之，子述之。)

朱熹注："文王之事，书言'王季其勤王家'，盖其所作，亦积功累仁之事也。"

（武王缵大王、王季、文王之绪。壹戎衣而有天下，身不失天下之显名。尊为天子，富有四海之内，宗庙飨之，子孙保之。）

朱熹注："武王之事，诗云'至于大王，实始翦商'。一着戎衣以伐纣也。"

（武王末受命，周公成文武之德，追王大王、王季，上祀先公以天子之礼。斯礼也，达乎诸侯大夫，及士庶人。父为大夫，子为士，葬以大夫，祭以士。父为士，子为大夫，葬以士，祭以大夫。期之丧达乎大夫，三年之丧达乎天子，父母之丧无贵贱一也。）

朱熹注："周公之事，上祀先公以天子之礼，又推大王、王季之意，以及于无穷也。制为礼法，以及天下，使葬用死者之爵，祭用生者之禄。丧服自期以下，诸侯绝；大夫降；而父母之丧，上下同之，推己以及人也。"

今论

南怀瑾："周武王没有起来革命以前，还没有说推翻了纣王而当皇帝，他的弟弟周公已经开始起来研究中国文化了，已经完成了文王、武王这个德业他完成了，追述——中国上古文化一直到周朝的上代——曾祖父、祖父跟文王，'上祀先公'，后来当了皇帝以后，两兄弟有天下以后，以'天子之礼'制造了周礼，奠定了中国文化宪法里头的宪法，文学里头精神精华之所在，这部《礼记》。上至当皇帝必须受这个礼法文化的规范，守法；下面到各个的诸侯，以及诸侯下面的卿大夫，就是大臣、宰相；一直到士、庶人，知识分子一般老百姓，上下任何人都要遵守这个文化的精神。"

阅典笔记

孔子在这里分析了周文王的前后三代，得出的结论是周文王的境遇是最好的——上边有祖父、父亲创业，下边有儿子继承事业，并且使大业兴旺发达，自己则在中间守业，起到了承前启后的作用。

再看古今中外无数想成大业而未成者，或者是没有前人为他打下良好的基础，以致自己辛苦创业，到死还没有看到大业实现，比如有帝王之才的曹操；或者是身怀才能却得不到重用，甚至遭奸人陷害，比如秦始皇的长子扶苏，本该继承王位，却遭胡亥和赵高的陷害而自杀。跟这些人比起来，周文王是何等的"幸运"，孔子的赞叹说的正是这个意思。

我们经常会听到人们感叹“不如意事十之八九”，许多人根本就不知道如何让自己如愿以偿。中庸之道提醒我们，只有每一步都尽可能到位，每一步都走得合情合理，遇事依照平衡、和谐的智慧行事，这样才能最终获得“好运”的眷顾。所以事情只有做到适可而止、恰到好处的中庸境界，才有最圆满的结果。

孔子的话是对周文王好的境遇的感慨。这里孔子所说的“无忧”，并非是指什么忧愁也没有，什么事情都不用操心，坐享其成，有享不尽的清福，而是说因为上下前后的事情都已经安排得恰到好处，妥妥当当，每件事情都处于“中庸”的境界，所以自己只需要为情理之中的家、国、天下事操劳奋斗，没有那些无谓的烦恼和困扰，只要依事情的本来面目行事就可以了。

但我们从另一个角度来看，也可以得知大凡成就事业者，在于坚持不懈。无所成名者，由于懒惰而已。

如果你不能全身心地投入到自己的目标或继承前人的事业中去，那么你无论怎样折腾，都将是盲目的，不可能取得什么成就，也必将沦为平庸之辈而无法在人类历史上留下任何印记。那么，怎么样的人生才是理想的美好人生呢？不要空想世界会为你而改变，也不要自以为自己是了不起的人物。人生的大智慧就是学会适应，让自己融入社会，真正成为其中不容忽视的一分子，然后尽自己的能力使这个世界有所改变，并使自己的人生因此而精彩。

触类旁通

◎ 通典

成就事业在于坚持不懈

十几年前，原来在兰州电视台工作的他，在杨澜不经意的一个提议下，毅然辞去那份体面的工作，到北京成为“北漂”一族。

初来乍到，他住在北京菜户营一间阴暗潮湿的地下室里。酷爱电视事业的他每天只能面对一台 17 英寸黑白电视。那个电视机相当破旧，连开关的旋钮都没有，他用一根竹竿代替。那时候赵忠祥是他心目中的偶像，他经常饥肠饿肚地在“雪花”飞飘的电视中跟赵忠祥神会，在饿得头晕眼花的时候走出地下室买一包方便面充饥。

为了进入中央电视台找熟人帮忙，他在有警卫把守的大门外整整站了三天。

他刚进电视台时，到的是孟欣的《东西南北中》栏目，他的第一份固定工作就是早上打开水，中午买盒饭。当时全办公室的人中午吃什么都由他决定：他去得早，同事就可以吃上红烧肉一类的好菜。所以还没到中午，他就开始惦记这件事情。打回饭，帮他们送到桌上，看到他们吃得开心，他自己也很有满足感。

打了半个月杂工后，他开始担任剧务，也是做一些很琐碎的事。不过，正是在这个时间里，他的能力得到了孟欣的赏识，并最终提拔他做了《东西南北中》的栏目主持人。从此，他的艺术人生翻开了新的篇章。他就是中央电视台著名节目主持人朱军。

◎ 评价

如果你是一个有梦想的人，那么切记：坚持不懈是走向成功的不二法门。

◎ 通典

主动出击，发掘潜能

职员可以分为两类：主动出击之人与不愿出击之人。这两种人可能都雄心勃勃，忠于职守，并想出人头地。但只有那些主动出击、深思熟虑之人，才能自愿承担责任，超越那些不愿主动之人；即便后者拥有更强的能力，有着更丰富的学术与技术知识。在人生的竞技场上，重要的不是能力与经验，而是我们如何对待自己的天赋，挖掘自己的潜能。尽管工作本身很重要，但若缺乏主动性，最多也只能胜任常规的职责。正是这种主动性把人调动起来，用眼去观察，用脑去分析、辨别，让自己每个“零件”推动“机器”和谐地工作。不是每个人的主动性都能达到相同的程度。一些人虽然有能力，却没有使用它，这实在让人觉得遗憾。撇去环境因素，若我们立志，大多数人都可以把握自己人生的方向，获得丰厚的回报，迈向自己人生的高峰。据我的经验，我倾向于这样的观点：只要愿意，大多数人都是可以采取主动的。他们之所以不这样做，是因为他们懒惰，不愿意狠下心来；虽然他们还是一如既往地如机器一般工作。世上有两种懒惰：身体上与心理上。任何一种懒惰都只能通往失败。那些身体懒惰的人永远也不可能有所作为。而那些身体活跃但心智迟钝之人，亦是难有优势可言。行动之人，若没有壮志，从一开始就举步维艰，沿途更是如此。而那些空有壮志、没有行动之人，则只能是黄粱一梦。成功有赖于把让人遐想的壮志付诸行动。若梦想者没有行动之力，那么，即使其梦想是在心智范围之内的伟大创举，亦是竹篮打水一场空。许多人只顾仰望着苍穹，忘记了原来脚还是要踏着实地的；而另外一些人则低头对地，从不抬眼看看机会的曙光。

◎ **评价**

这是一个颠扑不破的真理：机会只垂青于有所准备并坚持不懈的人。

第十九章

不行

这里仍接上章，说文王、武王是大孝。孝的最重要特点是能继承先人遗志，把先人事业发展下去。《论语·学而》："子曰：'父在，观其志，父没，观其行；三年无改于父之道，可谓孝矣。'"《论语·子张》："曾子曰：'吾闻诸夫子，孟庄子之孝也。其他可能也；其不改父之臣与父之政，是难能也。'"都是讲继承遗志。

这里所不同的是突出祭祀礼乐，"慎终追远，民德归厚"（《论语·学而》），以孝治天下，治国就像看自己手掌那么容易。《论语·八佾》："或问禘之说。子曰：'不知也。知其说者之于天下也，其如示诸斯乎！'指其掌。"这里正好借用了这一思想。

原典

子曰："武王、周公，其达孝[①]矣乎！夫孝者，善继人之志，善述人之事者也。春秋[②]修其祖庙，陈其宗器[③]，设其裳衣[④]，荐其时食[⑤]。宗庙之礼，所以序昭穆[⑥]也；序爵[⑦]，所以辨贵贱也；序事[⑧]，所以辨贤也；旅酬[⑨]下为上，所以逮贱[⑩]也；燕毛[⑪]，所以序齿也。践其位，行其礼，奏其乐，敬其所尊，爱其所亲，事死如事生，事亡如事存，孝之至也。郊社之礼，所以事上帝也；宗庙之礼，所以祀乎其先也。明乎郊社之礼、禘（dì）尝[⑫]之义，治国其如示诸掌[⑬]乎。"

注释

①达孝：天下人通认为他孝。达，通。

②春秋：本指季节，此指祭祀祖先的时节。

③陈其宗器：陈列先世所藏之重器，如赤刀、大训、天球、河图之属。

④裳衣：先祖遗留的衣服。

⑤荐其时食：进献时令食品。

⑥昭穆：宗庙中神主排列的次序，一般始祖居中，以下父子按左昭右穆顺序排列。

⑦序爵：依照爵位高低排列。

⑧序事：排列宗祝有司的职事。

⑨旅酬：众人举杯劝酒。旅，众。酬，以酒相劝。

⑩逮贱：祖先的恩惠下达到卑贱者。

⑪燕毛：宴饮时，按照毛发的颜色区分长幼的次序。燕，同“宴”。

⑫禘尝：此代指四时祭祀。禘，天子宗庙举行的隆重祭礼。尝，秋祭。

⑬示诸掌：看视放置在手掌上的东西，指容易看见。示，通“视”。

译文

孔子说：“周武王和周公，天下人都认为他们是最孝的人了吧！这样的孝，指的是善于继承先人的遗志，善于继承先人未竟的事业。每逢春秋举行祭祀时，修整祖庙，陈列祖先遗留的重器，摆设先人的衣裳，供奉时令食品。宗庙中的祭礼，是用以排列左昭右穆各个辈分的；排列爵位，是用以辨别身份贵贱的；安排祭祀中各种职事，是用以判断子孙才能的；祭后众人轮流举杯劝酒时，晚辈向长辈敬酒，是用以显示先祖的恩惠下达到地位低贱者的身上的；祭毕宴饮时，依照头发的黑白来排列座次，是用以区分长幼次序的。供奉好先王的牌位，举行先王留下的祭礼，演奏先王时代的音乐，敬重先王所尊敬的人，爱护先王所爱的子孙臣民，侍奉死者如同他在世时一样，这就是孝道的极致了。祭祀天地的礼节，是用来侍奉上帝的；祭祀宗庙的礼节，是用来祭祀自己祖先的。明白了祭天祭地的礼节和四时举行禘尝诸祭的意义，那么治理国家就如同观看手掌上的东西一样清楚容易了。”

古注

（武王、周公，其达孝矣乎！）

朱熹注："承上章而言武王、周公之孝，乃天下之人通谓之孝，犹孟子之言达尊也。"

（夫孝者，善继人之志，善述人之事者也。）

朱熹注："上章言武王缵大王、王季、文王之绪以有天下，而周公成文武之德以追崇其先祖，此继志述事之大者也。下文又以其所制祭祀之礼，通于上下者言之。"

（宗庙之礼，所以序昭穆也；序爵，所以辨贵贱也；序事，所以辨贤也；旅酬下为上，所以逮贱也；燕毛，所以序齿也。）

朱熹注："旅酬之礼，宾弟子、兄弟之子各举觯于其长而众相酬。盖宗庙之中以有事为荣，故逮及贱者，使亦得以申其敬也。"

（践其位，行其礼，奏其乐，敬其所尊，爱其所亲，事死如事生，事亡如事存，孝之至也。）

朱熹注："始死谓之死，既葬则曰反而亡焉，皆指先王也。此结上文两节，皆继志述事之意也。"

今论

南怀瑾："只有武王、周公，通达、懂得孝道，真正所谓孝子的，善于继承父母祖先的那个遗志，所谓愿力、希望，给他达成。使自己后代怎么样安定下去，使告慰于父母，告慰于祖宗，这就叫'善继人之志'。父母祖先已经有家庭、文化、道德、功业的基础的，做后代人能够发扬而光大之，这个是孝子。"

阅典笔记

孝，就是继承先祖未竟的美好志向，使他们高尚的德行通过后代的传承发扬光大，使他们伟大的事业在后世的努力下能够玉成。当然对于我们平凡的一生来说，我们可以没有轰轰烈烈的事业或成就，但是我们却可以做出我们切实的努力，平安度过一生。能够让祖先欣慰，不让祖先背负恶名，就是我们的孝心。

孔子说："不学礼，无以立。"礼仪是一切美德的基础。一个人之所以被人尊重，就在于奉行礼仪，尊重他人。行为粗俗意味着放弃了自己做人的尊严。

齐家治国以推广孝德为先务，以合乎礼义为可贵。礼的根本在于诚敬，设立宗庙的实质在于尊严。建立和谐融洽的社会关系是成就事业的关键。古今神圣的功业、崇高的事迹，都是建立在礼仪的基础之上的，因此，"礼义之立，治国之先务也"。

触类旁通

◎ 通典

以礼维持和谐

讲礼是中庸的体现，也是维持人际和谐的重要手段。礼尚往来至少包括两方面的意思：一是要敬重别人，二是不要苛责别人。

《呻吟语》中说："责人要含蓄。"意即在指责他人过失时，最好不要一次把心中想要说的话完全表达出来。这是从政治生涯中总结出来的名训。

此外，《呻吟语》还具体地指出："指责他人之过，需要稍作保留。不要直接地攻讦，最好采用委婉暗示的譬喻，使对方自然地领悟，切忌露骨直言。"还接着说："即使是父子关系，有时候挨了父亲的骂，也会无法忍受而顶嘴，更何况是别人呢？"父子有血缘关系，无论如何也不能割舍，但朋友或其他熟人关系就不是这样了，过激的言辞很可能会断送友谊。

与人争论时也一样，以严密的论证将对方驳倒固然令人高兴，但也未必非将对方批驳得体无完肤才行。因为只要略想就可以知道，这样做其实是很愚蠢的，不但对自己毫无益处，甚至还会适得其反。

当我们和他人发生摩擦时，首先要了解他的想法，然后在顾及对方颜面的前提下，陈述自己的意见，给对方留有余地。这一点在处理人际关系时必须记住。

中国人在识人方面一向有独到的眼光，尤其是那些正人君子。所谓"君子交绝不出恶声”，即在这个世界上，与人亲密地交往时，要诚意待人，纵使交恶断绝往来，也不可口出恶言，说对方的不是。这是因为：第一，倘若说了绝交者的坏话，等于承认了自己识人不清。第二，说坏话诽谤他人，对方终究会有所耳闻，他也会将自己的怨恨一股脑儿发泄。须知，道人之短者，除了于自己名声不利外，是捞不到任何好处的。

礼是敬重人。天逸子说：“以礼敬于人，人们就服从你；以礼敬于神，神就保佑你；以礼敬于天，天就会相助你。”这是不可改变的道理。

荀子认为，不仅对贤能的人应当有礼，而且对不肖的人也应当有礼。人生活在现实社会中，不能独处、孤立。君臣之间，父子之间，夫妇之间，长幼之间，四海之内的朋友之间，都有交往，要交往就必须靠礼来维持。礼既是一种规矩，又是一种态度。态度主要表现在脸上，换上一副面孔，一种好的态度，在面子上有礼有度，人与人之间才会有情有面，一片祥和。

◎ 评价

你要别人怎样对你，你就先怎样对待别人。依据这一法则，我们有必要不断地调整和完善我们的处世准则和方法。要学会给人尊重，给人赞美，以礼待人。

◎ 通典

荒淫失国的隋炀帝

在中国封建社会漫长的几千年里，荒淫奢侈的帝王不乏其人。隋炀帝杨广可以说是达到了登峰造极的地步。为了尽享天下的声色之乐，隋炀帝在洛阳郊外的西苑之中，设置了诸如“如意车”“神秘镜”等享乐花招。

仅从外表看来，“如意车”与一般的装饰华丽的马车别无二致，里面却大有文章。车篷上悬有许多精巧无比的金铃和玉片，车行时叮咚有声，仿佛仙乐一般；车内安有宽大舒适的床榻，隋炀帝可以和宫女们在车中为所欲为；四周张以绫罗帏幔，上面绣着活灵活现的龙凤，既能装饰车马，又能遮掩住车内场面，不必担心春光外泄。

“神秘镜”是炀帝曝露心态下应运而生的产品。当时用的镜子还是铜镜，隋炀帝命人铸造了一些六尺见方的大铜板，打磨得极其平整光亮悬，挂在寝宫的四周。每当与宫女缠绵于床笫之际，他们的淫乐之形在大铜镜中一览无余。

“长枕大被”是萧后想出来的花样。她根据寺院禅床的灵感，命人制作了一个硕大的床，再配以异常宽大的被褥和枕头，一夜可容数十位美人与隋炀帝同寝。隋炀帝辗转于美人之间，像是蝴蝶旋飞于百花丛中一般，乐不可言。

更妙的还有“剪彩为花”一项。因为秋冬时季草木凋零，园中萧瑟，隋炀帝为之闷闷不乐。当时西苑十六院的众嫔妃们集议商量出一策，用五彩绸缎剪制成鲜花嫩叶，点缀在树木枝丫之间，红娇绿嫩，恍如春满人间。为了讨好隋炀帝，众嫔妃们也可谓用心良苦。

◎ 评价

这段文字，栩栩如生地再现了隋炀帝耽于声色、奢侈荒淫的场景，读来令人发指，更不要说以礼治国、以礼遇臣了。

◎ 通典

李密之孝感天动地

李密（224—287），字令伯，西晋文学家。初仕蜀汉，后仕西晋。其祖父李光曾任朱提太守。李密从小家境贫寒，出生六个月父亲就去世了，四岁时舅父又强迫母亲何氏改嫁，他在祖母刘氏的抚养下长大成人。李密以孝敬祖母而闻名。

李密幼时体弱多病，但甚是好学。他师事谯周，博览五经，尤精《春秋左氏传》，以文学见长。年轻时，曾任蜀汉尚书郎。晋灭蜀后，征西将军邓艾敬慕他的才能，请他担任主簿。李密以奉养年迈祖母为由，谢绝了邓艾的聘请。泰始三年（267），晋武帝立太子，慕李密之名，下诏征密为太子洗马。诏书累下，郡县频催。这时，李密的祖母已九十六岁，年老多病。于是他向晋武帝上表，陈述家里情况，说明自己无法应诏的原因。这就是著名的《陈情表》。

《陈情表》措辞恳切，委婉动人。表到朝廷，晋武帝看了，为李密对祖母刘氏的一片孝心所感动，赞叹李密“不空有名也”。不仅同意暂不赴诏，还嘉奖他孝敬长辈的诚心，赏赐奴婢二人，并指令所在郡县，发给他赡养祖母的费用。《陈情表》以侍亲孝顺之心感人肺腑，千百年来一直被人们广为传诵，影响深远。文中的一些词句如“急于星火”“日薄西山，气息奄奄”“人命危浅，朝不虑夕”等，直至今日还经常被人们引用。

李密在祖母去世服丧期满后出仕。在任温县（今河南温县）县令时，他政令严明，政绩显著，以刚正见称。过去，中山诸王每过温县，必苛求供给，当地人民以此为患。李密到任后，以理力争，使诸王过境不敢苛求，为百姓办了件好事。

◎ 评价

有德行如李密所持，方不枉传世之名。

第二十章

问政

这一章是《中庸》全篇的重点，接续前章，分几个层次：

首先借孔子的回答提出了为政准则——文武之道。讨论了政事与人的关系，认为人的关键是道德修养，提出了德的内涵：仁、义、礼、智。并认为四者来源于天，是自然的道德法则。从而推导出天下人共有的君臣、父子、夫妇、兄弟、朋友五达道，突出了实践达道的智、仁、勇三达德。

其次，接上文提出了治理天下国家的九条原则，并讨论了这九条原则的重要性，以及如何实现这些原则——关键在于一个“诚”字。这和《大学》修、齐、治、平有共通之处。

再次，由诚引出天道和人道，圣人和凡人的问题。认为天道就是诚，即真实无妄。圣人和天道同一，是自然之诚。圣人不用勉力，不用思考，就可以从从容容达到中道。而人道往往不诚，必须经过自反，关键在于“择善而固执”，即紧紧抓住一个善字。善当然包括仁、义、礼、智四德。一般人，也就是学知、困知、利行、勉行之人，在学习时要注意学、问、思、辨、行这些学习方法和原则。

《论语·子张》中也有类似思想，如子夏说：“博学而笃志，切问而近思，仁在其中矣。”与之相比，《中庸》增加了力行的内容，而且内容更加丰富全面。

原典

哀公①问政。子曰：“文武之政，布在方策②。其人③存，则其政举；

其人亡，则其政息[4]。人道敏政，地道敏[5]树。夫政也者，蒲卢[6]也。故为政在人，取人以身，修身以道，修道以仁。仁者，人也，亲亲为大。义者，宜也，尊贤为大。亲亲[7]之杀（shài）[8]，尊贤之等，礼所生也。故君子不可以不修身。思修身，不可以不事亲；思事亲，不可以不知人；思知人，不可以不知天。”

注释

①哀公：春秋时鲁国国君。姓姬，名蒋，“哀”是谥号。

②布：陈列。方：书写用的木板。策，书写用的竹简。

③其人：指文王、武王。

④息：灭，消失。

⑤敏：迅速。指各种政策的快速推行。

⑥蒲卢：即芦苇。芦苇性柔而具有可塑性。

⑦亲亲：前者为动词，作亲爱解；后者是名词，指亲人，如父母等。

⑧杀：等差。

译文

鲁哀公询问政事。孔子说：“周文王、周武王的政事都记载在典籍上。他们在世，这些政事就实施；他们去世，这些政事也就废弛了。贤人治理国家，政事就能迅速推行；沃土植树，树木就能快速生长。说起来，政事就像芦苇生长一样快速容易，所以能否处理好政事完全取决于用什么人。要得到适用的人在于修养自己，修养自己在于遵循大道，遵循大道要从仁义做起。仁就是爱人，亲爱亲族是最大的仁。义就是事事做得适宜，尊重贤人是最大的义。至于说亲爱亲族要分亲疏，尊重贤人要有等级，这都是礼的要求。所以，君子不能不修养自己。要修养自己，不能不侍奉亲族；要侍奉亲族，不能不了解他人；要了解他人，不能不知道天理。”

古注

（人道敏政，地道敏树。夫政也者，蒲卢也。）

朱熹注：“以人立政，犹以地种树，其成速矣，而蒲苇又易生之物，其成尤速也。言人存政举，其易如此。”

（故为政在人，取人以身，修身以道，修道以仁。）

朱熹注："人君为政在于得人，而取人之则又在修身。能修其身，则有君有臣，而政无不举矣。"

（仁者，人也，亲亲为大。义者，宜也，尊贤为大。亲亲之杀，尊贤之等，礼所生也。）

朱熹注："具此生理，自然便有恻怛慈爱之意，深体味之可见。"

（故君子不可以不修身。思修身，不可以不事亲；思事亲，不可以不知人；思知人，不可以不知天。）

朱熹注："为政在人，取人以身，故不可以不修身。修身以道，修道以仁，故思修身不可以不事亲。欲尽亲亲之仁，必由尊贤之义，故又当知人。亲亲之杀，尊贤之等，皆天理也，故又当知天。"

今论

南怀瑾："一个讲修养文化道德的，先要要求自己本身做起、修身。最高的表达，就是看你在家庭里头，对父母啊，兄弟啊，姊妹啊，家庭兄弟姊妹都处不好，朋友之间会处得好？你虽然晓得要事亲昵，第一个晓得了解人，人与人之间怎么样做人。但是要了解人啊，就要懂得哲学，就要晓得形而上道。'天道远，人道迩'，天道太远，人道很近，回转来由人道告诉你天道。"

原典

天下之达道[①]五，所以行之者三，曰：君臣也，父子也，夫妇也，昆弟[②]也，朋友之交也。五者，天下之达道也。知、仁、勇三者，天下之达德[③]也。所以行之者一[④]也。或生而知之，或学而知之，或困而知之，及其知之一也。或安而行之，或利而行之，或勉强而行之，及其成功一也。子曰："好学近乎知，力行近乎仁，知耻近乎勇。知斯三者，则知所以修身；知所以修身，则知所以治人；知所以治人，则知所以治天下国家矣。"

注释

①达道：天下古今共同遵循的道理。

②昆弟：兄和弟，也包括堂兄堂弟。

③达德：天下古今共同具备的德性。

④一：指诚。

译文

天下人共有的伦常关系有五项，用来处理这五项伦常关系的德行有三种。君臣、父子、夫妇、兄弟、朋友之间的交往，这五项是天下人共有的伦常关系；智、仁、勇，这三种是用来处理这五项伦常关系的德行。至于这三种德行的实施，道理都是一样的。比如说，有的人生来就知道它们，有的人通过学习才知道它们，有的人要遇到困难后才知道它们，但只要他们最终都知道了，也就是一样的了。又比如说，有的人自觉自愿地去实行它们，有的人为了某种好处才去实行它们，有的人勉勉强强地去实行，但只要他们最终都实行起来了，也就是一样的了。孔子说："喜欢学习就接近了智，努力实行就接近了仁，知道羞耻就接近了勇。知道这三点，就知道怎样修养自己，知道怎样修养自己，就知道怎样管理他人，知道怎样管理他人，就知道怎样治理天下和国家了。"

古注

(天下之达道五，所以行之者三，曰：君臣也，父子也，夫妇也，昆弟也，朋友之交也。五者，天下之达道也。知、仁、勇三者，天下之达德也。所以行之者一也。)

朱熹注："达道者，天下古今所共由之路，即书所谓五典，孟子所谓"父子有亲、君臣有义、夫妇有别、长幼有序、朋友有信"是也。知，所以知此也；仁，所以体此也；勇，所以强此也；谓之达德者，天下古今所同得之理也。一则诚而已矣。达道虽人所共由，然无是三德，则无以行之；达德虽人所同得，然一有不诚，则人欲间之，而德非其德矣。程子曰："所谓诚者，止是诚实此三者。三者之外，更别无诚。"

朱熹注："知之者之所知，行之者之所行，谓达道也。以其分而言：则所以知者知也，所以行者仁也，所以至于知之成功而一者勇也。以其等而言：

则生知安行者知也，学知利行者仁也，困知勉行者勇也。盖人性虽无不善，而气禀有不同者，故闻道有蚤莫，行道有难易，然能自强不息，则其至一也。吕氏曰：‘所入之涂虽异，而所至之域则同，此所以为中庸。若乃企生知安行之资为不可几及，轻困知勉行谓不能有成，此道之所以不明不行也。’”

（或生而知之，或学而知之，或困而知之，及其知之一也。或安而行之，或利而行之，或勉强而行之，及其成功一也。）

朱熹注：“通上文三知为知，三行为仁，则此三近者，勇之次也。吕氏曰：‘愚者自是而不求，自私者殉人欲而忘反，懦者甘为人下而不辞。’故好学非知，然足以破愚；力行非仁，然足以忘私；知耻非勇，然足以起懦。”

今论

南怀瑾：“一个人想建大功立大业，对社会、国家、天下、对人类有所贡献，必须要晓得这个原则，智、仁、勇三达德一定要搞清楚。搞清楚就是说，怎么样才能做到真正的智慧——好学，好学培养出来真智慧；不是好学的本身是智慧，好学可以培养出来真智慧。第二要力行，第三随时要反省知耻。那么这是一个方法，也就是学问修养的标准。知道三种这样的道理，那么谈得到是修行人了，拿佛家来讲；儒家呢，就是属于修身，这才真正在修行。知道了真正的修行，然后才可以说治人，出来做人做事。这个治人不一定是干政治说管理人家；治者正也，正己而后正人。”

原典

凡为天下国家有九经①，曰：修身也，尊贤也，亲亲也，敬大臣也，体②群臣也，子庶民③也，来百工④也，柔远人⑤也，怀⑥诸侯也。修身则道立，尊贤则不惑，亲亲则诸父昆弟不怨，敬大臣则不眩，体群臣则士之报礼重，子庶民则百姓劝⑦，来百工则财用足，柔远人则四方归之，怀诸侯则天下畏之。

注释

①为：治理。九经：九条准则。

②体：体察，体恤。

③子庶民：以庶民为子，如父母爱其子。子，动词。庶民，平民。

④来：招来。百工：各种工匠。

⑤柔远人：安抚边远地方来的人。

⑥怀：安抚。

⑦劝：勉力，努力。

译文

治理天下和国家有九条原则，那就是：修养自身，尊崇贤人，亲爱亲族，敬重大臣，体恤群臣，爱民如子，招纳工匠，优待远客，安抚诸侯。修养自身就能确立正道；尊崇贤人就不会思想困惑；亲爱亲族就不会惹得叔伯兄弟怨恨；敬重大臣就不会遇事无措；体恤群臣，士人们就会竭力报效；爱民如子，老百姓就会忠心耿耿；招纳工匠，财物就会充足；优待远客，四方百姓就会归顺；安抚诸侯，天下的人都会敬畏了。

古注

（凡为天下国家有九经，曰：修身也，尊贤也，亲亲也，敬大臣也，体群臣也，子庶民也，来百工也，柔远人也，怀诸侯也。）

朱熹注："吕氏曰：'天下国家之本在身，故修身为九经之本。然必亲师取友，然后修身之道进，故尊贤次之。道之所进，莫先其家，故亲亲次之。由家以及朝廷，故敬大臣、体群臣次之。由朝廷以及其国，故子庶民、来百工次之。由其国以及天下，故柔远人、怀诸侯次之。此九经之序也。'视群臣犹吾四体，视百姓犹吾子，此视臣视民之别也。"

（修身则道立，尊贤则不惑，亲亲则诸父昆弟不怨，敬大臣则不眩，体群臣则士之报礼重，子庶民则百姓劝，来百工则财用足，柔远人则四方归之，怀诸侯则天下畏之。）

朱熹注："敬大臣则信任专，而小臣不得以间之，故临事而不眩也。来百工则通功易事，农末相资，故财用足。柔远人，则天下之旅皆悦而愿出于其涂，故四方归。怀诸侯，则德之所施者博，而威之所制者广矣，故曰天下畏之。"

今论

南怀瑾："一个领导人，真正要做一个大君，这个领导，有九个大原则，这是政治领导人为政的九大原则，不可违反的。第一是'修身'，任何人做任何事业，尤其是出来为国家天下服务于人群社会的人，本身必须要《大学》、《中庸》上所讲的这个原则。第二是'尊贤'，贤者是代表这一类有道德、有学问、真修养，这个是贤者，领导天下最难的是不肯尊贤，尊贤是很难的。第三点，是'亲亲'。一个人绝对做到天下大公是不可能，大公是有范围。所以人要使他能够部分地、有限度地、有修养地发展他的个人自我，甚至于个人的私心，所以'亲吾亲以及人之亲'。第四点，他提出来要'敬大臣'，这完全讲领导学。一个政治上的领导、政治上的经验，敬大臣也是非常难的。再下面就是'子庶民'。拿天下来讲，全世界人类你是个领导全世界的人，这所有的人类合起来就是个大家庭，你是个当家的。当家的人你看天下人都同我的儿女一样的爱。然后讲到用世，国家天下'来百工'，'百工'上面加一个'来'，就是现在讲建设开发，能够开发建设，所有科学的专长，所有专长有能力的，都跑到你这里来，愿意跟到你来开发这个国家，开发这个局面。'柔远人'，就是外交上，'九天阊阖开宫殿，万国衣冠拜冕旒'，世界各国都来朝贡，这就是柔远人。最后一条："怀诸侯"，使全国的诸侯永远是怀念这个中央最高的领导人，是怀念。怀念等于我们孩子们大家到国外去了，对于自己的国家、自己的家庭、自己的父母，随便你怎么变；在国内有时候对父母还不高兴呢，一出去了，慢慢怀念之情不能去怀，丢不掉的。这个精神中心啊，始终是联系的、一体的。所以才算是‘怀诸侯’。”

原典

齐明盛服①，非礼不动，所以修身也；去谗②远色，贱货而贵德，所以劝贤也；尊其位，重其禄，同其好恶，所以劝亲亲也；官盛任使③，所以劝大臣也；忠信重禄，所以劝士也；时使薄敛④，所以劝百姓也；日省（xǐng）月试⑤，既（xì）禀（lǐn）称事⑥，所以劝百工也；送往迎来，嘉善而矜⑦不能，所以柔远人也；继绝世⑧，举废国⑨，治乱持⑩危，朝聘⑪以时，厚往而薄来，所以怀诸侯也。

注释

①齐明盛服：斋戒沐浴，使身心洁净，身穿盛装。齐，通“斋”。

②谗：说别人的坏话，这里指说坏话的人。

③官盛任使：官员众多，足够听任差遣使用。

④时使：指使用百姓劳役有一定时间，不误农时。薄敛：赋税轻。

⑤省：省察。试，考核。

⑥既禀称事：发给的薪水粮米与工作业绩相称。既禀，即“饩廪”，指薪水粮食。

⑦矜：怜悯，同情。

⑧继绝世：延续已经中断的家庭世系。

⑨举废国：复兴已经没落的邦国。

⑩持：扶持。

⑪朝聘：诸侯定期朝见天子。每年一见叫小聘，三年一见叫大聘，五年一见叫朝聘。

译文

像斋戒那样净心虔诚，穿着庄重整齐的服装，不符合礼仪的事坚决不做，这是为了修养自身；驱除小人，疏远女色，看轻财物而重视德行，这是为了尊崇贤人；提高亲族的地位，给他们以丰厚的俸禄，与他们爱憎相一致，这是为了亲爱亲族；让众多的官员供他们支使，这是为了敬重大臣；真心诚意地任用他们，并给他们以较多的俸禄，这是为了体恤群臣；使用民役不误农时，少收赋税，这是为了爱民如子；经常视察考核，按劳付酬，这是为了招纳工匠；来时欢迎，去时欢送，嘉奖有才能的人，救济有困难的人，这是为了优待远客；延续绝后的家族，复兴灭亡的国家，治理祸乱，处置危难，按时接受朝见，赠送丰厚，受贡菲薄，这是为了安抚诸侯。

古注

（齐明盛服，非礼不动，所以修身也；去谗远色，贱货而贵德，所以劝贤也；尊其位，重其禄，同其好恶，所以劝亲亲也；官盛任使，所以劝大臣也；忠信重禄，所以劝士也；时使薄敛，所以劝百姓也；日省月试，既禀称事，所以劝百工也；送往迎来，嘉善而矜不能，所以柔远人也；继绝世，举废国，治乱持危，朝聘以时，厚往而薄来，所以怀诸侯也。）

朱熹注："官盛任使，谓官属众盛，足任使令也，盖大臣不当亲细事，故所以优之者如此。忠信重禄，谓待之诚而养之厚，盖以身体之，而知其所赖乎上者如此也。"

今论

南怀瑾："一个人什么叫修行呢？心里永远是干净的、纯洁的。自己修养学问随时随地心里"心如明镜台"，永远是干净的、纯洁的，是'齐明'。'盛服'，衣冠要整齐。人性他有好的一面，有坏的一面；有至善的一面，翻过来就是至恶。所谓阴阳的两面、正反的两面。那么要纠正这一面，给他防止一个范围，不向太坏的发展，就要衣冠、礼义来规范他，来纠正自己的坏的一面的习气。所以'齐明盛服'的道理是自然的。心念不动了，不合理的念头不起了，自然不起。修养到了最高处，那个说是欲望啊什么不起，不是压制的，它是自然的，很自然，自然变成习惯，变自然了。这个才叫做修身。"

原典

凡为天下国家有九经[①]，所以行之者一也。凡事豫[②]则立，不豫则废。言前定则不跲（jiá），事前定则不困，行前定则不疚[③]，道前定则不穷。

注释

①九经：九条常规。

②豫：预备，准备。

③跲：绊倒。此处指说话不通畅。

译文

总而言之，治理天下和国家有九条原则，但实行这些原则的道理都是一样的。任何事情，事先有预备就会成功，没有预备就会失败。说话先有预备，就不会中断；做事之前先有预备，就不会受挫；行为先有预备，就不会后悔；道路预先选定，就不会走投无路。

古注

（凡事豫则立，不豫则废。言前定则不跲，事前定则不困，行前定则不疚，道前定则不穷。）

朱熹注："凡事皆欲先立乎诚，如下文所推是也。"

今论

南怀瑾："……事先要有头脑，要预备。所谓万事、天下任何事，事先要考虑好。'豫则立'，先有'豫'，先有计划。现在人要做什么事，先要有理想、有计划，这个计划属于古代这个'豫'，要先预备好，才能够做事。假设事先没有计划、没有预备、没有研究、盲目地去做，'不豫则废'，最后是失败的。事先都要有头脑，想好。做一件事情，事先要研究清楚，事先要预备好，自己不会有困扰。一个事情自己都没有想好，自己也不努力，临时匆匆忙忙乱搞；成功嘛，昏了头，比吃了麻醉药还厉害；失败了失意了嘛，就睡不着觉。就是不行。成败利钝事先要研究好，'事前定，则不困'。任何的原则，需预先考虑好前面。所以做人做事，没有一定走一条直线的，一定会变动。中间碰到艰难挫折甚至于整个地失败，已经有失败的打算，这就是前定好；那么智慧应用是无穷的，所以'道前定，则不穷'。"

原典

在下位不获乎上，民不可得而治矣。获乎上有道：不信乎朋友，不获乎上矣。信乎朋友有道：不顺乎亲，不信乎朋友矣。顺乎亲有道：反诸身不诚，不顺乎亲矣。诚身有道：不明乎善，不诚乎身矣。

译文

在下位的人，如果得不到在上位的人信任，就不可能治理好平民百姓。得到在上位的人信任有办法：得不到朋友的信任，就得不到在上位的人信任。得到朋友的信任有办法：不孝顺父母就得不到朋友的信任。孝顺父母有办法：自己不真诚就不能孝顺父母。使自己真诚有办法：不明白什么是善就不能够使自己真诚。

古注

（在下位不获乎上，民不可得而治矣。获乎上有道：不信乎朋友，不获乎上矣。信乎朋友有道：不顺乎亲，不信乎朋友矣。顺乎亲有道：反诸身不诚，不顺乎亲矣。诚身有道：不明乎善，不诚乎身矣。）

朱熹注："反诸身不诚，谓反求诸身而所存所发，未能真实而无妄也。不明乎善，谓未能察于人心天命之本然，而真知至善之所在也。"

今论

南怀瑾："在下面的老百姓们，下面社会上一般人，有意见、有痛苦不能够达到上面，领导人不知道，皇帝不知道，那就完了，这个治道上边就有问题了。"

南怀瑾："一个人不近人情，而想对朋友忠心到底、忠义到底，不可能。自己没有一颗诚恳的心，自己没有一个诚恳的修养，只要求父母兄弟对你好，那怎么行？所以回转来反省自己。"

原典

诚者，天之道也。诚之者，人之道也。诚者，不勉而中，不思而得，从容中道，圣人也。诚之者，择善而固执之者也。博学之，审问①之，慎思之，明辨②之，笃行③之。有弗④学，学之弗能弗措⑤也；有弗问，问之弗知弗措也；有弗思，思之弗得弗措也；有弗辨，辨之弗明弗措

也；有弗行，行之弗笃弗措也。人一能之，己百之；人十能之，己千之。果能此道矣，虽愚必明，虽柔必强。

注释

①审问：审慎地探问。

②明辨：明晰地分辨。

③笃行：笃实地履行。

④弗：不。

⑤弗措：不罢休，不停止。

译文

真诚是上天的原则，追求真诚是做人的原则。天生真诚的人，不用勉强就能做到，不用思考就能拥有，自然而然地符合上天的原则，这样的人是圣人。努力做到真诚，就要选择美好的目标执著追求。广泛学习，详细询问，周密思考，明确辨别，切实实行。要么不学，学了没有学会绝不罢休；要么不问，问了没有懂得绝不罢休；要么不想，想了没有想通绝不罢休；要么不分辨，分辨了没有明确绝不罢休；要么不实行，实行了没有成效绝不罢休。别人用一分努力就能做到的，我用一百分的努力去做；别人用十分的努力就能做到的，我用一千分的努力去做。如果真能够做到这样，虽然愚笨也一定可以聪明起来，虽然柔弱也一定可以坚强起来。

古注

（诚者，天之道也。诚之者，人之道也。诚者不勉而中，不思而得，从容中道，圣人也。诚之者，择善而固执之者也。）

朱熹注："此承上文诚身而言。诚者，真实无妄之谓，天理之本然也。诚之者，未能真实无妄，而欲其真实无妄之谓，人事之当然也。圣人之德，浑然天理，真实无妄，不待思勉而从容中道，则亦天之道也。未至于圣，则不能无人欲之私，而其为德不能皆实。故未能不思而得，则必择善，然后可以明善；未能不勉而中，则必固执，然后可以诚身，此则所谓人之道也。不思而得，生知也。不勉而中，安行也。择善，学知以下之事。固执，利行以下之事也。"

（博学之，审问之，慎思之，明辨之，笃行之。）

朱熹注："学、问、思、辨，所以择善而为知，学而知也。笃行，所以固执而为仁，利而行也。程子曰：'五者废其一，非学也。'"

（有弗学，学之弗能弗措也；有弗问，问之弗知弗措也；有弗思，思之弗得弗措也；有弗辨，辨之弗明弗措也；有弗行，行之弗笃弗措也。人一能之，己百之；人十能之，己千之。）

朱熹注："君子之学，不为则已，为则必要其成，故常百倍其功。此困而知，勉而行者也，勇之事也。"

（果能此道矣，虽愚必明，虽柔必强。）

朱熹注："明者择善之功，强者固执之效。吕氏曰：'君子所以学者，为能变化气质而已。德胜气质，则愚者可进于明，柔者可进于强。不能胜之，则虽有志于学，亦愚不能明，柔不能立而已矣。盖均善而无恶者，性也，人所同也；昏明强弱之禀不齐者，才也，人所异也。诚之者所以反其同而变其异也。夫以不美之质，求变而美，非百倍其功，不足以致之。今以卤莽灭裂之学，或作或辍，以变其不美之质，及不能变，则曰天质不美，非学所能变。是果于自弃，其为不仁甚矣！'"

今论

南怀瑾："佛家所讲的修定，就是定的境界，专一、专诚、没有杂念、没有分别、没有妄想的境界。所以'诚者天之道也'，诚的境界天道的境界。这个天也是科学的、太空这个天；也是哲学的天、理念世界的天，形而上，看不见的，空灵。所以天地生生不已，几千万年它没有怨恨人，没有要求人报答它什么；它永远给万物、给人类生命，给万物生机。所以天道的境界，人的诚恳的心像天地一样的开阔，就是诚的一个境界。"

阅典笔记

这一章是《中庸》全篇的枢纽。此前各章主要是从方方面面论述中庸之道的普遍性和重要性，这一章则从鲁哀公询问政事引入，借孔子的回答提出了政事与人的修养的密切关系，从而推导出天下人共有的五项伦常关系、三种德行、治理天下国家的九条原则，最后落脚到“真诚”的问题上来，并提出了做到真诚的五个具体方面。本章以后各章，就是围绕“真诚”的问题而展开的了。

回到本章的内容来看，首先谈的是政治问题。政治在社会生活中具有头等重要的地位，也是儒学头等重要的话题。孔子把政治比作芦苇，取的是它的可塑性。意思是说：什么样的人执政，就会有什么样的政治。尧舜禹汤文武执政，于是有仁政；纣王执政，于是有酒池肉林；始皇执政，于是有焚书坑儒；太宗执政，于是有贞观之治；希特勒执政，于是有法西斯主义。如此等等，不一而足。所以，孔子提出“为政在人”的问题，强调执政者的修养。

关于天下人共有的五项伦常关系，除了因进入民主时代而再无君臣关系外，其他几项关系都依然是与我们血肉相连而不可分割的，也都是需要我们正确处理而不可忽视的。至于处理这几项关系的三种德行，智、仁当然是不言而喻的，倒是“知耻近乎勇”一点，值得我们补上两句。俗话说：“羞耻之心，人皆有之。”孟子说：“羞耻之心对于人至关重要！搞阴谋诡计的人是不知道羞耻的。不以自己不如别人为羞耻，怎么能够赶得上别人呢？”（《孟子·尽心上》）也就是说，知道羞耻是赶上别人的重要条件之一。个人是这样，一个国家，一个民族也是这样，所以，我们以“毋忘国耻”作为爱国主义教育的重要内容之一。究其实质，正是因为“知耻近乎勇”。一个人只有知道羞耻，才能够勇于改正错误，勇于弥补自己的不足，迎头赶上别人，从而免于羞耻。一个民族，一个国家，只有知道羞耻，才能够发愤图强，富国强兵，富民兴邦，自立于世界民族之林。这就是“知耻近乎勇”的道理所在。

关于治理天下国家的九条原则，方方面面，实际上是《大学》里提出的修身、齐家、治国、平天下几个阶段的具体展开，是实用的统治学理论。值得我们特别注意的是“凡事豫则立，不豫则废”的思想。这与孔子所说的“人无远虑，必有近忧”（《论语·卫灵公》）相近，都是未雨绸缪，防患于未然，或者说是“不打无准备之仗”的思想，具有深刻的哲学内涵，值得我们贯彻到实际生活中去，而不仅仅适用于政治范畴。

最后说到如何做到真诚的问题。“择善固执”是纲，选定美好的目标而执著追求。“博学、审问、慎思、明辨、笃行”是追求的手段。立于“弗措”的精神，“人一能之，己百之；人十能之，己千之”的态度，则都是执著的体现。“弗措”的精神，也就是《荀子·劝学》里的名言“锲而舍之，朽木不折；锲而不舍，金石可镂”的精神；“人一能之，己百之；人十能之，己千之”的态度，也就是俗语所说的“笨鸟先飞”的态度，龟兔赛跑的寓言里那获胜的乌龟的态度。其实，无论是纲还是目，也无论是精神还是态度，都绝不仅仅适用于对真诚的追求，举凡学习、工作，生活的方方面面，抓住这样的纲，张开这样的目，坚持这样的精神与态度，有什么样的困难不能克服，有什么样的成功不能取得呢？

总而言之，本章内容丰富而涵盖面广，几乎涉及《大学》格、致、诚、正、修、齐、治、平的各个环节，特别值得引起我们的重视。

触类旁通

◎ 通典

信守承诺

他出生在香港一个穷苦的家庭，为了给家里减轻负担，他很小就被家人送到戏班，并且父亲同戏班签了生死状。他在戏班里苦练功夫，但是终因吃不了那戏班的苦，偷偷跑回了家。父亲勃然大怒，坚决叫他回去：“做人应当信守承诺，已经签了合同，就不能不守信用。咱人穷，志不能短啊！”他重回戏班，刻苦练功，这一练就是十几年。

等他学有所成的时候，喜欢听戏的人越来越少，他空有一身本事，却无用武之地。当时香港电影业正在迅速发展，但是男影星一般都是相貌出众的人。个子不高、大鼻子、小眼睛的他，怎么在电影界混呢？

经人介绍，他进入香港邵氏片场，从一个跑龙套的做起，几年下来，他开始担当主角，慢慢地小有名气了。

有一天，行业内的何先生请他出演一个新剧本的男主角，“除了应得的报酬，由此产生的违约金，我们也替你支付”。何先生说完强行给他一张支票后便离开。

他仔细一看，支票上竟然签着一百万，好一笔巨款！他从小尝遍艰辛，不就是盼望能有今天吗？可转念一想，如果自己毁约，公司必将遭受重大损失。这时他想起父亲那天教训他的话：“咱人穷，志不能短啊！”

第二天，他找到何先生，送还了支票。何先生很是意外，他则淡淡地说：

"我也非常爱钱，但是我不能失信于人，大丈夫当一诺千金。"

何先生非常欣赏这位年轻人，他的事情也很快传开了。公司得知非常感动，主动买下了何先生的新剧本，交给他自导自演。就这样，他凭借电影《笑拳怪招》，创造了当年票房纪录，大获成功。那年他才二十七岁，他就是闻名世界的影星——成龙！

◎ 评价

诚实显示着一个人的尊严，只有诚实的人才会得到他人的信任。当有一天一个人失去诚信时，恐怕他将会因此失去所有的东西。

◎ 通典

痴人晏几道

晏几道（约1030—1106），字叔原，号小山。晏殊幼子，临川人。北宋著名词人，一生清狂磊落，放纵不羁。他与苏轼、黄庭坚同时，文章翰墨，自成风格。早年即以《鹧鸪天》词见称于仁宗，词云："碧藕花开水殿凉，万年枝上转红阳。昂平歌管随天仗，祥瑞封章满御林。　　金掌露，玉炉香，岁华方黄圣恩长。皇州又奏圜扉静，十样宫眉捧寿觞。"词虽是应命之作，颇觉无聊，无甚可取，但作者的艺术才华于此可见。

晏几道身出高门，却不慕势利，黄庭坚称他是"人杰"，痴亦绝人："仕宦连蹇而不能一傍贵人之门，是一痴也。论文自有体，不肯作一新进士语，此又一痴也。费资千百万，家人寒饥，此又一痴也。人百负之而不恨，已信人，终不疑其欺己，此又一痴也。"于此，足见晏几道之为人。晏几道孤高自负，傲视权贵，即使是苏轼也不在其眼中。据《砚北杂志》云："元祐中，叔原以长短句行，苏子瞻因鲁直（即黄庭坚）欲见之，则谢曰：'今日政事堂中半吾家旧客，亦未暇见也。'"其高傲竟至于此。他好藏书，能诗，尤以词著称，《墨庄漫录》云："叔原聚书甚多，每有迁徙，其妻厌之，谓叔原有类乞儿搬惋。叔原戏作诗云：'生计惟兹惋，搬擎岂惮劳。造虽从假合，成不自埏陶。阮杓非同调，颓瓢庶共操。朝盛负余米，暮贮籍残糟。幸免播同乞，终甘泽畔逃。挑宜筇作杖，捧称葛为袍。倘受桑间饷，何堪井上螬。绰然徙自许，噱尔未应饕。世久称原宪，人方逐子敖。愿君同此器，珍重到霜毛。'" 此诗虽是戏作，而愤世嫉俗之情，高洁固究之趣，斐然可见。

◎ 评价

恐怕在现代人看来，晏几道的"四痴"就是"傻子"了。有时候，人们之所以嘲笑"傻子"，不是因为"傻子"真傻，而是他能做到所谓"正常人"做不到的事情。尤其是"人百负之，定不负人"这一痴，我们是不负别人就算不错了；人百负之还不以为意，是很高的精神境界了。

第二十一章

诚明

“诚”就是真实无妄。从诚开始，便具有善，这是先天的性，和圣人对应。而一般人先明乎善，然后使善真实无妄，这是后天教育的结果。

在诚实的人眼中，世界是美好的，因为他觉得自己真心待人，无欲无求，是可以信赖的，也就认为别人也同样是可以信任的。所以他不必怀有顾虑，也就没有必要背负愧疚。

朱熹曰："此引孔子之言，以继大舜、文、武、周公之绪，明其所传之一致，举而措之，亦犹是耳。盖包费隐、兼小大，以终十二章之意。章内语诚始详，而所谓诚者，实此篇之枢纽也。又按：孔子家语，亦载此章，而其文尤详。'成功一也'之下，有'公曰：子之言美矣！至矣！寡人实固，不足以成之也'。故其下复以'子曰'起答辞。今无此问辞，而犹有'子曰'二字；盖子思删其繁文以附于篇，而所删有不尽者，今当为衍文也。'博学之'以下，家语无之，意彼有阙文，抑此或子思所补也欤？"

原典

自诚明①，谓之性；自明诚，谓之教。诚则②明矣，明则诚矣。

注释

①自：从，由。明：明白。

②则：即，就。

译文

由真诚而自然明白道理，这叫做天性；由明白道理后做到真诚，这叫做人为的教育。真诚就会自然明白道理，明白道理后就会做到真诚。

古注

（自诚明，谓之性；自明诚，谓之教。诚则明矣，明则诚矣。）

朱熹注："德无不实而明无不照者，圣人之德。所性而有者也，天道也。先明乎善，而后能实其善者，贤人之学。由教而入者也，人道也。诚则无不明矣，明则可以至于诚矣。"

今论

南怀瑾："专一来的，用一个方法择善而固执，一念专精到达了极点，豁然而开悟，这是诚的境界。由诚专一做功夫，乃至你们学打坐的，修静、定，做功夫做到了极点，开悟了，'自诚明'，渐修的方法，这就是佛家所谓禅宗讲渐修，叫做'性'。一闻千悟，一说就开悟了、懂了。懂了以后，不经过定的修持不行。由明白了而转修持到诚，这就是顿悟。由顿悟，悟后起修，就是教。功夫到了，智慧自然开；智慧开了，功夫一定到。"

阅典笔记

明道向善不问先天后天。从另一个角度看，这里也表达了天人合一的思想。

触类旁通

◎ **通典**

君子以"诚"立身

黄洽，字德润，福州人。隆兴元年，以太学生试春官第二，诏循故事，未临轩，赐第二人及第。授绍兴府观察判官，官至资政殿大学士，赠金紫光禄大夫。黄洽质直端重，有大臣体，两朝推为名臣。有文集、奏议留传后世。

黄洽曾在经筵之时进言："宰相代天理物，以为国得人为要务。作为人主任命宰相，就不应心存疑忌。宰相权重则朝廷尊荣，朝廷尊荣则宗庙社稷安定。

宰相论才任职，当尽公心。君子进用则百职尽责，官员同心，政事振举则天下大治。”皇帝首肯再三，说：“卿就如良金美玉，浑厚无瑕，这是上天以卿作为我的辅弼啊！”

后黄治升任资政殿大学士，知隆兴府。黄洽常说：“居家不欺骗亲友，为官不欺骗君上，仰不欺天，俯不欺地，于幽冥不欺骗鬼神，那么有什么必要向神灵求助，以图厚福呢！”

◎ 评价

诚，就是不欺，不欺天，不欺人，不欺心。君子谓诚可立于天下也。

◎ 通典

天子不欺天

自东汉末年以后的四百年里，除了西晋曾短期统一外，中国一直处于分裂状态。公元 581 年隋朝建立，公元 589 年隋灭陈，中国再次统一。

隋文帝杨坚做皇帝二十多年，是中国历史上少有的节俭君主。他对人民的赋税和徭役相对减轻，提出了一些富民的宽松政策，使人民有了一个和平的生产环境。隋文帝奖励清官，严惩贪官，就算自己的儿子犯错也不轻易宽恕。他还制定了比较严厉的刑法。

隋炀帝杨广和他父亲隋文帝相反，是中国历史上少有的奢侈荒淫的暴君。他为了到江南游览，从公元 605 年开始开凿以洛阳为中心、北到北京、南到杭州的大运河，用了几百万民工，给民众带来了极大灾难。但大运河同时也改善了南北的交通，加强了文化交流和政治上的统一。隋炀帝在洛阳修建宫殿，营造园林，大兴土木，从长安到扬州沿河两岸造了四十多所宫殿，扬州的宫殿更是富丽堂皇。他还三次发动对高丽的侵略战争，劳民伤财。杨广对内杀人无数，对外战争不断，最后全国百姓忍无可忍，发动了大起义。但是起义军缺乏真正的领袖，内部又有矛盾，革命不彻底，多支起义军都没有取得胜利。最后贵族李渊领导的军队取得了政权，于公元 618 年建立了唐朝。

唐高祖李渊掌权时，因为多年战争的破坏，社会经济很难一下子恢复。唐朝政权的巩固和经济的发展，是在他儿子唐太宗李世民时实现的。唐太宗时时提醒自己，不要忘了隋朝灭亡的教训，在安定的时候要想到危险，百姓是水，政权是船，水可以托浮着船，也可以把船打翻；要广泛听取意见，不能偏听偏信；要善于用有才能的人，不要用小人。他采取了一些减轻人民负担、发展生产的有利政策，使唐朝经济得到极大的发展，历史上称作“贞观之治”。

唐太宗死后，唐高宗继位。高宗身体不好，性格懦弱，大权落在了皇后武则天手里。武则天聪明能干有文化，在高宗死后，她干脆自己做了皇帝，改国号为周，成为中国历史上唯一的女皇帝。她做了 15 年皇帝，82 岁时又被迫让位给儿子唐中宗李显，恢复了唐朝。接着大权又落在了中宗的妻子韦皇后手中，韦皇后毒死了中宗，准备自己当女皇。这时中宗的侄子李隆基又杀死了韦皇后，让自己的父亲睿宗李旦恢复了皇位（在武则天做皇帝以前，李旦曾做过短期的皇帝）。不久，睿宗把皇帝让给了李隆基，这就是唐玄宗。

在唐玄宗掌权的前期，唐朝的综合国力达到了顶点，成为世界东方经济文化的中心，历史上称作“开元之治”。可到了后期，唐玄宗让胜利冲昏了头脑，骄傲起来。他让奸诈的宰相李林甫、杨国忠等管理国家大事，自己却整天花天酒地。结果他和杨贵妃最宠爱的野心家安禄山和安禄山的副将史思明发动了叛乱，这就是“安史之乱”。“安史之乱”严重地打击了唐朝政权，从此大唐帝国开始由兴盛走向衰落。

唐朝晚期的皇帝中再也没出现过像唐太宗、唐玄宗那样的人物。掌握军权的官吏独霸一方，中央政府管辖的地方越来越小，财政收入减少，官吏和军队人数却越来越多。这大大加重了人民的负担，最后终于引发了全国大起义，其中以黄巢领导的农民起义军势力最为强大。黄巢起义虽然失败了，却使唐王朝走向了灭亡的道路。中国开始了五代十国时期，重新陷入了分裂局面。

◎ 评价

所谓“天子”，顾名思义，便是受命于天，秉权于天，自然也要对天负责，受位而不履命者则为欺；所谓“吾皇”，则是我们的皇上，既是臣民的中心，取财于民，受食于民，自然也要对民负责，得尊而不体下者则为欺。所谓欺者，则是不诚。以不诚之心治国、处事，则天怒，则人怨。始皇暴则陈、吴起，隋炀淫则国运衰。反之，宋太宗谦恭则文武修明。历史就是一部教科书，此话果然不假。

第二十二章

尽性

知道了性，还要尽性。真诚者能把自己的善性发挥到极处。用这样的态度关怀人，也会使别人的善性发挥到极处。万物也会得到关注，也会得其所，遂其生。这样，人类就可以帮助天地化育万物，使自己立于与天地并列为三的不朽地位。

朱熹曰："子思承上章夫子天道、人道之意而立言也。自此以下十二章，皆子思之言，以反复推明此章之意。"

原典

唯天下至诚，为能尽其性[①]；能尽其性，则能尽人之性；能尽人之性，则能尽物之性；能尽物之性，则可以赞天地之化育[②]；可以赞天地之化育，则可以与天地参[③]矣。

注释

①尽其性：充分发挥本性。

②赞：赞助。化育：化生和养育。

③与天地参：与天地并列为三。参，并列。

译文

只有天下极端真诚的人能充分发挥他的本性；能充分发挥他的本性，就能充分发挥众人的本性；能充分发挥众人的本性，就能充分发挥万物的本性；

能充分发挥万物的本性，就可以帮助天地培育生命；能帮助天地培育生命，就可以与天地并列为三了。

古注

（唯天下至诚，为能尽其性；能尽其性，则能尽人之性；能尽人之性，则能尽物之性；能尽物之性，则可以赞天地之化育；可以赞天地之化育，则可以与天地参矣。）

朱熹注："天下至诚，谓圣人之德之实，天下莫能加也。尽其性者德无不实，故无人欲之私，而天命之在我者，察之由之，巨细精粗，无毫发之不尽也。人物之性，亦我之性，但以所赋形气不同而有异耳。能尽之者，谓知之无不明而处之无不当也。赞，犹助也。与天地参，谓与天地并立为三也。此自诚而明者之事也。"

今论

南怀瑾："要晓得自己是什么，就晓得人生观，那就'可以参赞天地之化育，可以与天地参矣'。你可以跟上帝两个并行，可以跟佛两个并坐。人的价值要到这个境界，就是叫做圣人。实际上做圣人之道，先要做到至诚，修养到了至诚。到达了不勉而中、不思而得，你智慧开了，一通百通。禅宗后来就是这个路线。所以一悟了以后啊，一悟千悟，无所不知。把自己明心见性明白了，才能够一切众生就是都清楚了。所以一切众生起心动念你无有不知的。他就能够知人性。人性统统了解了，宇宙万物的物理之性都清楚了。到了这个时候，帮忙了天地。做到了一个真正平凡到极点的很诚恳的平凡人，就是最高明的圣人境界。所以说尽物之性以后，可以赞天地之化育。最后功德圆满，就是佛家的诸行圆满。"

阅典笔记

真诚者只有首先对自己真诚，然后才能对全人类真诚。真诚可使自己立于与天地并列为三的不朽地位。它的功用居然有如此之大，那我们又何乐而不为呢?

触类旁通

◎ 通典

诚乃至爱天性

《罗摩衍那》里有个故事：有一次，一只蝎子掉进水中团团打转，怎么也无法逃出困境。一个婆罗门看到了，伸出手指想把它捉上岸来，帮它逃离困境。可就在手指刚刚能够到蝎子的时候，蝎子本能地蜇了他一下。但是，他还是想救那只蝎子。于是，他再次固执地伸出手去救蝎子，蝎子再一次蜇了他。

旁边的一个人问："它根本就不接受你的好意，总是这么螫你，你何必还执迷不悟，还救它干什么？"

婆罗门说："蜇人是蝎子的天性，爱是我的天性，我怎能因为它蜇人的天性而放弃我爱的天性呢？"

◎ 评价

不要放弃爱，不要放弃你的美德，哪怕你周围都是爱蜇你的家伙。人们的确需要帮助，但当你真诚帮助他们的时候，他们可能会攻击你——但还是要帮助他人。

别人做坏事，做错事，应尽量帮助他们。关键是自己要做对，不能做错。

第二十三章

致曲

上章谈的是圣人，这张说的是一般人。无论什么人，无论做什么事，只要心无旁骛地专心致志地去做，那么通过至诚努力，就会达到一定的境界而使自己不朽。

"曲"为一偏，也就是指贤人以下的某一方面的善性。如对此能真诚发挥，就会充分表露，而且越来越光明显著，从而进一步凝聚感动他人的力量，感化他人向善，这样也就可以和圣人一样了。

原典

其次致曲①，曲能有诚。诚则形②，形则著③，著则明④，明则动，动则变，变则化⑤。唯天下至诚为能化。

注释

①其次：次一等的人，即次于"自诚明"的圣人的人，也就是贤人以下之人。致曲：致力于某一方面的善端。曲，偏，一个方面。

②形：这里指显露，表现。

③著：显著。

④明：光明。

⑤化：即化育。

译文

一般的人致力于某一方面的善端，致力于某一方面也能做到真诚。做到了真诚就会表现出来，表现出来就会逐渐显著，显著了就会发扬光大，发扬光大就会感动他人，感动他人就会引起转变，引起转变就能化育万物。只有天下最真诚的人能化育万物。

古注

（其次致曲，曲能有诚，诚则形，形则著，著则明，明则动，动则变，变则化，唯天下至诚为能化。）

朱熹注："人之性无不同，而气则有异，故惟圣人能举其性之全体而尽之。其次则必自其善端发见之偏，而悉推致之，以各造其极也。曲无不致，则德无不实，而形、著、动、变之功自不能已。积而至于能化，则其至诚之妙，亦不异于圣人矣。"

今论

南怀瑾："不思而得，不勉而中。随时没得妄念，随时内心是清静的，没有贪嗔，'喜怒哀乐之未发'。平时喜怒哀乐中和的境界，既无欢喜也无悲，对人只有仁慈、爱护，没有怒、没有喜，没有喜怒哀乐。由内在、内心的修养到达外形、形体，整个的形体都变了，所谓变成有道气了。外形变化、气质一变了，效果就出来，智慧到达境界，有神通变化。所以修养到至诚的境界、圣人境界，他能够变化、感化众生，感化天地的一切。达到至诚的境界，人就自然有前知了。"

阅典笔记

这一章相对于上一章而言。上一章说的是天生至诚的圣人，这一章说的是比圣人次一等的贤人。换句话说，圣人是"自诚明"，天生就真诚的人；贤人则是"自明诚"，通过后天教育明白道理后才真诚的人。贤人虽然致力于某一方面，但通过教育和修养，通过"形、著、明、动、变、化"的阶段，同样可以一步一步地达到圣人的境界：化育万物，与天地并列为三。

说到底，只要你努力奋斗，曲径通幽，条条道路通罗马，最终都可以大功告成，修成正果。

在劝人真诚的问题上，《中庸》真可以说是苦口婆心，不遗余力的了。

触类旁通

◎ 通典

至诚而致精微

《庄子·外篇·天道》中讲述了这样一则故事。

有一天齐桓公在堂上读书，堂下有个木匠在做车轮子。木匠的名字是扁，所以书上记载叫轮扁，就是做车轮的扁。

轮扁看到桓公读书的专注神态，就放下手中的锤子和凿子走到桓公面前问道:“请问您在读什么书啊？”桓公说:“是圣贤的经典之语。”轮扁又问:“圣贤现在在何处？”桓公说：“圣贤很久以前就死了。”于是木匠说：“这么说您所读的只是古人的糟粕啊！”桓公勃然大怒，斥责道：“我在读圣贤之书，区区一个木匠有什么资格品头论足，何敢口出狂言？如果你能说一个理由，那么还可以免去责罚；如果没有一个合理的说法，那么为了你刚才对于圣贤不敬的话，你就得付出生命的代价。”

轮扁说：“我也只是用我的工作经验推断的。小人是个做车轮子的，做了一辈子的车轮子，这个车轮子有多长多宽，多大一个圆，多少根辐条，怎么样装到这个车轴上去，这些小人都知道，小人也能传授给儿子和小人的徒弟。但这个车轮子往车轴上装的时候，装得太紧吧它不灵活，装松了吧它不固定，它会跑掉。怎么装得恰到好处，又不太紧又不太松，这种精妙的技巧只能是得之于手而应之于心，是无法用语言传授的，是一种奇妙的技术，我无法把这一技术传承给我儿子和徒弟，他们也无法从我这里学到这种技术。所以我现在已经年过七十还得自己动手制作车轮。所以说，古人肯定也没能把自己领悟到的精髓原封不动地传给后人就死去了。如此说来，您所读的书难道不是古人留下的垃圾吗？”

◎ 评价

有人说，书中自有黄金屋，书中自有颜如玉，书中自有千钟粟，书中车马多簇簇。在轮扁看来，圣人之书并不值得迷信。通过语言传达的思想，不如行为揭示的彻底。只沉迷书本知识，而不注重自身的思考和积累也是没有用的。所以说：“学而不思则罔，思而不学则殆。”

第二十四章

前知

人生的幸福首先取决于自己的勤奋。只要播种的是麦子而不是莠草，必定会有所收获。人生取得成就，唯在于奉行至诚的理念，正如“执玉高卑，其容俯仰”。只有自己真诚，真诚人做真诚事，才能感天动地，成就自己。然后才能对别人真诚，从而成就别人。至诚与天地同辉。

原典

至诚之道，可以前知[①]。国家将兴，必有祯（zhēn）祥[②]；国家将亡，必有妖孽[③]。见（xiàn）乎蓍（shī）龟[④]，动乎四体[⑤]。祸福将至，善，必先知之；不善，必先知之。故至诚如神[⑥]。

注释

①前知：预知未来。

②祯祥：吉祥的预兆。

③妖孽：物类反常的现象。草木之类称妖，虫豸之类称孽。

④见：呈现。蓍龟：蓍草和龟甲，用来占卜。

⑤四体，手足，指动作仪态。

⑥如神：如神一样微妙，不可言说。

译文

极端真诚可以预知未来的事。国家将要兴旺，必然有吉祥的征兆；国家将要衰亡，必然有不祥的反常现象：呈现在蓍草龟甲上，表现在手脚动作上。

祸福将要来临时，是福可以预先知道，是祸也可以预先知道。所以极端真诚就像神灵一样微妙。

古注

（至诚之道，可以前知。国家将兴，必有祯祥；国家将亡，必有妖孽。见乎蓍龟，动乎四体。祸福将至，善，必先知之；不善，必先知之。故至诚如神。）

朱熹注："凡此皆理之先见者也。然惟诚之至极，而无一毫私伪留于心目之间者，乃能有以察其几焉。"

今论

南怀瑾："达到至诚的境界，人就自然有前知了。不需要求神通，这叫做神通。真正神通就是一念至诚。至诚是什么境界呢？不思而得、不勉而中，喜怒哀乐未发之谓中，这个境界。都给你讲得很清楚。所以至诚之道是可以前知。"

南怀瑾："天地间任何事情有预兆的。一个国家或者一个家庭、一个人要兴旺的时候，必有祯祥。国家要亡、一个家庭要失败的时候，必有妖孽，古里古怪的事都出来了，很多的象征都来了。只是人因为智慧不够没有留意。任何一个人所遭遇的事情，什么都有象征，都有前知之能，个个都有。"

阅典笔记

心诚则灵。

灵到能预知未来吉凶祸福的程度，可就不是一般人能达到的境界了。

至于“国家将兴，必有祯祥；国家将亡，必有妖孽”的现象，历代的正史野史记载可以说是比比皆是，不胜枚举。你说它是迷信也罢，说它是无稽之谈也罢，反正不仅一般人津津乐道，就是正统儒学的经典，不也同样认为这种现象“几乎蓍龟，动乎四体”吗？

其实，撩开神秘的迷雾，这里的意思不外乎是说，由于心灵达到了至诚的境界，不被私心杂念所诱惑，就能洞悉世间万物的根本规律，因此而能够预知未来的吉凶祸福、兴亡盛衰。

一言归总，还是说到真诚的出神入化功用。

触类旁通

◎ 通典

以诚待人得人心

金利来的创始人曾宪梓先生经常说：“无论是遇到什么情况，顾客的要求有多么离奇，我们只要本着以诚待客、处处设身处地地为客人着想的精神，相信一切问题都会迎刃而解了。”曾宪梓从来都不会忘记为他人着想，也从来不会遗漏任何一个顾客提出的问题。说到做到，是他一贯的工作作风。

有一次，一个瑞典的顾客结着金利来的真丝领带去打网球。在打网球时，因为出汗，领带上的染料染上了他的T恤衫。后来，他便写信到金利来，投诉真丝领带会脱色。

曾宪梓听到这个情况后，亲自接见了这个客人，并且还很认真地跟这位顾客解释说：“这种真丝领带是不宜沾汗的。因为所有丝质领带在遇到带酸性的汗水，就会发生化学作用，所以就会脱色。”他不但请对方进一步提意见，而且还赔偿了他的新T恤衫和新领带，并仔细告诉这位客人一些关于领带和T恤衫的日常保养的方法。那个顾客在告别的时候，非常开心地说：“曾先生，你对顾客的真诚实在令我佩服。以前我也曾遇到过类似的情况，也投诉过其他的牌子，但都没有得到结果，而且他们的态度也不好。这一次，你让我感到实在是太开心、太惊喜啦。”曾宪梓笑着说：“你能来提意见，我比你更开心。你提意见就证明你对我们的牌子是很关心、很爱护的。我也应该多多感谢你才对。”

曾宪梓经常这样告诉下属：“如果你希望这个朋友是长期的、这个关系会持久的话，你首先就要站在别人的立场上去考虑一下，对方是否能够得到合理的利益是关键。这个世界上没有单方面长久的商业关系。我们的确应该为自己着想，应坚定自己的立场维护公司的利益。但是，如果你为了维护公司的利益，而没有考虑对方的利益，或者伤害了对方的利益，那么，这种关系也绝对不会长久的。”

20 世纪 60 年代末期，曾宪梓还在做泰国丝领带，当时的龙子行是位于香港中环中等偏上的百货公司之一，也是曾宪梓早期的重要客户之一。有一天，由于曾宪梓急着要去泰国订购泰国丝领带所需的一些原料，因为时间关系，临行前他只是口头上给龙子行订购泰国丝领带的经理报了价，并没有签订任何合同。对方就预订了二十打领带。

当曾宪梓到了泰国进货的时候，却发现泰国丝的价格已经上涨，如果按照自己原来的报价将领带卖给龙子行，那将意味着这笔生意他会亏本。但曾宪梓想到做生意最重要的就是“执事以信”，他宁可自己亏本，也要坚守自己的信誉。所以，他回到香港后，虽然前后的价格差别很大，他仍是按照当初口头协议的价格，将领带卖给了龙子行。当时，龙子行的那个经理也是一个行家，他也很了解不断变化的市场行情。曾宪梓诚实守信的经商作风令他佩服。因为曾宪梓在当时那个时刻，正在为六口之家的生存奔波，他能够做到信守诺言，是非常不简单的。从此以后，他们相互合作，彼此之间十分信赖也十分默契。

◎ 评价

要想得到更多人的接纳，就必须以诚待人，不能有太多的私心，尤其不能欺骗别人。俗话常说：“要想人不知，除非己莫为。”一件坏事，一句谎言，能欺骗一人，却不能欺骗十人、百人，更不能欺骗所有的人；能欺骗一时，不能欺骗一世，更不能欺骗百世。

为人处世应该光明磊落，不应该欺骗。要知道真诚是最有力的武器，可以粉碎冷漠的心墙，而欺骗却只能给人与人之间的心墙垒上厚砖。

第二十五章

自成

儒家强调道德自我觉醒。人要真诚，要自觉地行道。真诚，从自然的方面来说，是事物的根本规律，是事物的发端和归宿；从人的方面来说，就是无私奉献和专注投入的精神，就是宽广的胸襟与宽厚包容的气度，就是自我的内心完善。所以，要修养真诚就必须做到物我统一。唯有真诚能够陪伴我们走向永远。

原典

诚者自成①也，而道自道也。诚者物之终始，不诚无物。是故君子诚之为贵。诚者，非自成己②而已也，所以成物也。成己，仁也；成物，知③也。性之德也，合外内之道也，故时措之宜也④。

注释

①自成：自我成全，也就是自我完善的意思。

②成己：完善自己。

③知：同“智”。

④时措：适时实施。宜：适宜。

译文

真诚是自我的完善，道是自我的引导。真诚是事物的开端和归宿，没有真诚就没有了事物。因此君子以真诚为贵。不过，真诚并不是自我完善就够了，而是还要完善事物。自我完善是仁，完善事物是智。仁和智是出于本性的德行，是融合自身与外物的准则，所以适时施行才是合宜的。

古注

（诚者自成也，而道自道也。）

朱熹注："诚者物之所以自成，而道者人之所当自行也。诚以心言，本也；道以理言，用也。"

（诚者物之终始，不诚无物。是故君子诚之为贵。）

朱熹注："天下之物，皆实理之所为，故必得是理，然后有是物。所得之理既尽，则是物亦尽而无有矣。故人之心一有不实，则虽有所为亦如无有，而君子必以诚为贵也。盖人之心能无不实，乃为有以自成，而道之在我者亦无不行矣。"

（诚者非自成己而已也，所以成物也。成己，仁也；成物，知也。性之德也，合外内之道也，故时措之宜也。）

朱熹注："诚虽所以成己，然既有以自成，则自然及物，而道亦行于彼矣。仁者体之存，知者用之发，是皆吾性之固有，而无内外之殊。既得于己，则见于事者，以时措之，而皆得其宜也。"

今论

南怀瑾："诚是什么？诚也不靠外来，也不是菩萨给你，也不是上帝给你，要你自己修养成功的。道无所不在，天下的公道。道本身就是道，你本身就是道，道向哪里求啊？你就是道。那么，修养方法怎么样做到？也并不是说老师给你，也不是哪个祖师给你，而是你自己的成就。不但是人如此，宇宙万物，一个植物、矿物，它也靠这个道、生命的本来、本体的功能成长。万物都靠天地这一点'诚'，也可以说靠天地这一点灵性而成长。所以君子之道，修养以诚，诚则灵，一诚就成灵了。"

阅典笔记

好学近乎智，力行近乎仁。

这里把智、仁与真诚的修养结合起来了。因为，真诚，从大的方面来说，是事物的根本规律，是事物的开端和归宿；从细的方面来说，是自我的内心完善。所以，要修养真诚就必须做到物我同一，天人合一。而要做到这一点既要靠学习来理解，又要靠实践来实现。

这里最值得注意的是真诚的外化问题。也就是说，真诚不仅仅像我们所理解的那样是一种主观内在的品质、自我的道德完善，而且还要外化到他人和一切事物当中去。作一个形象的比喻，倒正好用得上我们以前常爱引用的那句话：“只有解放全人类，才能最终彻底解放无产阶级自己。”

自己解放了，全人类都解放了，世界也就大同了。自己真诚了，他人真诚了，真诚无处不在，无时不有，世界也就美好了。

触类旁通

◎ 通典

诚者，成己成物

春秋时期，楚国有个叫石奢的，曾做过楚昭王的相。这个人平时办事公正，执法很严，从不阿谀权臣，回避贵族，无论是谁犯了法，他都坚持按法治罪，因而威信很高，那些贪官们都非常害怕他。

有一次，石奢出京去外地视察，在路上远远看见前面一人正在行凶杀人，便飞快跑向前去，一心要抓住这个杀人犯。不料，杀人犯竟是他的父亲，这使石奢大吃一惊。他一下子愣住了。怎么办呢？上前抓住吗？那父亲依法是要被杀头的。哪有做儿子的捕杀自己父亲的呢，岂不是犯了大不孝吗？想到这里，石奢停下脚步，有意放走了父亲。

这件事谁也不知道，可是石奢心里非常不安。回到都城以后，他吃不进，睡不香，想到平素自己倡导执法无私，对别人犯法从不放过，可是自己父亲犯了法，怎么就徇私包庇了呢？石奢感到自己实在是无脸见人，于是用绳子把自己绑起来上朝，请求楚昭王给自己治罪。

楚昭王见石奢自绑上朝，请求治罪，惊讶不已，忙站起来问：“你犯了什么大错，怎么自请治罪呢？”石奢沉痛地说：“我昨天在路上看见一个杀人犯逃跑，便急速上前捉拿，没想到那个人是我的父亲。我有意放走了我的父亲。我身为执法大臣，废法纵罪，就是失职，罪当处死。”楚昭王从孝道这一点看出石奢的忠诚，便不想治石奢的罪，就打圆场说：“你这是没有追上嘛，有什么罪呢？这是不该治罪的。你不必内疚，照常做你的事去吧。”石奢感到楚昭王还没听清楚自己的意思，便直率地强调说："不是我没有追上，而是追上了，发现是自己的父亲，怕落个不孝之名，故意把他放跑了。我想忠于孝道，竟违犯了国法，变为不忠之臣。这是应该治罪处死的。"

楚昭王见石奢把问题讲得这样明确，一时找不到借口为他开脱辩解了。但考虑到石奢平时执法公允，忠于圣上，现在又能主动地知过请罪，十分难得，便硬着头皮说："你虽然是违法了，但属初犯，我下令赦免你。"石奢坚决地说："大王下令赦免我的罪，这是大王对我的恩惠。但国家的法令，决不能因我废弛。现在依法领死是我的职责。圣上的开恩，我石奢至死不忘。但大王的赦令我决不能接受。"

一个要请死，一个要赦免，双方争执不下。旁边的大臣顺着楚昭王的意思，也纷纷劝说石奢不要固执己见。这一来倒坚定了石奢的态度。他想：如果自己违法被赦，带了个坏头，那将置国法于何地呢？石奢见请死不成，便毅然决然地拔剑自杀了。楚昭王和许多大臣都深受感动，这件事对满朝文武震动很大。石奢生前虽然犯了违法庇父的错误，但他却用自刎的行动维护了国家的法令，所以仍然长期受到人们的称赞。

◎ 评价

仁德是伟大的，智慧是无限的，只有至诚的高贵心灵能够达到。我们发掘出自己本性中的真实无妄的"诚"，做到诚意正心，保持正道而行，体现出自然规律中的真实无妄的品德，这是人道效法天道的体现，也就是做到了天道与人道的合一。

第二十六章

无息

本章先是说人，尤其圣人。圣人是至诚的，至诚不间断就能持久；内心长久如此，就会发于外，就会久远。长期积累，就会博厚，进到高明境界，从而可以和天地相比，承载万物，覆盖万物。说到底，还是强调由真诚的追求而达到与天地并列为三，从而化生万物的终极目的。

其次讲天地。天地生物之道和圣人是一样的，都是真诚无妄的。天地也展现了博厚、高明、悠久，所以圣人是同天地同德的。

最后引诗颂扬文王的道德是纯真的，发用是不停止的，与天道相通。这实际上把人的作用提升了，由被动地适应自然转为主动地配合自然。

原典

故至诚无息①，不息则久，久则征②，征则悠远，悠远则博厚，博厚则高明。博厚，所以载物也；高明，所以覆物也；悠久，所以成物也。博厚配地，高明配天，悠久无疆③。如此者，不见（xiàn）而章④，不动而变，无为而成。

注释

①无息：不间断，不休止。

②征：征验，显露于外。

③无疆：无穷无尽。

④见：显现。章：即彰，彰明。

译文

所以，极端真诚是不会止息的。不会止息就会保持长久，保持长久就会显露出来，显露出来就会悠久长远，悠久长远就会广博深厚，广博深厚就会高大光明。广博深厚的作用是承载万物，高大光明的作用是覆盖万物，悠远长久的作用是生成万物。广博深厚可以与地相比，高大光明可以与天相比，悠远长久则是永无止境。达到这样的境界，不显示也会明显，不活动也会改变，无所作为也会有所成就。

古注

（故至诚无息。）

朱熹注："既无虚假，自无间断。"

（征则悠远，悠远则博厚，博厚则高明。）

朱熹注："此皆以其验于外者言之。郑氏所谓'至诚之德，着于四方'者是也。存诸中者既久，则验于外者益悠远而无穷矣。"

（博厚，所以载物也；高明，所以覆物也；悠久，所以成物也。）

朱熹注："本以悠远致高厚，而高厚又悠久也。此言圣人与天地同用。"

（博厚配地，高明配天，悠久无疆。）

朱熹注："圣人与天地同体。"

（如此者，不见而章，不动而变，无为而成。）

朱熹注："不见而章，以配地而言也。不动而变，以配天而言也。无为而成，以无疆而言也。"

今论

南怀瑾："真正到达诚的那个境界，没有间歇性，没有断过。至诚无息是不生不灭的境界。它没有停止的时候，是永恒，所以'至诚无息'。"

原典

天地之道，可一言[①]而尽也。其为物不贰[②]，则其生物不测[③]。天地之道，博也，厚也，高也，明也，悠也，久也。今夫天，斯昭昭之多[④]，及其无穷也，日月星辰系焉，万物覆焉。今夫地，一撮土之多，及其广厚，载华岳[⑤]而不重，振[⑥]河海而不泄，万物载焉。今夫山，一卷（quán）石[⑦]之多，及其广大，草木生之，禽兽居之，宝藏兴焉。今夫水，一勺之多，及其不测[⑧]，鼋（yuán）、鼍（tuó）、蛟、龙、鱼、鳖生焉[⑨]，货财殖焉。

注释

①一言：即一字，指“诚”字。

②物：指天地。不贰：只是一个。这里指只有一个天地。

③物：指万物。不测：不可测度。这里指生物之多。

④斯：此。昭昭：光明的样子。

⑤华岳：即华山。

⑥振：整顿，整治，引申为约束。

⑦一卷石：一拳头大的石头。卷：通“拳”。

⑧不测：不可测度，这里指浩瀚无涯。

⑨鼋：大鳖。鼍：扬子鳄。

译文

天地的法则，可以用一个“诚”字来囊括。作为天地没有两个，而它生成万物则是不可计算的。大地的法则，就是广博、深厚、高大、光明、悠远、长久。今天我们所说的天，原本不过是由一点一点的光明聚积起来的，可等到它无边无际时，日月星辰都靠它维系，世界万物都靠它覆盖。今天我们所说的地，原本不过是由土一撮一撮聚积起来的，可等到它广博深厚时，承载像华山那样的崇山峻岭也不觉得重，容纳那众多的江河湖海也不会泄漏，世间万物都由它承载了。今天我们所说的山，原本不过是由拳头大的石块聚积起来的，可等到它高大无比时，草木在上面生长，禽兽在上面居住，宝藏在上面储藏。今天我们所说的水，原本不过是一勺一勺聚积起来的，可等到它浩瀚无涯时，蛟、龙、鱼、鳖等都在里面生长，珍珠、珊瑚等有价值的东西都在里面繁殖。

古注

（天地之道，可一言而尽也。其为物不贰，则其生物不测。）

朱熹注："诚故不息，而生物之多，有莫知其所以然者。"

（天地之道，博也，厚也，高也，明也，悠也，久也。）

朱熹注："天地之道，诚一不贰，故能各极所盛，而有下文生物之功。"

（今夫天，斯昭昭之多，及其无穷也，日月星辰系焉，万物覆焉。今夫地，一撮土之多，及其广厚，载华岳而不重，振河海而不泄，万物载焉。今夫山，一卷石之多，及其广大，草木生之，禽兽居之，宝藏兴焉。今夫水，一勺之多，及其不测，鼋、鼍、蛟、龙、鱼、鳖生焉，货财殖焉。）

朱熹注："此四条，皆以发明由其不贰不息以致盛大而能生物之意。然天、地、山、川，实非由积累而后大，读者不以辞害意可也。"

今论

南怀瑾："宇宙万物只有一个真理，就是天地同根、万物一体。庄子的观念：天地同根，万物一体。本性都是相同的。佛法佛经的翻译，借用中庸这个名词，所以叫不二法门。什么叫不二？不二就是一。要求长生不老的也好，人相、我相、众生相、寿者相，样样俱全都没得关系。变化莫测，智慧神通的境界，生生不已。这就是诚的境界。"

原典

《诗》①云："维天之命，於穆不已②！"盖曰天之所以为天也。"於（wu）乎不显③，文王之德之纯！"盖曰文王之所以为文也，纯亦不已。

注释

①《诗》：此指《诗经·周颂·维天之命》。

②穆：肃穆。不已：不停止。

③于：语气词。不：通"丕"，大。显：明显。

译文

《诗经·周颂·维天之命》说："天道的运行多么肃穆啊，永远不会停止！"这大概就是说的天之所以为天的原因吧。"啊！多么显赫光明啊，文王的道德是那样纯正！"这大概就是说文王之所以被称为文王的原因吧，他的纯正也是没有止息的。

古注

(《诗》云："维天之命，于穆不已！"盖曰天之所以为天也。"於乎不显！文王之德之纯！"盖曰文王之所以为文也，纯亦不已。)

朱熹注："引维天之命以明至诚无息之意。程子曰：'天道不已，文王纯于天道，亦不已。纯则无二无杂，不已则无间断先后。'"

今论

南怀瑾："天就是天，天就是那么伟大，讲不完的。真的形容只有这个话最好！你说那个伟大，伟大到什么样子？伟大就是伟大！不要再加形容。更加形容都不是，就已经变成第二义，不是第一义。没有办法明显地表达得出来。"

南怀瑾："文王的道德的成就、学问修养之德，他的道德、德业——'纯'，到达了炉火纯青，那没有话讲！文王之所以称文啊，'纯亦不已'，那就是精纯到极点，没有一点缺陷可以挑剔。"

阅典笔记

"生命不息，冲锋不止。"这是军人的风范。

生命不息，真诚不已。这是儒学修身的要求。不仅不已，而且还要显露发扬出来，达到悠远长久、广博深厚、高大光明，从而承载万物，覆盖万物，化孕万物。而这正是天地的法则，说穿了，还是由真诚的追求而达到与天地并列为三的终极目的。这使人想到诗人屈原在《桔颂》里的咏叹："秉德无私，参天地兮！"实质上是一种巨人哲学，一种英雄主义追求。

这种哲学、这种追求在过去的时代里一直是天经地义、不容置疑的正统。直到现代主义兴起，市场经济发展，"非英雄化""非英雄主义"的思潮出现，这种哲学、这种追求才受到挑战。

“参天地”的巨人是做不了了，不朽的英雄也难当了，但是否真诚的追求也不要了呢？这倒是摆在我们这个过渡的时代的一个严峻问题。

有人说:“无商不奸。”这当然是与“诚”相悖逆的选择。而你又作何回答，作何选择呢？

触类旁通

◎ 通典

对人要实在

大森林里住着一只狐狸和一只丹顶鹤，狐狸的嘴短短的，丹顶鹤的嘴却又细又长。

有一天，狐狸想捉弄一下丹顶鹤，就狡猾地跟丹顶鹤说 :“今天，我请你去我家吃饭！”丹顶鹤不知道狐狸想捉弄他，就爽快地答应了。晚上，丹顶鹤踏着皎洁的月光来到狐狸家。狐狸见丹顶鹤来了，就在盘子上盛了一层薄薄的汤，放在丹顶鹤面前，又盛了一盘放在自己面前。狐狸嬉皮笑脸地说 :“我最喜欢喝汤，今天请你也喝一些。”它说完就用舌头舔起盘里的汤来。丹顶鹤好不容易舔起一点汤，一不小心张开了嘴巴，汤又掉进了盘子里。丹顶鹤只好空着肚子回去，在树上摘了几个又酸又涩的野果填饱肚子。

过了几天，丹顶鹤为了教训狐狸，就请它来吃晚饭。晚上，狐狸打着电筒来到丹顶鹤家。丹顶鹤把一些水果放进玻璃瓶里，自己把瓶里的水果叼出来吃，还不停地催狐狸 :“你快吃呀！要不我就吃光了。”但是，狐狸嘴短，怎么也吃不到瓶子里的食物。丹顶鹤不紧不慢地对狐狸说 :“怎么样，被人捉弄的滋味不好受吧？”狐狸只好饿着肚子回到了家。狐狸自言自语地说 :“恶有恶报，我真不应该捉弄丹顶鹤呀！”

◎ 评价

人与人之间交往的时候，需要的是真诚与实在，而不是自以为是的虚伪与小聪明。没有谁希望活在别人的欺骗与虚假之中。如果与人交往的时候，你可以真诚、实在地对待别人，那么你的人际关系会改善很多。

◎ 通典

以德报怨

战国时期，梁国边境县的县令一职由梁国的大夫宋就担任。梁、楚两国都设有边亭。两国边亭的人员各自种了一块瓜田。梁亭人员十分勤劳，常给瓜田浇水灌溉，他们种的瓜长势很好。而楚人懒惰，给瓜田浇水灌溉的次数少，他们种的瓜长势不好。楚人出于妒忌，趁天黑偷偷去糟蹋梁人的瓜。不久，梁亭人员发觉了这件事，就向宋就请求，允许他们也去糟蹋楚人的瓜。宋就知道了以后，说："仇怨是灾祸的根由。因为别人嫉妒你，你就去报复别人，这是偏激的做法！"随后，他派人每晚悄悄地去为楚人浇瓜。楚人早晨到瓜田一看，发现已经浇灌过了。就这样，在梁人的帮助下，楚人的瓜长势一天比一天好。楚人感到奇怪，便暗中察访，知道原来是梁人干的。楚国人大受震撼，便把这件事报告给楚国朝廷。楚王听到这件事，感到很惭愧，知道自己的百姓糊涂，做了错事。同时，楚王对梁国人能暗中忍让感到非常高兴，便派人带着丰厚的礼品向梁国边亭人员道歉，并请求与梁王交往。楚王时常称赞梁王最讲究信义。楚国与梁国关系融洽，是从宋就妥善处理边亭瓜田事件开始的。

◎ 评价

受到污辱、不公对待，立马报仇以图一时之心快不难，忍辱含垢最终得以雪耻便不易做到了；但都比不上当下原谅并以德报怨难。其实，宽恕别人，亦是对自己的解脱，非但是解脱，之后收获的，可能会比之前失去的多得多。

◎ 通典

诚实不欺树品节

北宋词人晏殊，素以诚实著称。他十四岁时，以神童应举，得皇帝赏识。皇帝召见了他，并要他与一千多名进士同时参加考试。结果晏殊发现考试是自己十天前刚练习过的题目，就如实向宋真宗报告，并请求改换其他题目。真宗非常赞赏晏殊的诚实品质，便赐他"同进士出身"。晏殊当职时，正值天下太平。于是，京城的大小官员便经常到郊外游玩或在城内的酒楼茶馆举行各种宴会。晏殊家境贫寒，没钱出去吃喝玩乐，只好在家里和兄弟们读写文章。有一天，真宗提升晏殊为辅佐太子读书的东宫官。大臣们惊讶异常，不明白真宗为何做出这样的决定。真宗说："近来群臣经常游玩饮宴，只有晏殊闭门读书，如此自重谨慎，正是东宫官合适的人选。"晏殊谢恩后说："其实我也是个喜欢游玩饮宴的人，只是家贫而已。若我有钱，也早就参与宴游了。"这两件事，使晏殊在群臣面前树立起了信誉，而宋真宗也更加信任他了。

◎ 评价

以为别人不知，便在暗处为所欲为，这其实是自欺欺人的做法。只有任何时候都能诚以待人，诚以待己，修养才能有所提升。

第二十七章

明哲

本章首先盛赞圣人之道，认为它像天一样广博浩瀚，能生养万物。这使人想到《易经》中“天地大德曰生”。圣人之道所以能生养万物，因为其道德核心是仁，有了它，天地万物就会在和风细雨中生长化育。

那么什么是圣人之道呢？诚实、友善、淳朴、敦厚……这些品质，是圣人之道的初级表现，对于人生来说，都是不可缺少的。然而这些并非圣人之道的全部。圣人之道必须由道德高尚的人来承担，礼仪也必须由道德高尚的人来主持。

《礼记·正义》曰：圣人之道高大，苟非至德，其道不成。最高的道和最高的德是相连接的，但成就高尚道德谈何容易，必须加强修养。所以君子应该既尊崇道德又追求学问，使二者结合起来。做到这样，才能体现至高的圣人之道。

最后讲到智。人有不同的社会地位，需要做到“居上不骄，为下不倍”，素位而行，与孔子思想交相辉映。并引用《诗经》，说明只有既明事理又有智慧的人，才能在人生仕途周旋中，既不失其道，又能保护其身。

原典

大哉圣人之道！洋洋[①]乎！发育万物，峻极于天。优优[②]大哉！礼仪[③]三百，威仪[④]三千。待其人而后行。故曰苟不至德[⑤]，至道不凝[⑥]焉。故君子尊德性而道问学[⑦]，致广大而尽精微[⑧]，极高明而道中庸[⑨]。温

故而知新，敦[10]厚以崇礼。是故居上不骄，为下不倍[11]。国有道其言足以兴，国无道其默足以容[12]。《诗》曰[13]："既明且哲[14]，以保其身。"其此之谓与？

注释

①洋洋：盛大，浩瀚无边。

②优优：平和，宽裕。自然从容。

③礼仪：古代礼节的主要规则，又称经礼。

④威仪：古代典礼中的动作规范及待人接物的礼节，又称曲礼。

⑤苟不至德：如果没有极高的德行。苟，如果。

⑥凝：凝聚，成功。

⑦问学：询问，学习。

⑧致：推致。尽：达到。

⑨极：极致，达到最高点。高明：指德行的最高境界。道：遵行。

⑩敦：敦厚。

⑪倍：通"背"，背弃，背叛。

⑫默：沉默。容：容身，指保全自己。

⑬《诗》：此指《诗经·大雅·烝民》。

⑭哲：智慧。这里指通达事理。

译文

伟大啊，圣人的道！浩瀚无边，生养万物，与天一样崇高。充足有余，礼仪三百条，威仪三千条。这些都有待于圣人来实行。所以说，如果没有极高的德行，就不能成就极高的道。因此，君子尊崇道德修养而追求知识学问，达到广博境界而又钻研精微之处，洞察一切而又奉行中庸之道，温习已有的知识从而获得新知识，诚心诚意地崇奉礼节。所以身居高位不骄傲，身居低位不自弃。国家政治清明时，他的言论足以振兴国家；国家政治黑暗时，他的沉默足以保全自己。《诗经·大雅·烝民》说："既明智又通达事理，可以保全自身。"大概就是说的这个意思吧？

古注

（发育万物，峻极于天。）

朱熹注："道之极于至大而无外也。"

（故君子尊德性而道问学，致广大而尽精微，极高明而道中庸。温故而知新，敦厚以崇礼。）

朱熹注："尊德性，所以存心而极乎道体之大也。道问学，所以致知而尽乎道体之细也。二者修德凝道之大端也。不以一毫私意自蔽，不以一毫私欲自累，涵泳乎其所已知。敦笃乎其所已能，此皆存心之属也。析理则不使有毫厘之差，处事则不使有过不及之谬，理义则日知其所未知，节文则日谨其所未谨，此皆致知之属也。盖非存心无以致知，而存心者又不可以不致知。故此五句，大小相资，首尾相应，圣贤所示入德之方，莫详于此，学者宜尽心焉。"

今论

南怀瑾："得道的圣人到达至诚不息、明心见性以后的境界，他的功德成就、学问道德，到达圣人境界。不但圣人，有无上的贡献，发育万物都有。他的道德成果有多高呢？天那么高。天有多高啊？不可数、不可说、不可量，就是那么高，所以叫'峻极于天'。"

阅典笔记

这一章在继续盛赞圣人之道的基础上，提出了两个层次的重要问题。

首先是修养德行以适应圣人之道的问题。因为没有极高的德行，就不能成就极高的道，所以君子应该"尊崇道德修养而追求知识学问，达到广博境界而又钻研精微之处，洞察一切而又奉行中庸之道，温习已有的知识从而获得新知识，诚心诚意地崇奉礼节"。朱熹认为，这五句"大小相资，首尾相应"，最得圣贤精神，要求学者尽心尽意研习。其实，五句所论不外乎尊崇道德修养和追求知识学问这两个方面，用我们今天的话来说，也就是"德育"和"智育"的问题。我们今天实施的教育方针，也不外乎是在这两方面之外加上"体育""美育"等项。其性质内涵自然有本质的不同，但其入手的途径却是相通的。

有了德、智两方面的修养，是不是就可以畅通无阻地实现圣人之道了呢？问题当然不是如此简单。修养是主观方面的准备，而实现圣人之道还有赖于客观现实方面的条件。客观现实条件具备，当然就可以大行其道；客观现实条件不具备又应该怎样做呢？这就需要“居上下骄，为下不倍”、“富贵不能淫，贫贱不能移，威武不能屈”（《孟子·滕文公下》的大丈夫气概。至于“国有道其言足以兴，国无道其默足以容”的态度，则是与孟子所说的“穷则独善其身，达则兼善天下”（《孟子·尽心上》）一脉相承的，都是对于现实政治的一种处置，一种适应。反过来说，也就是一种安身立命、进退仕途的艺术。所以，归根结底，还是：“既明且哲，以保其身。”当然，说者容易做者难，看似平淡却艰辛。要做到明哲保身，的确是非常不容易的。所以唐代大诗人白居易要写“明哲保身，进退始终，不失其道，自非贤达，孰能兼之？”（《杜佑致仕制》）宋代陆游更是直截了当地感叹道：“信乎明哲保身之难也！”（《跋范文正公书》）

明哲保身，方能进退自如，使自己立于不败之地。这当然与那种“事不关己，高高挂起”的“自由主义表现”是风马牛不相及的，我们切莫把它们混为一谈。

触类旁通

◎ 通典

安贫乐道，自得其乐

古代不入仕的学者多贫穷，而他们能成为学者也因其能安贫乐道，毕生沉浮于学海之中，以读书著述为乐。清代颇多安贫乐道之士，张履祥就是一个典型的以耕读为乐的学者。

他七岁丧父，家贫，母亲勉励他说：“孔孟两家无富儿，只因有志，便做到圣贤。”及长，受学于著名学者刘宗周之门。学成，授徒。

他重视经世济用之学，并能实践，自食其力。他耕田十余亩，农忙时，穿草鞋戴斗笠，手提筐饭，到田里耕种，劳动在田里，吃在坡上。

他自己耕作种田，收入只够平常的吃穿。他把房子取名为安乐窝，因此自称安乐先生。每天早晨燃香静坐，黄昏时小饮淡酒。兴致来时，作诗自娱，快乐无比。有时候想到城里去，就坐着车子，兴之所至，想到哪里就到哪里。

当官的、读书人听到他的车子声音，就跑出来争着迎接。小孩子们都很高兴，互相告诉："安乐先生来了！"有时候张履祥也随兴留下过夜，天明方才离去。

他曾说，人须有恒业。无恒业之人，原因在于他丧失了自己的本心，丧失了自己的信仰。他说他因为愚笨，以稼穑作为自己的生活手段。因为一旦学会了稼穑，就不需求人，则能立廉耻；知道了稼穑的艰难，就不妄求于人，则能兴礼让。廉耻立，礼让兴，而人心可正，世道可隆。

◎ 评价

明清之学，学者崇空谈的多。而张履祥强调实践，以人为本，以修己为务，着重经济，安贫乐道，对事物有自己独到的见解。

第二十八章

自用

中庸之道的本质就是合乎自然，顺乎人情，适乎时宜。《礼记·正义》说："上经论贤人学至诚，商量国之有道无道能或语或默，以保其身。若不能中庸者，皆不能量事制宜，必及祸患矣。因明己以此之故，不敢专辄制作礼乐也。"而孔子有其德而无其位，故只能是"从周"而已。

所以遵循中庸之道，就是做好自己该做的事，不越位，不退缩，承担自己该承担的责任，忠于自己肩负的使命，不做自己力所不能及的事。

原典

子曰："愚而好自用①，贱而好自专②，生乎今之世反③古之道。如此者，灾及其身者也。"非天子，不议礼④，不制度⑤，不考文⑥。今天下车同轨，书同文，行同伦⑦。虽有其位，苟无其德，不敢做礼乐焉；虽有其德，苟无其位，亦不敢作礼乐焉。子曰："吾说夏礼⑧，杞⑨不足征也；吾学殷礼⑩，有宋⑪存焉；吾学周礼⑫，今用之，吾从周⑬。"

注释

①自用：自以为是，不听别人意见，即刚愎自用的意思。

②自专：独断专行。

③反：通"返"，回复的意思。

④议礼：议订礼制。

⑤制度：在这里作动词用，指制室法度。

⑥考文：考订规范文字。

⑦车同轨，书同文，行同伦：车同轨指车子的轮距一致；书同文指字体统一；行同伦指伦理道德相同。这种情况是秦始皇统一六国后才出现的，据此知道《中庸》有些章节的确是秦代儒者所增加的。

⑧夏礼：夏朝的礼制。夏朝，约公元前2205年—前1776年，传说是禹建立的。

⑨杞：国名，传说是周武王封夏禹的后代于此，故城在今河南杞县。征，验证。

⑩殷礼：殷朝的礼制。商朝从盘庚迁都至殷（今河南安阳）到纣亡国，一般称为殷代，整个商朝也称商殷或殷商。

⑪宋：国名，商汤的后代居此，故城在今河南商丘县南。

⑫周礼：周朝的礼制。

⑬以上这段孔子的话散见于《论语·八佾》、《论语·为政》。

译文

孔子说："愚昧却喜欢自以为是，卑贱却喜欢独断专行，生于现在的时代却一心想回复到古时去。这样做，灾祸一定会降临到自己的身上。"不是天子就不要议定礼仪，不要制定法度，不要考订文字规范。现在天下车子的轮距一致，文字的字体统一，伦理道德相同。虽有相应的地位，如果没有相应的德行，是不敢制作礼乐制度的；虽然有相应的德行，如果没有相应的地位，也是不敢制作礼乐制度的。孔子说："我谈论夏朝的礼制，夏的后裔杞国已不足以验证它；我学习殷朝的礼制，殷的后裔宋国还残存着它；我学习周朝的礼制，现在还实行着它，所以我遵从周礼。"

古注

（虽有其位，苟无其德，不敢作礼乐焉；虽有其德，苟无其位，亦不敢作礼乐焉。）

朱熹注："郑氏曰：'言作礼乐者，必圣人在天子之位。'"

（吾说夏礼，杞不足征也；吾学殷礼，有宋存焉；吾学周礼，今用之，吾从周。）

朱熹注："三代之礼，孔子皆尝学之而能言其意；但夏礼既不可考证，殷礼虽存，又非当世之法，惟周礼乃时王之制，今日所用。孔子既不得位，则从周而已。”

今论

南怀瑾：“一个人智慧不够，学问不够，越笨的人越有自信，越觉得自己了不起。越是智慧不够的人，他越认为了不起，而且决心下得也非常快，而且办法也非常多。那些办法，那些决心，那些思想，都是非常笨的。可是因为他笨，没有办法理解天下事物，非常自用，这就是愚而好自用的结果。贫贱，贱就是说自己没有相当的实际上的权能与力量，居在下位，而个性非常强、主见非常强，好自专。这个‘专’字就是包括现在主观、主见非常强。一个人假设具备了这么一条的个性，已经是这一生注定是失败。两条啊，失败上面加失败！生在现代的时代，可是拼命想走古代的道路。生乎现代的时间，光是怀念历史上的过去，传统文化怎么好，而自己对于传统文化一点基础都没有，一点心得都没有。不要认为我是没有反古的思想就对了；也等于是‘生乎今之世’，不能做现代一个人，不能活在现代一个社会，就是‘反古之道’。违背了现代的潮流，而想走旧路子，灾难、痛苦、失败，他本人一定遭受到。”

阅典笔记

本章承接上一章发挥“为下不倍（背）”的意思，反对自以为是，独断专行，也有“不在其位，不谋其政”（《论语·泰伯》）的意思。归根结底，其实还是论述素位而行、安分守己的问题。

此外有一点值得注意的是，这里所引孔子的话否定了那种“生乎今之世反古之道”的人，这与一般认为孔子主张“克己复礼”，具有复古主义倾向的看法似乎有些冲突。其实,孔子所要复的礼,恰好是那种“今用之”的“周礼”,而不是“古之道”的“夏礼”和“殷礼”。因为夏礼已不可考,而殷礼虽然还在它的后裔宋国那里残存着,但毕竟也已是过去的了。所以,从本章所引孔子的两段话来看,的确不能随随便便地给他扣上“拉历史倒车”的复古主义者帽子。

触类旁通

◎ 通典

学不晚矣

晋平公问师旷道:“我今年七十岁了,但很想再读些书,求得一点学问,只是觉得年纪大了,已经日薄西山,恐怕太晚了。”

师旷回答说:“既然您已经知道天色已晚,为什么不把蜡烛点燃呢?”

平公以为师旷在搪塞,就生气地说:“我在和你说正事,作为臣子你怎么可以嘲笑我呢?”

师旷说:“我是一个盲人,所以光明只在我的心里,任何光亮都对我没有影响,我怎么敢戏弄君主呢?我听说,一个人在少年的时候好学上进,那就像是初升太阳的阳光一样,光彩夺目,前程不可限量;中年的时候不敢庸碌,仍然坚持刻苦学习,就像正午烈日当空,锐气正盛,人生的历练经验与知识的积累,会令他的前途不可阻挡;年老将至,犹且坚持不懈,不愿放弃学习,就像点燃了蜡烛,虽然蜡烛的光辉不比太阳,但也足可以把黑暗点亮。有了这荧荧烛光,总比在黑暗中摸索强得多啊!”

晋平公听了师旷的话,感叹地说:“大师说得好啊!”

◎ 评价

人生学无止境,任何时候都应该抓紧学习。

“老而好学”虽比不上“少而好学”和“壮而好学”,但总比不好学好。要活到老,学到老。

知识是无止境的,学习是没有年龄界限的。学习是获得真知、提升修养的最有效途径。

第二十九章

三重

吕氏曰:“三重，谓议礼、制度、考文。”即统一的制度、统一的礼节仪式、统一的书写文字。王者重此，就会使“国不异政，家不殊俗”，便会减少过失。

“凡治民之体，先当治心。心者，一身之主，百行之本。”(《周书·苏绰传》)治理民众的根本，其首先应当从思想上予以教化，使他们从内心拥戴。因为思想是人身心行为的主宰，是一切行为的本源。

民心就是天意，具有高尚品德的王者与天道合一。能王天下的人所持之道，必须要本诸自身道德，身体力行，取信于民，还要经得起历史考验，不悖于自然规律，使造化也无疑问，即使圣人再起，也改变不了。做到了既知自然规律，又要知社会人生，这样言行都可称为天下的道德、法度、准则，众望所归，获得天下人的普遍赞誉。

原典

王(wàng)天下有三重焉[①]，其寡过矣乎！上焉者[②]，虽善无征，无征不信，不信民弗从。下焉者[③]，虽善不尊，不尊[④]不信，不信民弗从。

注释

①王天下：做天下之王，统一天下。王，作动词用，称王。三重，指上一章所说的三件重要的事：仪礼、制度、考文。

②上焉者：指夏、商时代的礼制。

③下焉者：指在下位的人，如孔子。

④不尊：没有尊位。

译文

治理天下能够做好议定礼仪、制定法度、考订文字规范这三件重要的事，也就没有什么大的过失了吧！夏、商的制度虽好，但没有验证；如果没有验证的话，就不能使人信服；不能使人信服，老百姓就不会听从。像孔子这样在下位的人，虽然有美德，但没有尊贵的地位。没有尊贵的地位，就不能使人信服；不能使人信服，老百姓就不会听从。

古注

（王天下有三重焉，其寡过矣乎！）

朱熹注："吕氏曰：'三重，谓议礼、制度、考文。惟天子得以行之，则国不异政，家不殊俗，而人得寡过矣。'"

今论

南怀瑾："复兴、振兴这个世界，有三个重点，最重要的重点是什么呢？少犯错误。这个地方，人不可以不学无术，要多读书——博学之、审问之、慎思之、明辨之。纵然人不能无错；一切学问的道理，就是修养到自己少错。"

南怀瑾："有些太高明的人，上等的人，虽然很好，没有办法考据了。我们的上古时代、上古历史，孔子也在推崇，但是真正资料不够具全，所以孔子写中国历史只好从尧这里划一代，开始，连黄帝他都不敢碰；不是孔子不敢，是孔子小心，另外黄帝资料欠缺得太多了，这个老祖宗已经没有办法研究了；资料能够找得到，孔子是讲资料主义、实证主义，从尧开始。道家的历史文化、中国人，从黄帝开始。再古老的道家文化从三皇五帝、盘古老王开天地开始，那就越来越远了。那么在中庸讲，'虽善'，好是好；'无征'，没有办法拿证据，没有经验的，使人不相信。既然使人不相信，一般人们不会照这个办法走的，一般人们因为要拿证据，讲实际。"

南怀瑾："拿人来讲就是孔子，他没有当皇帝，在下位；也可以说现在当代的历史，虽然很好，但是还不值得人们尊重，一般人们对信仰力量还不够，不尊重他、不宝贵他，自然不相信。不相信，一般人们也不会跟到这个思想，跟到这个路线走的。"

原典

故君子之道，本诸身[①]，征[②]诸庶民，考诸三王而不缪（miù）[③]，建诸天地而不悖[④]，质[⑤]诸鬼神而无疑，百世以俟（sì）[⑥]圣人而不惑。质诸鬼神而无疑，知天也；百世以俟圣人而不惑，知人也。是故君子动而世为天下道[⑦]，行而世为天下法，言而世为天下则。远之则有望[⑧]，近之则不厌。

注释

①本诸身：本源于自身。

②征：验证。

③三王：指夏、商、周三代君王。缪：通："谬"，谬误。

④建：立。悖：违背。

⑤质：质询，询问。

⑥俟：待。

⑦道：同"导"，先导。

⑧望：威望。

译文

所以君子治理天下应该以自身的德行为根本，并从老百姓那里得到验证，考查夏、商、周三代先王的做法而没有悖谬，立于天地之间而没有悖乱，质询于鬼神而没有疑问，百世以后待到圣人出现也没有什么不理解的地方。质询于鬼神而没有疑问，这是因为知道天理；百世以后待到圣人出现也没有什么不理解的地方，这是因为知道人情。所以君子的举止能世世代代成为天下的先导，行为能世世代代成为天下的法度，语言能世世代代成为天下的准则。距君子远的人常有仰望之情，距离君子近的人也没有厌倦之意。

古注

（上焉者，虽善无征，无征不信，不信民弗从；下焉者，虽善不尊，不尊不信，不信民弗从。）

朱熹注："上焉者，谓时王以前，如夏、商之礼虽善，而皆不可考。下焉者，谓圣人在下，如孔子虽善于礼，而不在尊位也。"

（故君子之道，本诸身，征诸庶民，考诸三王而不缪，建诸天地而不悖，质诸鬼神而无疑，百世以俟圣人而不惑。）

朱熹注：“天地者，道也。鬼神者，造化之迹也。百世以俟圣人而不惑，所谓圣人复起，不易吾言者也。”

今论

南怀瑾：“‘君子之道本诸身’，需要自己本身的修养做起，你本身的学问道德的内养没有，光要读书有知识，没有内养不行；要从你的身心上做起；然后你的修养成功了，也要使一般人们照这个方法、照这个学问去做，得到了好处，今后能够有经验，使大家都能够做得到，用起来都方便。然后要注意传统的文化，乃至到了夏商周三代，就是说，从传统文化这一千多年以来，都要对一下，没有错，不违反传统，是在传统地演变、创新，创造一个新的时代，并不是走老路；可是并没有脱离这个来根。然后嘛，‘建诸天地而不悖’，它摆在宇宙之间，变成一个真理、人文的真理，永远不变的，一个时代纵然推翻它，想打倒它推翻它，你打倒不了、推翻不了，你推翻一年半年、两年三年，你又想走它这个路道，因为这是真理，真理是不变的，所以‘建诸天地而不悖’。甚至于说，在神秘的这一面，鬼与神宗教性的，乃至于

说跟上帝两个并立，跟佛菩萨两个并存的，所以这个也不是空洞的思想与信仰，要'质'，实际到达、求证到，有精神看不见的另外的一面。然后你所建立的文化事业，流传于百代，至千秋万代。要经历几百万年，未来的历史，有大圣人、成功人出来，其同，人同此心、心同此理，真理只有一个，完全一样，要吻合，才行。"

原典

《诗》[①]曰："在彼无恶，在此无射（yì）[②]。庶几（jī）夙（sù）夜[③]，以永终誉[④]。"君子未有不如此而蚤[⑤]有誉于天下者也。

注释

①《诗》：此指《诗经·周颂·振鹭》。

②射：《诗经》本作"斁"，厌弃的意思。

③庶几：几乎。夙夜：早晚。

④永：永远。终：通"众"。誉：赞誉。

⑤蚤：即"早"。

译文

《诗经·周颂·振鹭》说："在那里没有人憎恶，在这里没有人厌烦，日日夜夜操劳啊，为了保持美好的名望。"君子没有不这样做而能够早早在天下获得名望的。

古注

（在彼无恶，在此无射。）

朱熹注："所谓此者，指本诸身以下六事而言。"

今论

南怀瑾："引证周颂，周代的一首诗中间的几句话。他说一个人做到随便正反两面，在那一边没有讨厌，不为他讨厌；在这一边没有被他难过，反正这个人从容中道，怎么样都对。昼夜都在道中行；永远保持在历史上，在历史人类文化高明的声望。"

南怀瑾："一个人修养没有达到这个程度，要想在历史文化万古留名、万古流传，是不可能的，必须要真的道德修养、道德修养到家。子思这个文章是答复天下人对他祖父所提的怀疑的问题，也说明了中国儒家文化的精神之所在。"

阅典笔记

这一章承接"居上下骄"的意思而发挥，要求当政者身体力行，不仅要有好的德行修养，而且要有行为实践的验证，才能取信于民，使人听从。这就好比我们今天要求政府为老百姓办实事一样。不管你把自己的德行吹上天，也不管你的规划有多宏伟，做一两件实事，拿一点政绩出来给我们看看：你修的路在哪里？你建的房在哪里？你办的学校在哪里？市场是否繁荣？物价是否稳定？如此等等，不一而足。只有这样，才能做到"远之则有望，近之则不厌"，成为老百姓的公仆。

提高到理论上来说，这一章所强调的，依然是重实践的观点。"本诸身，征诸庶民"，以自身的德行为根本，并从老百姓那里得到验证。这是主客观的结合，理论与实践的统一，用客观实践来检验自己的主观意图、见解、理论是否符合老百姓的利益与愿望。从而使自己的举止能世世代代成为天下的先导，行为能世世代代成为天下的法度，语言能世世代代成为天下的准则。

这里当然还是蕴含着儒者对伟大与崇高的向往和对不朽的渴望，也就是中国古代知识分子崇奉的立德、立功、立言三不朽追求。

触类旁通

◎ 通典

学会走近下属

一个制造企业聘请了一位有特殊管理专长，却在专业技术方面并不是很强的厂长。因为前任厂长在专业技术方面十分精通，再加上多年的相处和工作习惯，所以厂内的员工对于新任的厂长并不十分地信服，不但对于新的管理改革方案不热心配合，而且看到他就远远地躲开不愿亲近。新任厂长看到这个情形，认为自己该和他们打成一片才可以贯彻自己的管理改革措施。

开始，他经常到两位管理主管的家里，和他们及其家人谈天说地；后来几乎是无话不谈，他也就因而了解了主管们的一些不为人知的小缺点。随着时间的推移，他和两位主管取得了共识，两位主管时时报告一些厂里员工的特殊的情绪或是近况，并且将自己遇到的一些事也作一番报告。这样，新厂长就对厂里的员工们有了比较详细的了解。

上班的时候，新厂长会四下走动。新厂长经常和大伙儿一起在餐厅用餐，一边吃一边将两位主管的一些小缺点都讲出来。而和厂长早有默契的两位主管，在一旁只是傻笑。

没有多久，厂里便上上下下打成一片，新厂长的管理改革政策也获得了普遍的支持。

◎ 评价

东方的企业经营大师松下幸之助曾说："组织以和为贵。"他所谓的和，就是上司与下属彼此有着好感。以好感为基础，领导和下属才能顺畅地工作或配合工作。如果上司与下属之间存在着对立关系，工作是无法顺利进行的。那么怎样赢得松下幸之助口中的这种"和"呢？这就要求管理者主动出马，拉近与员工之间的距离。

◎ 通典

三顾茅庐得良材

刘备、关羽、张飞自桃园结义后，虽整天东征西战，但因缺少谋士，总觉得恢复汉朝天下无望。后来得徐庶帮助，连打胜仗。徐庶为救母无奈被骗去了曹营。临走时，他向刘备推荐了诸葛亮。

一日，刘备带关羽、张飞来到隆中卧龙冈，想请诸葛亮出山。僮子说："先生今早出去了。"刘备让僮子转告先生他们来过，然后牵着马闷闷不乐地回去了。又过了数日，刘备探得诸葛亮已回家，便同关、张第二次来访。僮子说："先生正在草堂看书。"刘备求见后得知不是诸葛亮，而是其弟诸葛钧。于是留下一封信，表达敬慕之情。兄弟三人又冒雪回去了。

回到新野不久，刘备想再次去请诸葛亮。关羽劝说："可能诸葛亮没本事，怕见我们。"张飞则说："你们别去了，我且用绳子将他捆了来。"刘备忙讲了当年文王访姜子牙的故事。兄弟三人又第三次来到卧龙冈。他们一到，僮子忙说："先生在睡觉。"得贤若渴的刘备一直等到诸葛亮睡醒后更衣相见。刘备不辞劳苦，三顾顾庐，终于请出诸葛亮出山辅佐，共图大业。

◎ **评价**

对待有才能的属下，能够不忌妒反而给予重用，是一种美德。

第三十章

敦化

本章有三个层次。首先从人类历史看孔子。尧、舜和文王、武王都是儒家推崇的榜样。尧、舜仁慈孝友，不以天下为己私，贤者当之；文王、武王除暴安民，以德治天下，天下颂之。他们都有高尚的道德，都是孔子学习的对象，孔子不少思想原则是从他们那里继承过来的。“祖述尧、舜，宪章文、武”这两句话，成了道统论的雏形，屡被侯儒所称道。其次，从自然界来看孔子。自然界最广大的东西莫如天地日月，孔子与天地比肩，如日月同辉。最后用“万物并育而不相害，道并流，大德敦化”来形容万物的多样性与统一性。万物活脱脱地生长，天地无声无息地化育，这就如同圣人的道德作用。历史把孔子描述成中庸之道的典范，从《中庸》本身的结构看，这也是从理论到实践的过渡。

原典

仲尼祖述①尧舜，宪章②文武，上律天时，下袭③水土。辟如大地之无不持载，无不覆帱（dào）④，辟如四时之错行⑤，如日月之代明⑥。万物并育而不相害，道并行而不相悖。小德川流，大德敦化⑦。此天地之所以为大也！

注释

①祖述：效法、遵循前人的行为或学说。

②宪章：遵从，效法。

③袭：与上文的“律”近义，都是符合的意思。

④覆帱：覆盖。

⑤错行：交错运行，流动不息。

⑥代明：交替光明，循环变化。

⑦敦化：使万物敦厚纯朴。

译文

孔子继承尧舜，以文王、武王为典范，上遵循天时，下符合地理。就像天地那样没有什么不承载，没有什么不覆盖；又好像四季的交错运行，日月的交替光明。万物一起生长而互不妨害，道路同时并行而互不冲突。小的德行如河水一样长流不息，大的德行使万物敦厚纯朴。这就是天地的伟大之处啊！

古注

（仲尼祖述尧舜，宪章文武，上律天时，下袭水土。）

朱熹注：“律天时者，法其自然之运。袭水土者，因其一定之理。皆兼内外该本末而言也。”

（万物并育而不相害，道并行而不相悖。小德川流，大德敦化。此天地之所以为大也。）

朱熹注：“天覆地载，万物并育于其间而不相害；四时日月，错行代明而不相悖。所以不害不悖者，小德之川流；所以并育并行者，大德之敦化。小德者，全体之分；大德者，万殊之本。川流者，如川之流，脉络分明而往不息也。敦化者，敦厚其化，根本盛大而出无穷也。此言天地之道，以见上文取辟之意也。”

今论

南怀瑾：“祖父孔子是以尧舜的文化传统来的。他的制度，研究的方法，人文文化，以文王、武王的这个周朝的文化为基础，科学上的天文他有深入，宇宙的法则他全知，理、象、数已经是非常高明了，能知过去未来。上通天文、下知地理，他的学问无所不知。他的道德的学问，道德与学问两方面像这个天地一样，包含了万有，所以载育万有、保持万有。万有没有哪一点不受他的恩惠，盖覆、遮起来、打雨伞一样，都靠他盖覆。他当时没有去当皇帝，所谓称‘素王’，没有土地、没有政权的皇帝，同佛一样；佛家称佛是‘空王’，传经说法，永远万世的人天的师表。可是啊，千秋万代的，连帝王看到孔庙都要跪拜的，都要行礼，有这个权威。何以成功呢？道德、学问、修养。”

阅典笔记

天地的伟大之处，就是孔子的伟大之处。因为孔子与天地比肩，与日月同辉。

这一章以孔子为典范，盛赞他的德行，为学者塑造了一个伟大、崇高而不朽的形象，使他流芳百世而成为后代人永远学习与敬仰的楷模。

这就是大成至圣先师孔圣人。

从《中庸》本身的结构来看，这也是从理论到实际，从对中庸之道方方面面的阐述落实到一个具体的榜样上来。而榜样的力量是无穷的。

触类旁通

◎ 通典

虚心接受他人的意见

任何人潜意识深处都是争强好胜的，自负正是人的本性。聪明人最大的特征是能够谦虚接受别人的批评，坦然地说“我错了”；而愚蠢的人往往对别人的批评置若罔闻。

小赵进公司已经几个月了。他发现所在部门的同事老张是个认真、细心的人。早上谁迟到几分钟，谁没有打扫办公桌，老张都十分清楚。这天，他慢条斯理地走到小赵身边说：“小赵，我看过你写的这份宣传资料了，你看看，用错了多少标点符号？如果拿这样的东西给总经理看，我们会给他留下什么印象？标点符号跟汉字一样，我们从小到大都在学，你不会连标点符号都用不好吧？”老张滔滔不绝地数落着小赵，小赵默默地听着。

从此以后，小赵做事变得十分仔细。早晨第一个到，下班最后一个走；每一份资料都仔细斟酌字、词、句，甚至连标点都不放过；打每一个电话都用心揣摩，努力做到最好。久而久之，这引起了老张的注意。相比其他几个与小赵一起进公司的年轻人，老张更喜欢小赵，对他也特别欣赏，经常在业务上对他进行指点，小到一份合同的撰写，大至跟客户打交道的技巧。除此之外，老张也跟他介绍了公司的一些人际关系，这就使小赵避免了卷入公司的“派系”斗争。老张对小赵的帮助使小赵工作起来更加得心应手。最终成绩斐然的小赵受到了公司老总的重视。

◎ 评价

对于任何批评，尤其是来自上级的批评，当场反驳对自己没有任何好处。即使你想不通，回去还是要细细想通。因为没有谁喜欢无缘无故地批评人，之所以找上你，还是因为你有哪些地方做得不够好。只有改进，批评才会体现出它的价值，你才会进步。

第三十一章

至圣

这章讲“至圣”。

首先讲圣人的内涵，有以下五项：聪明睿智，宽裕温柔，发强刚毅，齐庄中正，文理密察。这些都是说圣人的内在品德。根据前文，胜任是生知安行的，所以“聪明睿智”是讲圣人是生而知之的，即所谓的“生知之质”。“宽裕温柔”是仁，“发强刚毅”是义，“齐庄中正”是礼，“文理密察”是智，圣人具备仁、义、礼、智四德。

其次，用源头奔腾流淌，用天浩瀚无垠，塑造圣人的智慧。

最后，极力形容其影响，从种群到地域范畴，人们都会尊敬他、信任他、亲近他。如朱熹所说“盖极言之”“言其德之所及，广大如天也”。

原典

唯天下至圣[①]，为能聪明睿知[②]，足以有临[③]也；宽裕温柔[④]，足以有容[⑤]也；发强刚毅[⑥]，足以有执[⑦]也；齐庄中正[⑧]，足以有敬也；文理密察[⑨]，足以有别也。溥（pǔ）[⑩]博渊泉，而时出[⑪]之。溥博如天，渊泉如渊。见[⑫]而民莫不敬，言而民莫不信，行而民莫不说[⑬]。是以声名洋溢乎中国，施及蛮貊（mò）[⑭]。舟车所至，人力所通，天之所覆，地之所载，日月所照，霜露所队[⑮]，凡有血气者，莫不尊亲[⑯]，故曰配天[⑰]。

注释

①至圣：最高的圣人。

②聪明睿智：耳听敏锐叫聪，目视犀利叫明，思维敏捷叫睿，知识广博叫智。知，同“智”。朱熹认为是讲“生知之质”。

③临：居高而临下。

④宽裕温柔：广大宽舒，温和柔顺。这里是形容仁。

⑤容：包容。

⑥发强刚毅：奋发刚劲，刚健坚毅。这里是形容义。

⑦执：决断，固守。

⑧齐庄中正：整齐庄重，公平正直。这里是形容礼。

⑨文理密察：文章条理，周详明辨。这里是形容智。

⑩溥：周遍。

⑪时出：随时发见于外。朱熹说：“言五者之德，充积于中，而以时发见于外。”

⑫见：同“现”，出现。

⑬说：同“悦”。

⑭蛮貊：南蛮北貊，古代对边远少数民族的称呼。

⑮队：同“坠”。

⑯尊亲：尊敬喜爱。

⑰配天：与天相匹配。朱熹说：“言其德之所及，广大如天也。”

译文

唯有天下最圣明的人才能既聪明又睿智，能居于上位而治理天下；广大宽舒，温和柔顺，足以包容天下；奋发强劲，刚健坚毅，足以决断大事；整齐庄重，公平正直，足以敬业；文章条理，周详明辨，足以分辨是非。圣人道德广博深沉，随时表现于外。广阔的如同天空，深沉的如同潭水。他出现在民众面前，人们没有不尊重的；他说的话，人们没有不相信的；他的行为，人们没有不喜欢的。因此他的名声洋溢中原之地，传播到南蛮北貊等边远地区。凡是车船能到的地方，人力能通的地方，天所覆盖的地方，地所承载的地方，日月所照临的地方，霜露所降落的地方，凡是有血气的人，没有不尊重他喜爱他的，所以说，圣人的美德可以与天相配。

古注

（溥博渊泉，而时出之。）

朱熹注："五者之德，充积于中，而以时发见于外也。"

（溥博如天，渊泉如渊。见而民莫不敬，言而民莫不信，行而民莫不说。）

朱熹注："其充积极其盛，而发见当其可也。"

（是以声名洋溢乎中国，施及蛮貊。舟车所至，人力所通，天之所覆，地之所载，日月所照，霜露所队，凡有血气者，莫不尊亲，故曰配天。）

朱熹注："舟车所至以下，盖极言之。配天，言其德之所及，广大如天也。"

今论

南怀瑾："修养成功就是圣人的境界，拿我们普通讲就是得道了，悟道、修道而成道，是圣人境界。第一个是聪明，绝对的聪明，'率性之谓道'，由本性而发起来的智慧；不是后天的思想出来的，也不是靠眼睛耳朵观察出来的；就是普通现在讲'无上的灵感'，才够得上达到这个程度。胸襟宽大，非常的厚道，对于人包容、宽厚，那么在佛家来讲这个温柔就是慈祥，非常慈祥的，才能够说内证以后包罗万象。做起事来，发展到外面，他的行为，发愤图强，非常刚劲，什么事情就有它一定把握住的中心。无妄想、无烦恼、无杂念，持斋，随时自己是庄正的，中正，这个样子才真所谓做到做人处事内外至正的一个心情。要有思想，有头脑，言语文字样样第一等，很高明，读书做事非常精细，才能够分别一切的是非善恶，处理事情对不对。"

阅典笔记

在此，《中庸》为天下君子提出了五大标准：聪明睿智、宽裕温柔、发强刚毅、齐庄中正、文理密察。而为圣为愚则取决于自己的修行了。

正因为圣人君子有这五大美德，所以才可能把天下国家百姓交付给他们治理。这也可以理解为《中庸》给管理天下者制定了德行标准，合乎这五种美德的就是一个好君王，不合乎这五种美德的就是一个昏君，当然也就不是一个君子。

此外，"中庸"的"中"绝非是折中或调和，而是合宜、适中，也就是合乎一定的标准。为人处世不能偏激，不能走极端。说话办事都以“中”作为准则，能够找准最适当的时机，那就不会有过分和不及了。

触类旁通

◎ 通典

恰到好处的赞美

黑格尔在《生命的哲学》里讲述了这样一则故事：一个被执行死刑的青年在赴刑场时，围观人群中有一个老太太突然冒出一句：“看，他那金色的头发多么漂亮迷人！”那个即将告别人世的青年闻听此言，朝那老太太站的方向深深地鞠了一躬，含着泪大声说：“如果周围多一些像您这样的人，我也许不会有今天。”

还有一个类似的故事：一个年轻人，他对生活已完全丧失了信心，准备割腕自杀。临死前，他搜空所有的记忆想找一个能让自己活下来的理由，但他所能记起的都是些伤心事。绝望之时，他脑海中突然闪现出一件事：小学时的一次写生课上，他画了一棵树，绿色的枝干，绿色的树叶。老师从他身后走过，说了一句：“多么有创意啊！”正是这一句模棱两可的话让他又重新燃起了生的希望。

假如一个人老是生活在别人的指责、轻视、鄙夷中，往往会自甘平庸，甚至心理变态，仇视他人和社会。而一句饱含爱心的善意激励，则可能引导他走向人生正途。

一句赞美的话也许会改变一个人的一生，只可惜现实生活中我们往往过于吝啬，不肯轻易吐露自己的赞美之言，却容易在不经意间伤害别人。第一个故事中的年轻人之所以走到那一步，或许就在于此吧。如果大家都像那位老太太一样，多一份爱心，在别人沮丧失落之时，送一句鼓励或赞美的话，让他感到阳光的温暖，让他知道在茫茫人海中他不是孤独的，一直有人在关注着他，与他同行，悲剧可能就会避免。

记得狄更斯曾这样描述生命的意义：如果我能弥补一个破碎的心灵，我便不是徒然活着；如果我能减轻一个生命的痛苦，抚慰一处创伤，或是令一只离巢的小鸟回到巢里，我便不是徒然活着的。减轻别人的痛苦，分担他人的忧愁，让他或是她感动，我们便不是徒然地活着，生命的内容就不会苍白无色。正如汪国真诗中所提：获得是一种满足，给予是一种快乐。给予别人，感动别人，也会感动自己。

◎ 评价

“如果一个人总是生活在别人的指责、轻视、鄙夷中，往往会自甘平庸，甚至长期处于抑郁之中，仇视他人和社会。而一句饱含爱心的善意激励，则可能引导他走向人生正途。”

第三十二章

至诚

本章还是讲“至圣”。至圣必须是至诚的。“大经”，指五伦，即五种人际关系；“大本”，指性之全体，如仁、义、礼、智等。这二者都需要高度的诚实，只有圣人才能做到。“大经”理顺了，“大本”立起来了，“大本”的核心——仁，也十分笃实，像渊水一样深静，像浩天一样广博，这样崇高的道德自然会独立挺立，无须依托任何东西。这是只有已达到和天同德的圣人才能了解的道理。全章极力形容“至圣”和“道”的统一。

原典

唯天下至诚，为能经纶天下之大经①，立天下之大本②，知天地之化育。夫焉有所倚③？肫肫（zhūn）④其仁！渊渊⑤其渊！浩浩⑥其天！苟不固聪明圣知达天德者⑦，其孰能知之？

注释

①经纶：本意为整理丝缕，引申为治理。大经：常道，如五伦。

②大本：根本的德行，如仁、义、礼、智等。

③倚：依傍。

④肫肫：诚恳的样子。

⑤渊渊：静深的样子。

⑥浩浩：广大的样子。

⑦固：实在。达天德者：通晓天赋美德的人。

译文

唯有天下最诚恳的人，才能掌握治理天下的大纲，树立天下的根本道德，知晓天地化育万物的道理。除了至诚还有什么可依傍的呢？至诚的人，他的仁德是那样的诚恳！他的思想像潭水一样深沉！他化育万物的胸襟像蓝天一样广阔！假如不是确实具有聪明睿智、通达天德的人，又有谁能够知道这个道理呢？

古注

（唯天下至诚，为能经纶天下之大经，立天下之大本，知天地之化育。夫焉有所倚？）

朱熹注："惟圣人之德极诚无妄，故于人伦各尽其当然之实，而皆可以为天下后世法，所谓经纶之也。其于所性之全体，无一毫人欲之伪以杂之，而天下之道千变万化皆由此出，所谓立之也。其于天地之化育，则亦其极诚无妄者有默契焉，非但闻见之知而已。此皆至诚无妄，自然之功用，夫岂有所倚着于物而后能哉。"

（肫肫其仁！渊渊其渊！浩浩其天！）

朱熹注："其渊其天，则非特如之而已。"

（苟不固聪明圣知达天德者，其孰能知之？）

朱熹注："郑氏曰：'惟圣人能知圣人也。'"

今论

南怀瑾："怎么样能够修养到这个境界呢？至诚。怎么样做到至诚？'至诚之道，可以前知'，这句话出在《大学》。至诚本身就是方法，没有别的方法。因为有天下至诚的人，盖天盖地，这个至人之勇的勇气，他才能够修天下之大道，才能成功。明心见性，天命之谓性，才见到人性本来。晓得宇宙间那个生命的力量，生生不已、化生万物、生育万物，所以生命自己可以把握，可以转过来，唯有至诚到了，才能知天地之化育，天地之生机知道了，自己生命上生机知道了，所以智慧神通就发起了。"

阅典笔记

这一章回到了至诚的问题上，阐述了只有至诚的人才可以掌握天下的至道，认识人类世界和宇宙自然，对各种理论都能发挥到极致。因为至诚的人真实无妄，没有私心杂念，因而真正了解天下的法则，所以把自己掌握的所有伦理道德都丝毫不夹杂私欲地运用、发挥出来，因而可以驾驭千变万化的人和事。正所谓“万变不离其宗”，“至诚”就是这个“宗”。经论、立本、知化这三件大事，都依靠着真诚。

正视千年的历史，那些曾经显赫无匹的帝王，有几人能够为后世所长久记忆？全都成为历史的陈迹。虽然他们的名字被写在史册上，史册也记载了他们的丰功伟业，其实，那些只是册页间的一个摆设，又有几人能为人们所长久提及？唯有孔子的思想传承无穷，千年来影响着历史。那些频繁改换的朝代，有哪一位帝王不自诩为民谋福利？有哪一位不动用各种力量想要万岁以求不朽？可是当他的生命停歇，便再也没有人愿意说起。唯有孔子的思想传承不朽，成为人类灵魂的主宰，成为引领人类精神的旗帜。

如果心灵深处缺乏“诚”，那么做什么事都会动机不纯，行为就会远离大道与正道。朱熹说：“诚其意者，自修之首也。”意思是“诚”是自我德行修养的首要前提。一个自我修养的人只有在动机和意念上真诚无妄，才能真正使自身的修养有所进步和成就，也才能真正实现自我完善。如果在动机和意念上根本做不到诚，就会永远自欺欺人。

至诚的君子之所以能治天下，靠的就是心中的一个“诚”，也就是真实无妄。那“诚”到底是什么样子的呢？它的表现是仁德之心至诚，思虑深远如潭水，品德广阔如苍天。到达这样的境界，人生就与天地自然一样通达。并且也只有至诚的人才知道通晓天地至道。

以我们至诚的仁厚心灵，以我们源源不竭的智慧，以我们堂堂正正的浩然正气，昂然立于天地之间，建设我们至德至诚的完美人格，经天纬地，制规立矩，正本化育，引导天下世道走向正途。

对天地万物内在天性的认识，是没有止境的。只有彻悟上天之德的圣哲，才能具备如此的大智慧。也只有至诚至德的圣哲，才能与天地并立，通晓天地之道，即中庸之道。

触类旁通

◎ 通典

忠诚的魅力

微软总裁比尔·盖茨的第二任女秘书露宝来到微软时，已经四十二岁了，她已经是四个孩子的母亲，而比尔·盖茨当时的年龄是二十一岁。年龄并没有成为他们之间的障碍，相反，露宝以一个成熟女性特有的缜密与周到，把微软看成一个大家庭，里里外外打理得井井有条。露宝赢得了比尔·盖茨的器重和微软员工的尊重。

露宝发现微软公司不同于其他公司，尤其是盖茨和艾伦，行为颇异于常人。他们通常是中午到公司上班，一直工作到深夜，每周七天，莫不如是。假如偶然要在第二天早上会客，他们就在办公室睡到天亮。盖茨在办公室的起居饭食，成了露宝日常工作的一项内容，这使盖茨感到了一种母性的关怀和温暖，减少了远离家庭而带来的种种不适感。而盖茨也像对母亲一样对待他的这位雇员。

微软公司所在的双园中央大厦，距离亚帕克基机场只有几分钟的车程，为了使工作尽可能满负荷，盖茨往往在办公室处理事情到最后的时刻，才驾驶着保时捷飞速前往机场，沿途经常超车，甚至闯红灯也时有发生。露宝非常担心盖茨的安全，因此她便请求盖茨留出十三分钟的时间去机场，并且每次都亲自督促。

露宝把微软公司看成一个大家庭，她对公司的每个员工，对公司里的每一项工作都有一份很深的感情。很自然，她成了微软公司的后勤总管，负责发放工资、记账、接订单、采购、打印文件等。久而久之，盖茨和其他员工都对露宝产生了依赖心理。在他们眼里，露宝像妈妈一样关心照顾着他们。

当微软公司决定迁往西雅图，而露宝因为丈夫在亚帕克基有自己的事业不能走时，盖茨对她依依不舍，留恋不已。三年后，当盖茨身边因缺少得力助手而坐在办公室郁闷时，露宝又回到了盖茨身边，回到了微软。她先是一个人从亚帕克基来到西雅图，后又说服丈夫举家迁来继续为微软贡献自己的力量。

随着微软公司的蓬勃发展，露宝也取得了事业上的巨大成功。从露宝身上我们可以看到忠诚的魅力。事实证明，员工对公司越忠诚，就越能得到公司的重用。

◎ 评价

忠诚是职场的做人之本，只有拥有忠诚的品质，才能在工作中获得更多的晋升机会。而一个人即使有能力，如果缺乏忠诚之心的话，他不会得到公司的重用。成功者都是带着敬业精神与忠诚工作的，他们往往能够在工作中找到自己发挥的舞台，然后逐渐实现自身的价值，最后成为一个有成就的人。

第三十三章

尚䌹

本章由前面圣人之道德高远广博回归于君子之道，使人联想到前面的“君子之道，辟如行远必自迩，辟如登高必自卑”，为学者开出一条入德之路。

首先将君子和小人划清界限。君子，开始并不辉煌，但在积累中日渐光辉。小人则不同，开始很张扬，但华而不实，会逐渐消亡。君子外表平淡、简朴、温和，内则有品位、文采、条理。君子以其至诚顺应天时，以其至性借力地利，以其至德惠恩人民。君子由于有丰富的内涵，由内向外，由远及近，由细微到彰显，其影响力都是无穷的。但君子必须加强自己的修养，无论何时，何地都要无愧于心，都要慎独。

君子上体天德，下知地理；感应神鬼，中和民心；不苛求，无声无息如日月之普照。具有高尚道德的君子管理民众，不用赏赐，不用刑法暴力，民众自然会努力。以道德治国，牢牢守着德行，恭恭敬敬地做事，天下也就太平了。德治如春风化雨，润物无声。可以说，有至德的君子，已经接近圣人了。

朱熹注：“承上章而言大德之敦化，亦天道也。前章言至圣之德，此章言至诚之道。然至诚之道，非至圣不能知；至圣之德，非至诚不能为，则亦非二物矣。此篇言圣人天道之极致，至此而无以加矣。”

原典

《诗》[①]曰：“衣（yì）锦尚䌹（jiǒng）[②]。”恶（wù）其文之著也[③]。故君子之道，暗然而日章[④]；小人之道，的（dì）然[⑤]而日亡。君子之道，

淡而不厌，简而文，温而理，知远之近，知风之自，知微之显，可与入德⑥矣。

注释

①《诗》：此指《诗经·卫风·硕人》。

②衣：此处作动词用，指穿衣。锦，指色彩鲜艳的衣服。尚，加。絅，用麻布制的罩衣。

③恶：嫌恶，延误。著：鲜明，耀眼。

④暗然：隐藏不露。日章：日渐彰显。章，同“彰”。

⑤的然：鲜明、显著的样子。

⑥入德：进入道德之门。

译文

《诗经·卫风·硕人》说：“身穿锦绣衣服，外面再穿一件麻布罩衫。”这是为了避免锦衣花纹太显露。所以，君子的道深藏不露而日益彰明，个人的道显露无遗而日益消亡。君子的道，平淡而有意味，简略而有文采，温和而有条理，由近知远，由风知源，由微知显，这样，就可以进入道德的境界了。

古注

（诗曰：“衣锦尚絅。”恶其文之着也。故君子之道，暗然而日章；小人之道，的然而日亡。君子之道，淡而不厌，简而文，温而理，知远之近，知风之自，知微之显，可与入德矣。）

朱熹注：“古之学者为己，故其立心如此。尚絅故暗然，衣锦故有日章之实。淡、简、温，絅之袭于外也；不厌而文且理焉，锦之美在中也。小人反是，则暴于外而无实以继之，是以的然而日亡也。远之近，见于彼者由于此也。风之自，着乎外者本乎内也。微之显，有诸内者形诸外也。有为己之心，而又知此三者，则知所谨而可入德矣。故下文引诗言谨独之事。”

今论

南怀瑾：“自然非常简化，有无比的内容、文章。温柔就会多情，而不是没有条理的一味地多情。真正修养到家的人，那么这几句话等于佛家所讲的智慧神通的境界，自然晓得远，由远到达近。修养学问成就了，所谓神通的境界，神通没有什么稀奇。很远大的事情，因为他智慧的境界、智慧成就了，远的事就到达前面了，很近，就看就了解了。知道一切的风气、社会的风尚、时代历史的演变，这个风气的演变，知道他那个原因、来源。一个学问道德修养成就的人，看得非常明白，很微弱的东西，他是非常明显地看见。这样，学问修养成就到这个境界，可以入道了，可以入德。像这样的人可以谈修养、可以谈学问了。儒家也好、道家也好、学佛也好，就够资格了。所以我们大家自己拿这个借镜，自己可以反省自己，有没有到达这样。没有到达这样，信口雌黄自己是在修道、学佛，那是自欺的话，自己骗自己，不可以。所以这样才能入德。”

原典

《诗》[1]云："潜虽伏矣，亦孔之昭[2]！"故君子内省（xǐng）不疚[3]，无恶于志[4]。君子之所不可及者，其唯人之所不见乎？

注释

①《诗》：此指《诗经·小雅·正月》。

②孔：很。昭：明白。

③内省不疚：内心经常反省，没有什么愧疚。

④无恶于志：无愧于心。志，心。

译文

《诗经·小雅·正月》说："虽然潜伏在水底，但也被看得清清楚楚。"所以君子自我反省没有内疚，也就无愧于心了。君子的德行之所以高于一般人，大概就是在这些别人看不见的地方吧？

古注

（故君子内省不疚，无恶于志。）

朱熹注："无恶于志，犹言无愧于心，此君子谨独之事也。"

今论

南怀瑾："君子内在反省自己没有后悔、没有脸红的事，没有对不起人的事，只问自己内心。所以平生不做亏心事，半夜敲门鬼不惊。对于自己的平生抱负、言行没有觉得可以厌恶，因为他每天是斋庄中正，正道而行。有道的人为什么那么伟大，别人学不到呢？因为他对于自己的要求严肃，对于自己的管理严格，别人看不见的。别人看不见可以马虎，他对自己不马虎啊！任何一个讲诚的、道德修养，不管你学佛学道学什么、学自己，必须要对自己对得起，所以这就是君子之人。他的修养不是表演给人家看的。别人所不了解的，乃至做一件错事，别人都不知道，鬼都没有看见的，但是一个君子人自己审查自己会脸红：错了！不合于道了。他因此他觉得没有一点脸红的事情，不亏于暗室，此所谓君子之道，不可及。”

原典

《诗》[①]云："相在尔室[②]，尚不愧于屋漏[③]。"故君子不动而敬，不言而信。

注释

①《诗》：此指《诗经·大雅·抑》。

②相：注视。尔室：你的居室。此指一人独居于室。

③不愧于屋漏：指心地光明，不在暗中做坏事，起坏念头。屋漏：古代室内西北角设小帐的地方。相传是神明所在，所以这里是以屋漏代指神明。

译文

《诗经·大雅·抑》说："看你独自在室内的时候，是不是能无愧于心。"所以，君子在未行动之前就怀有恭敬之心，在没说话之前就先有诚实无欺之心。

古注

（故君子不动而敬，不言而信。）

朱熹注："君子之戒谨恐惧，无时不然，不待言动而后敬信，则其为己之功益加密矣。故下文引诗并言其效。"

今论

南怀瑾："一个人不要认为看不见的地方可以乱来，所以自己心里思想不要认为：我在里头想，我还怕谁看见？在古代就叫做'相在尔室'，你心里有所想，外面这个电波就放出来，那个鬼神、菩萨、圣人在虚空的境界都有所灵感，就知道。房子漏了，漏了有个漏洞，所以你在房子里头起一个心念不对，就有记录了，在哪里呢？在你那个'天命之谓性'的地方，自己刻划上了、沉积了。所以呀，对于屋漏，对于一点点小地方，乃至有一点渗漏，心里头小地方有一点渗漏就要弥补。这个漏洞代表过错，一点过错都不能有。'故君子不动而敬'，他不要起心动念，随时在恭敬的状态；等于学佛人打坐、修定，行、住、坐、卧随时都要在这个定中。用不着讲话。他心静了，就是与他力——佛菩萨的力量、境界都相通了。"

原典

《诗》[①]曰:"奏假无言[②],时靡（mí）有争[③]。"是故君子不赏而民劝，不怒而民威于鈇（fū）钺（yuè）[④]。

注释

①《诗》：此指《诗经·商颂·烈祖》。

②奏假无言：在心中默默祈祷。奏假，祈祷。无言：没有说话。

③靡：没有。

④鈇钺：古代执行军法时用的斧子。

译文

《诗经·商颂·烈祖》说："祭祀时心中默默祈祷，此时肃穆无言没有争执。"所以，君子不用赏赐而百姓也会互相劝勉，不用发怒而百姓畏惧甚于斧钺的刑罚。

古注

（是故君子不赏而民劝，不怒而民威于鈇钺。）

朱熹注："遂及其效，言进而感格于神明之际，极其诚敬，无有言说而人自化之也。"

今论

南怀瑾："'奏假'就是平常心里头起心动念、思想的时候，意识的状态'无言'，这个意识境界清明、清静了，里头没有妄想、没有杂念了。内心没有一点分别妄念，随时随地这个心念都是清净、光明磊落，没有纷争、没有矛盾。修养到这样用不着讲话了，无言之教，不要赏识、鼓励人家，人家一看这个榜样，自然就影响了。别人看到你会怕，为什么怕？因为你心境在定的境界，定的境界里'斋庄中正'，所以菩萨称大威德，有无比的威、德。德字到了，他的威严就出来了，自然是威严，你不敢乱了，用不着发脾气，他有个威严。这个威严胜于斧钺，比子弹摆在前面还可怕，比刀在前面还可怕。因为刀、子弹杀人的武器，我不怕死不一定怕你；他这个不是怕死的问题，他是一个静气、空灵，那个道的境界是无比的威德的力量，所以胜于斧钺。"

原典

《诗》曰[①]："不显[②]惟德，百辟(bì)其刑之[③]。"是故君子笃恭而天下平。

注释

①《诗》：此指《诗经·周颂·烈文》。

②不显："不"通"丕"，即大显。

③百辟：很多诸侯。刑，通"型"，效仿。

译文

《诗经·周颂·烈文》说："大大弘扬天子的德行，诸侯们就都会来效法。"所以，君子笃实恭敬就能使天下太平。

古注

(《诗》曰："不显惟德，百辟其刑之。"是故君子笃恭而天下平。)

朱熹注："天子有不显之德，而诸侯法之，则其德愈深而效愈远矣。"笃恭而天下平，乃圣人至德渊微，自然之应，中庸之极功也。"

今论

南怀瑾："没有明显的，也不要打你，也不要骂你，也不要教书，也不要开课，也不要演讲，一点都不表达，就要自己修正自己的德性。德性够了，这个本身就是教育，所以言教不如身教。百种方面把它当成一个典型、一个模范。所以道德修养成功了，本身很诚恳的，很笃，很恭敬，用不着动作，用不着来打天下，又不用管理天下，他只要那里一站，只要那里一动，所谓无为而天下治，以他道德的教化。"

原典

《诗》①云："予怀明德②，不大声以色③。"子曰："声色之于以化民，末也。"

注释

①《诗》：此指《诗经·大雅·皇矣》。

②怀：归向，趋向。明德：具有美德的人。

③以：与。色：严厉的脸色。

译文

《诗经·大雅·皇矣》说："我怀念先王的美德，他从不厉声厉色。"孔子说："用厉声厉色去教育老百姓，那是末节下策。"

古注

(《诗》云："予怀明德，不大声以色。"子曰："声色之于以化民，末也。")

朱熹注："引皇矣以明上文所谓不显之德者，正以其不大声与色也。又引孔子之言，以为声色乃化民之末务，今但言不大之而已，则犹有声色者存，是未足以形容不显之妙。"

今论

南怀瑾："《诗经》上说，一个人胸襟修养'身似菩提树，心如明镜台'，用不着大声如何去叫，说法、教化、演讲，更不要用态度来表示，换句话更不要骂人去了，只要自己那里一定。孔子解释为教育到达了用视听教育，就是声色化民，已经到了最末代了，文化最末的时候，只好用视听。他说知识的传播这可以，知识的传播当然视听可以。真的内养，所谓中庸之道、至诚之道，道这个东西，不是声色视听所能够表达得出来的。他是无形象、无音声，你怎么表达？无所在，你怎么去表达？无所不在，哪里都摸不见的，你怎么表达？所以孔子说：‘声色之于以化民，末也。’就是到了最后。”

原典

《诗》[①]曰："德輶（yóu）[②]如毛。"毛犹有伦[③]。"上天之载，无声无臭（xiù）[④]。"至矣！

注释

①《诗》：此指《诗经·大雅·烝民》。

②輶：古代一种轻便车，引申为轻。

③伦：比。

④上天之载，无声无臭：引自《诗经·大雅·文王》。臭，气味。

译文

《诗经·大雅·烝民》说："德行轻如毫毛。"轻如毫毛还是有物可比拟。《诗经·大雅·文王》又说："上天化生万物，既没有声音也没有气味。"这才是最高的境界啊！

古注

（诗曰："德輶如毛。"毛犹有伦。）

朱熹注："不若烝民之诗所言'德輶如毛'，则庶乎可以形容矣，而又自以为谓之毛，则犹有可比者，是亦未尽其妙。不若文王之诗所言'上天之事，无声无臭'，然后乃为不显之至耳。盖声臭有气无形，在物最为微妙，而犹曰无之，故惟此可以形容不显笃恭之妙。非此德之外，又别有是三等，然后为至也。"

（"上天之载，无声无臭。"至矣！）

朱熹注："子思因前章极致之言，反求其本，复自下学为己谨独之事，推而言之，以驯致乎笃恭而天下平之盛。又赞其妙，至于无声无臭而后已焉。盖举一篇之要而约言之，其反复丁宁示人之意，至深切矣，学者其可不尽心乎！"

今论

南怀瑾："道德的发展，像孔雀的毛毳一样光辉。它还有线条、有韧性的，一条一条有条理，所以纤维条理都看得很清楚。就是说，道德的无尽、光彩，像细如毫发，像毫毛、婴儿那个毛一样。你说毫毛还看得见；真正的道呢，形而上这个东西呀，'无声无臭'，看不见、摸不着，它在哪里呢？翻过来第一章'天命之谓性，率性之谓道，修道之谓教'。它在哪里呀？随时在你身边，随时在你身心上，在你那里。可是它又是'上天之载，无声无臭。'不是用声音看得见，不是用色相看得见。你看我们拿比较哲学、宗教来讲，《金刚经》上说：'若以色见我，以音声求我，是人行邪道，不能见如来。'一样道理。声、色两样境界上去见，都不是。'上天之载，无声无臭'，无所不在。把形而上的道体、自性、明心见性的境界，都说完了。"

阅典笔记

空气无声无色无味，谁也看不见听不到嗅不出，可是谁也离它不开。德行能到这种境界，当然是至人了。可谁又能达到这种境界呢？就是孔圣人也未必就能达到吧！

所以还有次一等的境界，这就是"轻如毫毛"的境界。借用诗圣杜甫的诗，是"好雨知时节，当春乃发生。随风潜入夜，润物细无声"（《春夜喜雨》）的境界。这种境界，和风细雨，沁人心脾而入人肺腑，使人在潜移默化中受到感化，这大概就是圣人的境界吧！

至于那种声色俱厉的急风暴雨式的做法，那种强制性劳动改造的方法，正如孔子所说："末也！"已谈不上什么境界，不过是一种不得已而为之的手段罢了。

本章是《中庸》全篇的结尾，重在强调德行的实施。从天理到人道，从知到行，从理论到实践，从"君子笃恭"到"天下平"，既回到与《大学》相呼应的人生进修阶梯之上，又撮取《中庸》全篇的宗旨而加以概括。各段文字，既有诗为证又引申发挥。难怪朱熹要在《中庸章句》的末尾大发感叹："这样反复叮咛以教人的用意是多么深切啊！后世学者难道可以不用心去钻研体会吗？"

的确是如此啊！

◎ 通典

以最低的姿态“入围”

一位留学美国的计算机博士，毕业后在美国找工作，结果接连碰壁，许多家公司都将这位博士拒之门外。这样高的学历，这样吃香的专业，为什么找不到一份工作呢？万般无奈之下，这位博士决定换一种方法试试。

他收起了所有的学历证明，以一种最低身份再去求职。不久他就被一家电脑公司录用，做一名最基层的程序录入员。这是一份稍有学历的人都不愿去干的工作，而这位博士却干得兢兢业业，一丝不苟。没过多久，上司就发现了他的出众才华：他居然能看出程序中的错误，这绝非一般录入人员所能比的。这时他亮出了自己的学士学位证，老板于是给他调换了一个与本科毕业生对口的工作。

过了一段时间，老板发现他在新的岗位上游刃有余，还能提出不少有价值的建议，这比一般大学生高明。这时他才亮出自己的硕士学位证，老板又提升了他。

有了前两次的经验，老板也比较注意观察他，发现他还是比硕士有水平，对专业知识的广度与深度都非常人可及，就再次找他谈话。这时他才拿出博士学位证，并叙述了自己这样做的原因。此时老板才恍然大悟，毫不犹豫地重用了他，因为对他的学识、能力和敬业精神都了解了。

◎ 评价

这个博士的做法是聪明的。他先放下博士的帽子和架子，甚至让别人看低自己，然后再寻找机会全面地展示自己的才华，让别人一次又一次地对他刮目相看，他的形象也就慢慢地变得高大。如果刚一开始，他就毫不犹豫地表现自己多么有才华，那别人就会觉得他很了不起，随之对他寄予种种希望；可当他随后的表现一次又一次地让人失望的话，结果只能被人越来越看不起。如果这样，一个人从以前无比的优越感中一下子坠入巨大的痛苦中，那么这个人就会在心理和行为上发生变化，这种变化甚至会影响一个人的一生。

◎ 通典

诚意无欺的曾参

曾参本人便是践行诚意无欺的信念的最好范本。

他博学多才，且十分注重修身养性。一次，他的妻子要到集市上办事，年幼的孩子吵着要跟着去。曾参的妻子不愿带孩子去，便对孩子说：“你在家好好玩，等妈妈回来，将家里的猪杀了煮肉给你吃。”孩子听了，非常高兴，不再吵着要去集市了。这话本是哄孩子说着玩的，过后，曾参的妻子便忘了。不料，曾参却真的把家里的一头猪杀了。妻子看到曾参把猪杀了，就说：“我是为了让孩子安心地在家里等着，才说等赶集回来把猪杀了烧肉给他吃的，你怎么当真呢？”曾参说：“孩子是不能欺骗的。孩子年纪小，不懂事，只得学习别人的样子，尤其是以父母作为生活的榜样。今天你欺骗了孩子，玷污了他的心灵，明天孩子就会欺骗你、欺骗别人；今天你在孩子面前言而无信，明天孩子就会不信任你。你看这危害有多大呀！

◎ 评价

真正的诚信，就是不管老弱妇幼，一概以诚心对之。

图书在版编目（CIP）数据

大学中庸全集：经世致用的修养绝学／（春秋）曾子，（战国）孔伋著．—苏州：古吴轩出版社，2013．6
（家藏御书房／刘乔周主编）
ISBN 978-7-5546-0118-1

Ⅰ．①大… Ⅱ．①曾… ②孔… Ⅲ．①儒家②《大学》—研究③《中庸》—研究 Ⅳ．①B222.15

中国版本图书馆 CIP 数据核字（2013）第 131658 号

策　　划：禹成豪
责任编辑：王　琦
见习编辑：徐小良
封面设计：视觉共振设计工作室

书　　名：**大学中庸全集：经世致用的修养绝学**
著　　者：（春秋）曾子　（战国）孔伋
出版发行：古吴轩出版社
地址：苏州市十梓街458号　邮编：215006
Http://www.guwuxuancbs.com　E-mail：gwxcbs@126.com
电话：0512-65233679　传真：0512-65220750
经　　销：新华书店
印　　刷：三河市兴达印务有限公司
开　　本：710×1000　1/16
印　　张：19
版　　次：2013年8月第1版　第1次印刷
书　　号：ISBN 978-7-5546-0118-1
定　　价：35.00元
